親の入院・介護 どうする？ がわかる本

NPO法人となりのかいご代表理事
川内 潤＝監修

ナツメ社

はじめに

「親が入院した、介護が必要になった」——たったこれだけのことで、懸命に頑張っている私たちの日常が崩れるのはおかしいと思いませんか？

共働きは当たり前で、仕事も育児も家事もマルチタスクで、平然とこなすのが当たり前。「今日も何とか無事だった」と人並みの生活を維持しているのに、突然「お父さんが救急車で運ばれた」「お母さんが昨日から帰ってこない」なんて言ってこられても、「もう無理！」なんです。だから親のことは何か起きるまで保留にして、目の前のタスクをやっつけていくしかないんです。そもそも超少子高齢社会なんて、こうなることはずっと前からわかっていたはず。ワンコインでジュースを買えなくした税金はどこいったんだ！　国は責任とってくれよ！　と叫びたくなるでしょう。

でもじつは、「親が入院した、介護が必要になった」が起きたらゲームオーバー、という状況を脱する方法があるんです。私も偶然に見つけた方法で、これが意外にも簡単な方法でした。それは、「親も自分も守る」と決めることです。「は？　それができたら苦労しないよ」「じゃあ、どうしてみんな仕事辞めるんだよ」と思いましたか？　私も拍子抜けしましたが、おそらく間違いないと思います。

私は年間700件ほど、ビジネスパーソンの介護の相談に乗っています。「親も自分も守る」と決めている人は、仕事を辞めることはありませんし、冷静で的確な意思決定をしています。しかも、得られた気持ちの余裕で「親の幸せは何か」を模索しながら、試行錯誤することができています。

この本ではさまざまな介護シーンにあわせ、「親も自分も守る」方法を詰め込みました。私はこの方法にたどり着くのに15年もかかりましたが、皆さんはショートカットしてください。「親の幸せ」を考えながら「じゃあ、自分の幸せは？」を模索する機会になれば、私の苦労も報われます。

NPO法人となりのかいご 代表理事

川内 潤

ついにやってきた親の介護。
どうする自分!?

\ 親も自分も /
守れる介護をめざして

1時間後 実家に電話
もしもし
母さん、どうしたの⁉
何があったの⁉
何もないわ
ちょっと出かけてただけよ
だって迷子でしょ⁉ 何もなくないよ
とりあえず今週末に帰るから！
別に大丈夫やって。もう寝るから切るね
ガチャ
正月に帰省したとき――
えーと
アレは…？
だいぶ歳をとってきてたし もの忘れも多かったけど 認知症が始まってたのか？
どうしよう 自分もついに親の介護か……。
東京に呼び寄せるべきか

お母さん、いま仕事中なの
ごめんね。ちょっとお父さんが倒れてびっくりして……
田口ノリコ
44歳、パート勤務。埼玉在住。両親は千葉在住で2人暮らし。
えっ、それいつ？ いまどこ⁉ 倒れたってなんで⁉
父は自宅で脳梗塞《のうこうそく》を起こし救急車で市立病院に運ばれたという
命に別状はないがICUで治療中とのこと
防本部
アワワ…
待合室にいるんだけどもうどうしていいか……
わかった。20時くらいになっちゃうけど、なるべく早く行くから！

職場に状況を伝え、早退。明日も休みにしてもらう。夫にも今日は帰れないことを連絡し、19時には病院に到着
大丈夫なの!?
大丈夫だけどなんか麻痺《まひ》してるって
ハァ ハァ
私も主治医の先生から説明聞いてみるね
命に別状はありません。いまは意識もありますのでご安心ください
主治医
ただ脳の損傷により右側の手足の麻痺があります
リハビリである程度回復しますが障害は残ると考えていただいたほうが……
おとうさん……
実家に泊まった
どうしよう。週の半分だけでもここに帰ってきて、面倒見たほうがいいのかな……

待ってください!!
どうか落ちついて!
不安なお気持ち、よくわかります
だけど帰省して介護したり親を呼び寄せることを考えるのは少し早急かもしれません
川内先生
NPO法人となりのかいご代表理事
社会福祉士、ケアマネジャー
えっ
でも認知症の親を1人にしておけないでしょ
母も高齢だし自分がいないと介護は無理です
では、ご自身の生活はどうでしょう?
仕事は?パートナーやお子さんとの生活は?
……もちろん働いてます。妻と娘がいて娘は今年から高校生です
私はパートだから辞められなくはないけど……上の子は中3で受験生。下の子はまだ小学生です

親を思う気持ちは大切です。でも、ご自身の暮らしも大切ですよね
うんうん
今後の生活のためにも仕事は大事だし
お子さんの面倒を見ないといけない
教育費だって必要です
う…
大丈夫。いまの生活と親の介護は両立できます
信頼できる介護チームをつくればいいんです!!
……
……
介護にはその道のプロがいます
お2人の役割は〝プロによるチームをつくり信頼して任せること〟
そして、〝家族だからできるかかわりを大切にすること〟です
介護より愛情
だから
頼る任せる
介護の作業はプロにアウトソーシングして、愛情表現できる余裕をもとう！
まずは地域包括支援センターに連絡!!

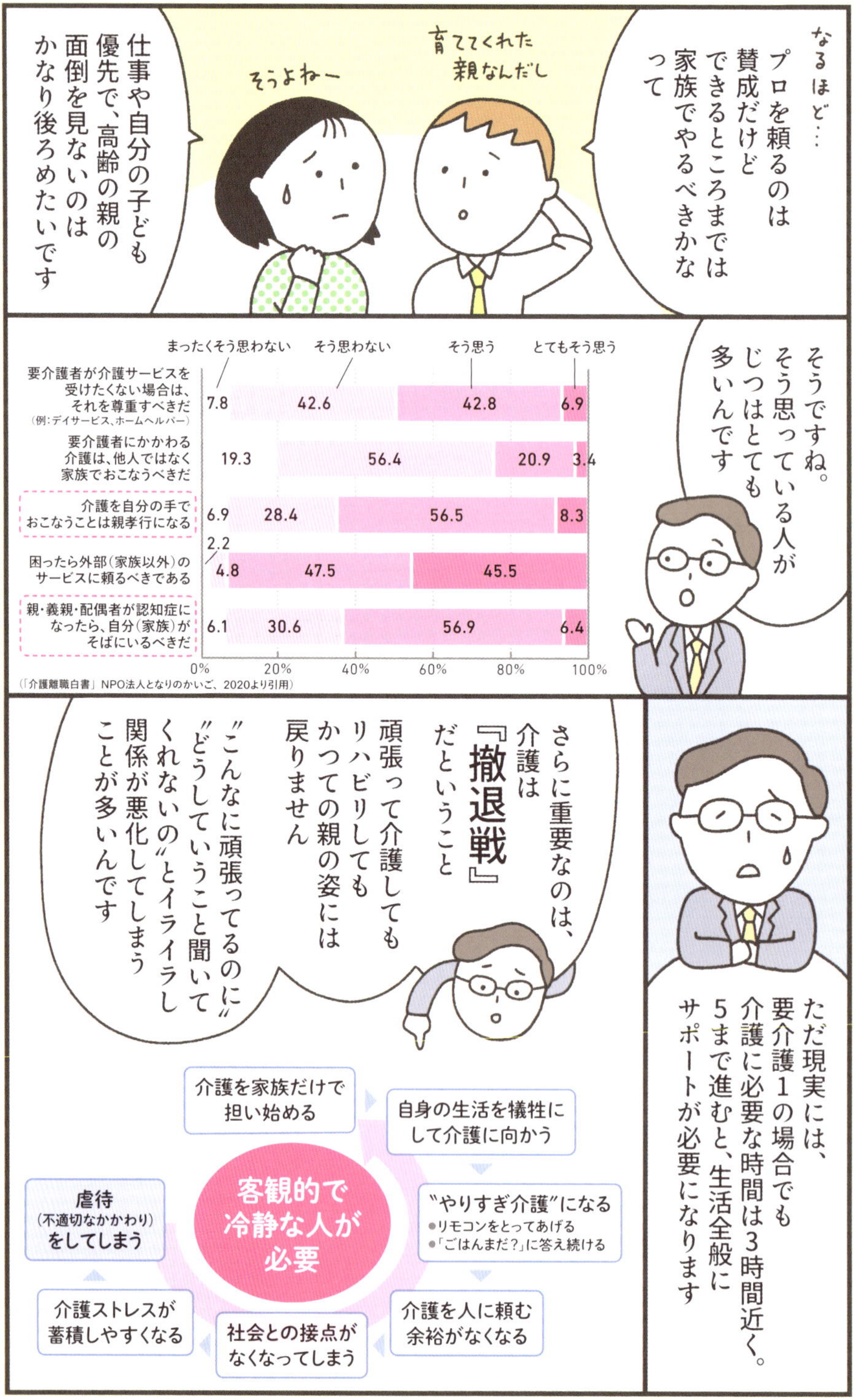

なるほど…
プロを頼るのは賛成だけどできるところまでは家族でやるべきかなって
育ててくれた親なんだし
そうよねー
仕事や自分の子ども優先で、高齢の親の面倒を見ないのはかなり後ろめたいです
そうですね。そう思っている人がじつはとても多いんです
まったくそう思わない
そう思わない
そう思う
とてもそう思う
要介護者が介護サービスを受けたくない場合は、それを尊重すべきだ（例：デイサービス、ホームヘルパー）
7.8 42.6 42.8 6.9
要介護者にかかわる介護は、他人ではなく家族でおこなうべきだ
19.3 56.4 20.9 3.4
介護を自分の手でおこなうことは親孝行になる
6.9 28.4 56.5 8.3
困ったら外部（家族以外）のサービスに頼るべきである
2.2 4.8 47.5 45.5
親・義親・配偶者が認知症になったら、自分（家族）がそばにいるべきだ
6.1 30.6 56.9 6.4
0% 20% 40% 60% 80% 100%
（「介護離職白書」NPO法人となりのかいご、2020より引用）
ただ現実には、要介護1の場合でも介護に必要な時間は3時間近く。5まで進むと、生活全般にサポートが必要になります
さらに重要なのは、介護は『撤退戦』だということ
頑張って介護してもリハビリしてもかつての親の姿には戻りません
〝こんなに頑張ってるのに〟〝どうしていうこと聞いてくれないの〟とイライラし関係が悪化してしまうことが多いんです
介護を家族だけで担い始める
自身の生活を犠牲にして介護に向かう
〝やりすぎ介護〟になる
●リモコンをとってあげる
●「ごはんまだ？」に答え続ける
介護を人に頼む余裕がなくなる
社会との接点がなくなってしまう
介護ストレスが蓄積しやすくなる
虐待（不適切なかかわり）をしてしまう
客観的で冷静な人が必要

そして必死になって介護離職に追い込まれる人もいます
退職願
その半数は介護開始からわずか2年以内での離職です
"最初は自分たちの手で"と考えていても閉じた関係のなかで人に任せることがむずかしくなってしまうんですね
介護のプロとしても最初から任せてくれるほうがはるかにいいケアができるんです
そんな簡単にはいかないのか…
うちは正直、家計に余裕もないし、将来いい施設に入れることもできません。せめて、できることだけでもって……
大丈夫。保険制度でいいサービスを受けられますし、親の年金、預貯金でやっていきましょう
お金より、愛情を伝えることのほうがずっと大事です
高級な施設で親が幸せになるともいえません
おとうさん
おかあさん
親の長生きを喜べないのは、おたがいにいちばんつらいこと
だから
お金も無理なく!
が原則ですよ

CONTENTS

Part 2

信頼できる介護チームをつくる！

自分1人で抱えても、親を幸せにはできない

Part 3

「最期まで自分らしく、好きに生きる」を叶えよう
住み慣れた自宅で暮らす

Part 4 施設でプロの介護を受ける

施設は"かわいそう"じゃない！ 安全な環境で暮らす

Part 5 介護のおなやみ相談室

Part
1

「親が倒れた!!」……
突然の入院にあわてないために

急変から入院、退院までを支える

親が高齢になれば、ある日突然倒れる可能性もあります。
すぐに駆けつけたいのに、仕事や育児でままならないことも。
その後の介護にかかわる手続きも含め、
こんなときどうすればいいかを理解しておきましょう。

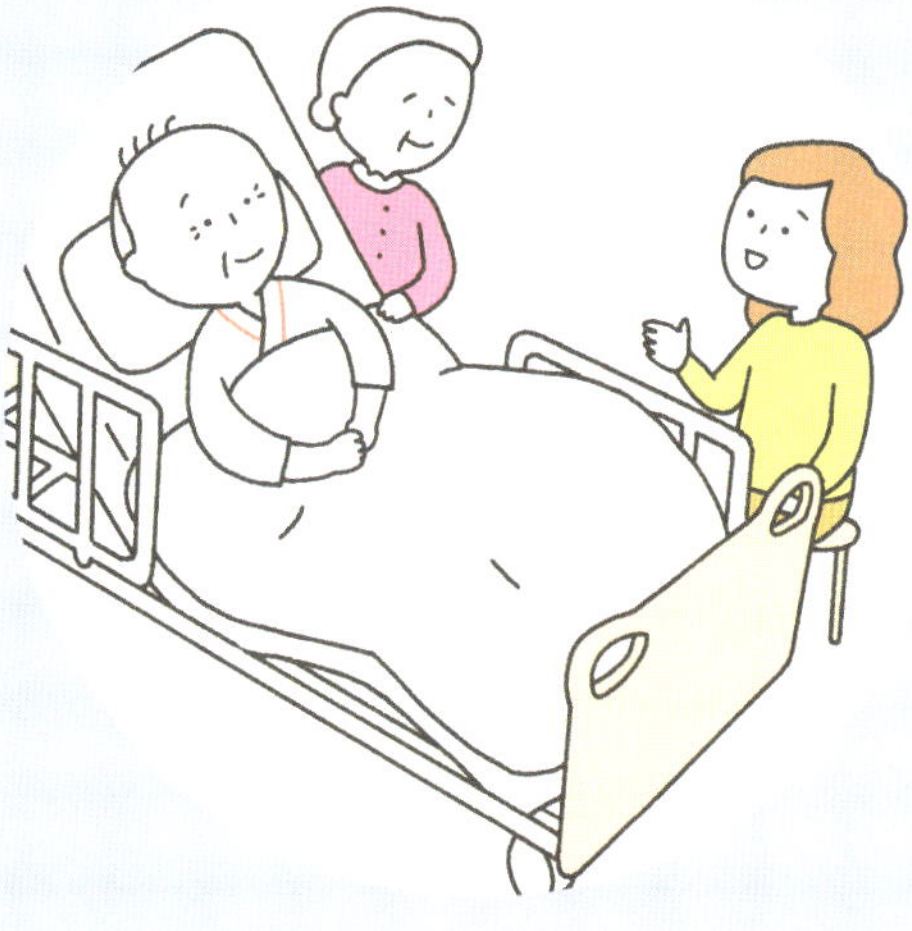

田口さんのストーリー

Part 1

親が突然の脳梗塞……私にできることは何!?

遅くに帰ってきた夫にも現状を伝える
当分、ときどき様子を見に帰るね
俺も忙しくて……ちょっと行けなさそうだよ ごめん
子どもらのことは土日は母さんに来てもらおうか
脳梗塞 退院後
カチッ
…
どのサイトにも「回復期病院でリハビリ」って書いてある
脳卒中について何の知識もなかったけど片麻痺《へんまひ》という半身の障害で車いす生活になる人もかなりいるらしい
うちの実家もあのままじゃダメだよね……
寝室が2階だし
玄関とか段差だらけだし
考えなきゃいけないことがいっぱいあるなぁ…

週末
父の様子を見に
千葉の病院へ
○○病院
母は平日毎日来ていたので
家で休んでもらうことに
病室の父は
すっかり
弱った様子
悪いなあ。
子どもたちも
いるのに
それでも
私を気遣ってくれる
ひとしきり話して
病室を出たところ
じゃあね
02
…様
ご心配
でしたね
看護師さんがやさしく
声をかけてくれたので
あ、あの、
少しお話
いいですか？
退院後の介護も
いろいろ心配で……
……
……
……
……
……
介護のことは
医療ソーシャルワーカーも
相談に乗るので
安心してください
今日はまだ
いるはずですよ
電話してみますね
急いで1階の
面談室へ
面談室
あそこだ

医療ソーシャルワーカーに
今後の介護、家の改修、お金のこと、
ひととおり聞いてみた
ご不安ですよね。
わかります
……
……
……
ひとつずつ
ていねいに説明してくれた
どの程度の障害が
残るかはわかりませんが
いまから一緒に準備を
進めていきましょう
住宅改修も
日常生活の介助も
介護保険で
できます
ふむふむ
ただ認定が下りるまで
1か月近くかかるので
手続きは早く始めたいです
ありがとう
ございました～!!
大丈夫!
頼もしかったな……
プロに頼る
チームで介護するって
こういうことかな
信頼できる
介護チームを
つくればいいんです!!
○○病院

入院理由のトップは脳卒中。要介護にもなりやすい

ある日突然発症し、麻痺などの後遺症が残る

日本人の平均寿命は年々長くなり、現在は80代半ばです。心身の機能も見た目も若く、高齢者の基準を75歳以上にすべきという意見もあるほど。親の入院、介護をリアルに考えられないのも、無理のないことです。しかし、その日は突然やってきます。

75歳以上になると、要支援・要介護認定を受ける人が急激に増加し、およそ3人に1人が生活上の支援を要する状態に。持病として多いのは高血圧や糖尿病で、これらを背景に、脳卒中や心臓病を発症します。**75歳以上の入院理由トップも脳卒中で、7割以上の人に、半身が麻痺する「片《へん》麻《ま》痺《ひ》」などの後遺症が残ります。**

高齢者は心身の機能が低下。急変を起こしやすい

高齢者の健康問題はこれだけではありません。「老年症候群」も大きな課題。**加齢により身体的・精神的機能が低下し、症状や障害が生じるもので、70歳代では平均7つ、80歳代では8つの老年症候群を抱えています。**筋肉量や筋力が低下する「サルコペニア」もその1つで、転倒・骨折から要介護状態に陥る人も大勢います。

病院に足しげく通う親がいる一方で、病院ぎらいの親も少なくありません。本人も気づかぬうちに、病気が進行している可能性もあります。**親の健康状態を聞いておくとともに、いつ何が起こるかわからない前提で、親の急変に備えるのが現実的です。**

脳卒中も心臓病も一刻を争う。すぐ救急車を！

治療開始が遅れるほど救命率が下がり、障害も残りやすくなる。

高齢者の入院の原因

突然の頭痛や、
発語の異常は……
危険！

Ⅰ

脳卒中
（脳血管疾患）

脳の血管が詰まったり、やぶれたりする

脳血管が詰まる「脳梗塞《のうこうそく》」、血管がやぶれる「脳出血」「くも膜下《まくか》出血」があり、いずれも入院が必須。突然の頭痛、麻痺《まひ》、言語障害などが徴候。

高齢者では
胸やけ
程度に感じ
られることも

Ⅱ

がん
（悪性新生物）

慢性疾患だが、手術や悪化で入院することも

とくに多いのが、肺がん、胃がん、大腸がん。外来治療が中心だが、手術が必要となったり、全身状態が悪化して入院に至ることもある。

Ⅲ

心臓病

心臓に血液がいかず、胸痛などを発症

心臓が一時的な血液不足に陥る「狭《きょう》心症《しんしょう》」、心臓の細胞が壊死《えし》する「心筋梗塞」が代表的。後者は救急搬送し、入院で治療する。

要介護の原因

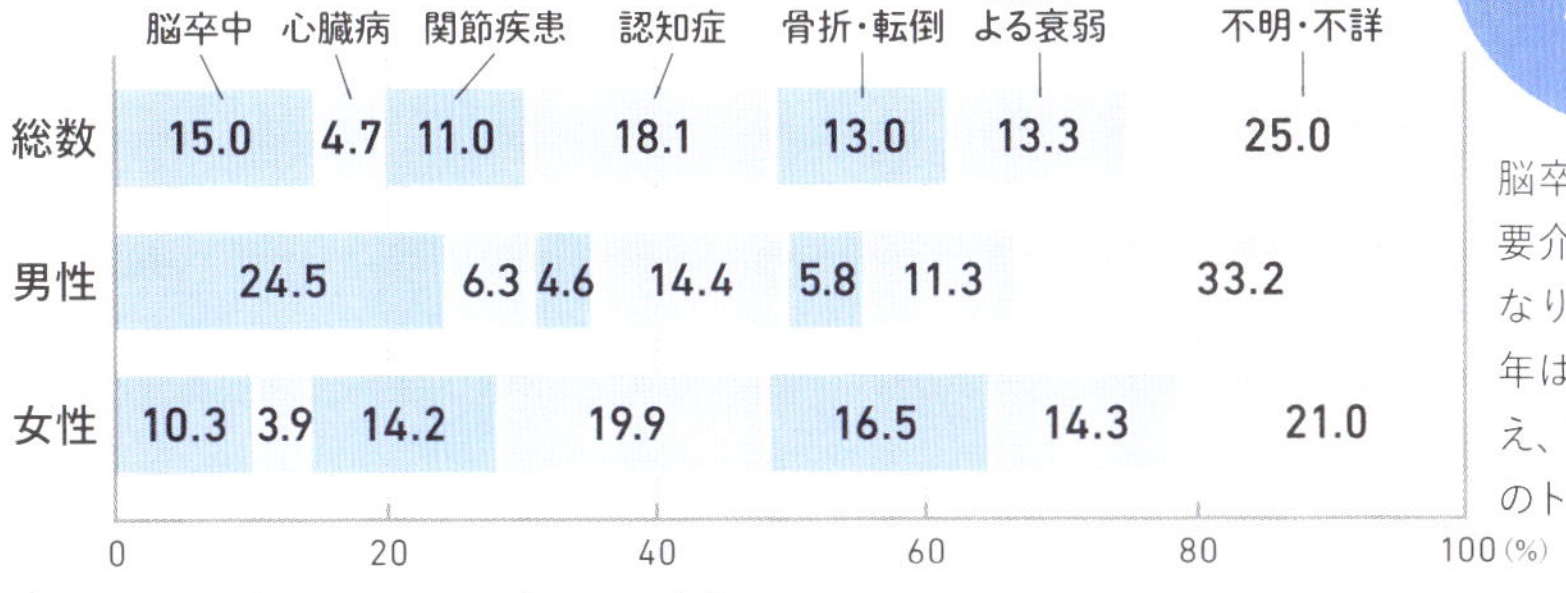

脳卒中
心臓病
関節疾患
認知症
骨折・転倒
高齢による衰弱
その他・不明・不詳
総数 15.0 4.7 11.0 18.1 13.0 13.3 25.0
男性 24.5 6.3 4.6 14.4 5.8 11.3 33.2
女性 10.3 3.9 14.2 19.9 16.5 14.3 21.0
0
20
40
60
80
100（%）

（「国民生活基礎調査（令和元年）」厚生労働省、2020より作成）

脳卒中はとくに要介護の原因となりやすい。近年は認知症も増え、要介護原因のトップに。

可能なら駆けつけて、保証人のサインをする

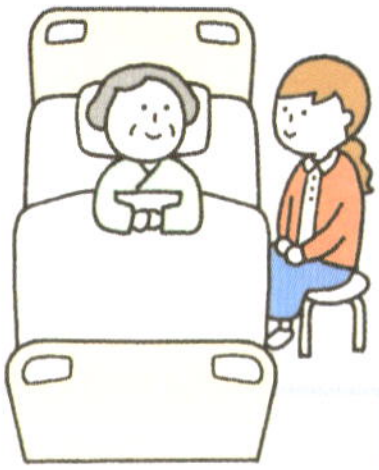

病院は来訪を要請するもの。でも、"絶対"とは考えないで

親が倒れたときには通常、ほかの家族や病院から連絡が来ます。状況が許せば、病院に駆けつけて容体を確かめましょう。医師にも面会し、病状と治療方針、経過予測などを聞きます。**保証人として書類にサインするなどの手続きも必要です。**

同居の親が倒れた場合には、すぐに救急車を要請。保険証や診察券、お薬手帳などを用意して同乗します。

しかし遠方に住んでいたり、重要な仕事の予定などで、身動きがとれない場合もあります。駆けつけたとしても、できることはかぎられます。事情を伝えて翌日以降に訪れるなど、臨機応変に対応してください。

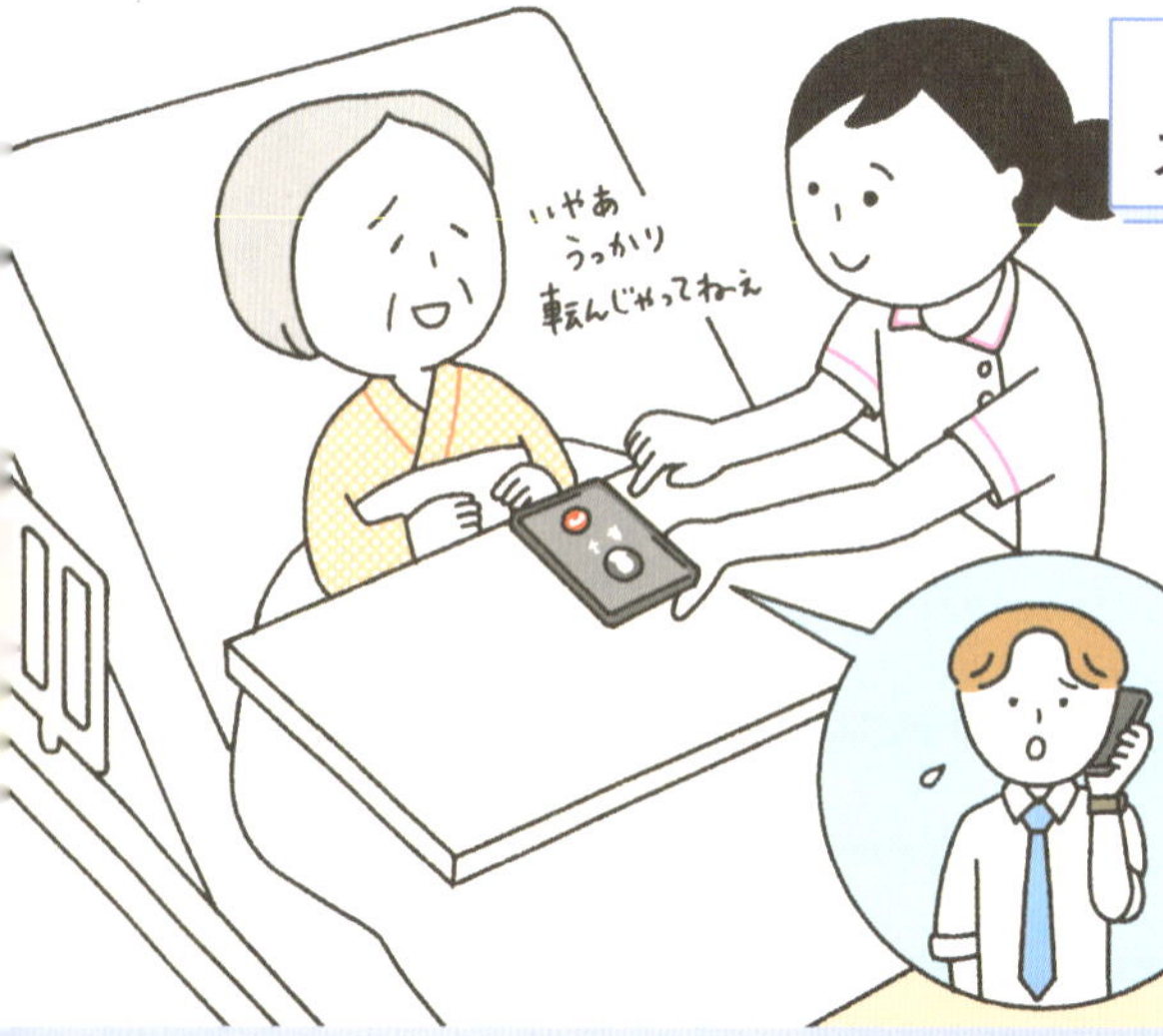

どうしても行けないときはスピーカー機能などを活用

親に意識があるなら、医師や看護師を交え、スマホのスピーカー機能で状況を聞くこともできる。

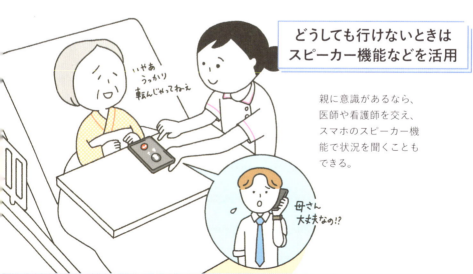

入院時は多くの病院で、保証人を求められる

子どもが連帯保証人となることが多いが、その他の手段も増えている。

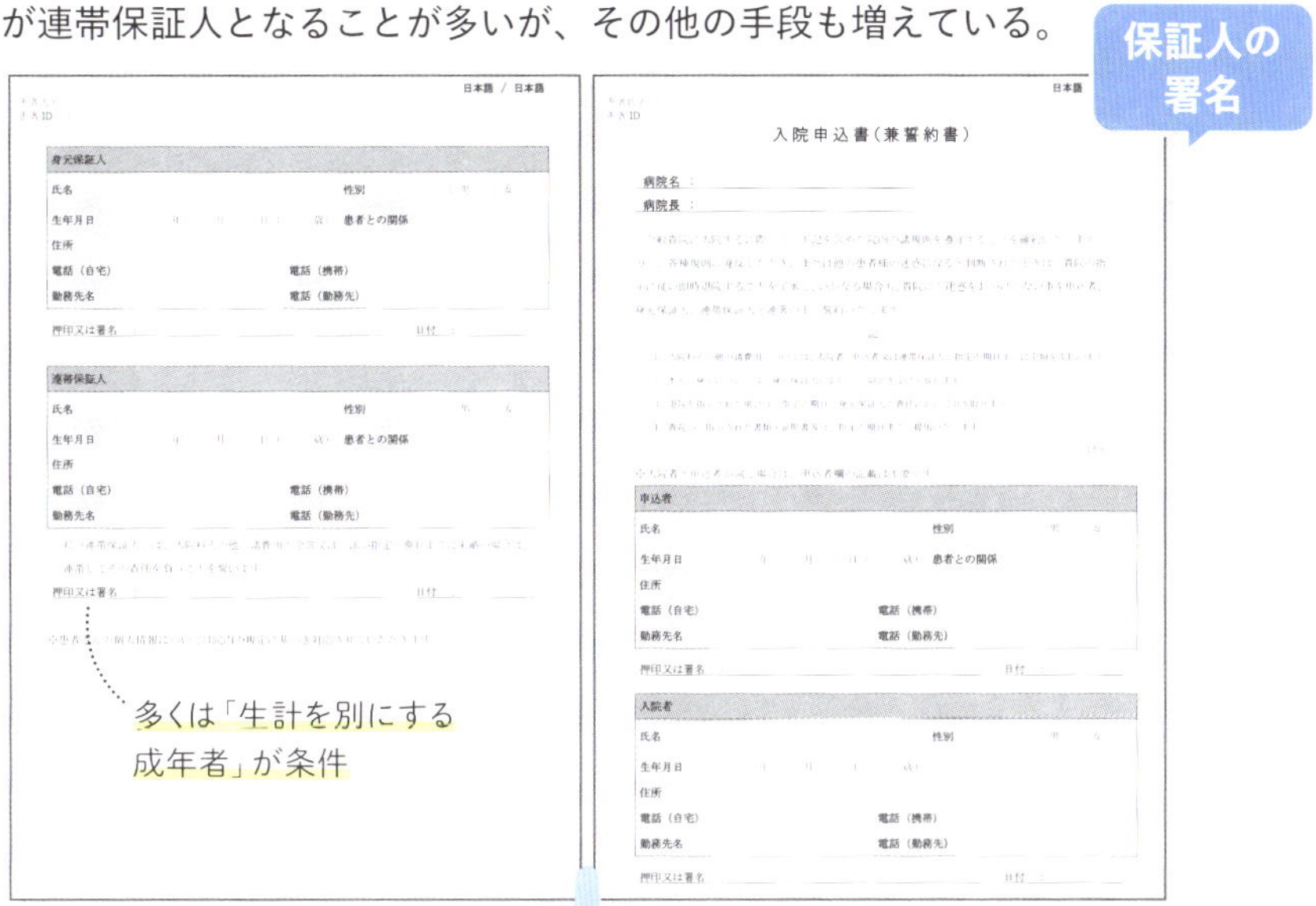

＼その他の方法／

保証会社の利用
契約した保証会社が、本人が支払えない場合に立て替える。

入院預り金
病院が定める一定額（10万円前後）を保証金として預ける。

クレジットカード登録
親の支払い能力の担保として登録。入院費用もカードで払う。

入院費の支払い担保が必要。ただし選択肢も増えている

病院からの来院要請には、身元保証人を立てる目的もあります。配偶者を保証人とし、さらに同居していない子どもなどを連帯保証人とすることで、**治療費の不払いを防ぐのです。**

ただし支払い能力がある高齢者も多く、連帯保証人を一律で求めるのは現実的ではありません。子どものほうが支払い能力がないケースもありますし、連帯保証人に請求できる額にも限度があります。

そこで最近は、連帯保証人以外の保証方法も増えてきています。子どもが保証人にならずとも、親のクレジットカード番号の登録、保証会社の利用などですむ場合もあります。

すぐ手術のことも。説明を聞いて同意書にサイン

高齢の親は、突然の手術にパニックになることも

かつての高齢者医療では、体力と余命を考え、手術をしない選択をする傾向がありました。しかし、いまは体力のある高齢者が増えています。**親が手術を受ける可能性も想定しておいたほうがいいでしょう。**

手術には、日時を決めておこなう「予定手術」と、急変時に緊急的におこなう「緊急手術」があります。

予定手術の場合は心の準備ができます。わからないことを医師にくり返し質問し、納得して手術を受けるためです。**一方の緊急手術では、突然の事態に親が混乱し、何も判断できなくなることも。可能なら病院に駆けつけて、精神的に支えましょう。**

緊急手術のときは、間に合わなくてもしかたない

手術にはリスクがありますし、手術すれば必ず治るともかぎりません。そのため十分な説明のもと、同意書に署名して手術を受けるのが大前提です。**しかし同意書には専門用語も多く、高齢の親には理解が困難です。**子どもが説明を聞き、わかりやすい言葉で親に伝えられると理想的です。

緊急手術では親の意識がないこともあります。**その場合は家族が説明を受け、代理人として署名します。**

とはいえ、居住地や仕事、育児などの事情で、駆けつけられないこともあるはず。その場合は連絡をくれた医師や看護師に事情を伝え、無理のない範囲で対応してください。

手術時は書類がいっぱい！　わかりやすい説明を

子どもにもわからない部分があるはず。医師や看護師に遠慮なく質問しよう。

手術の同意書

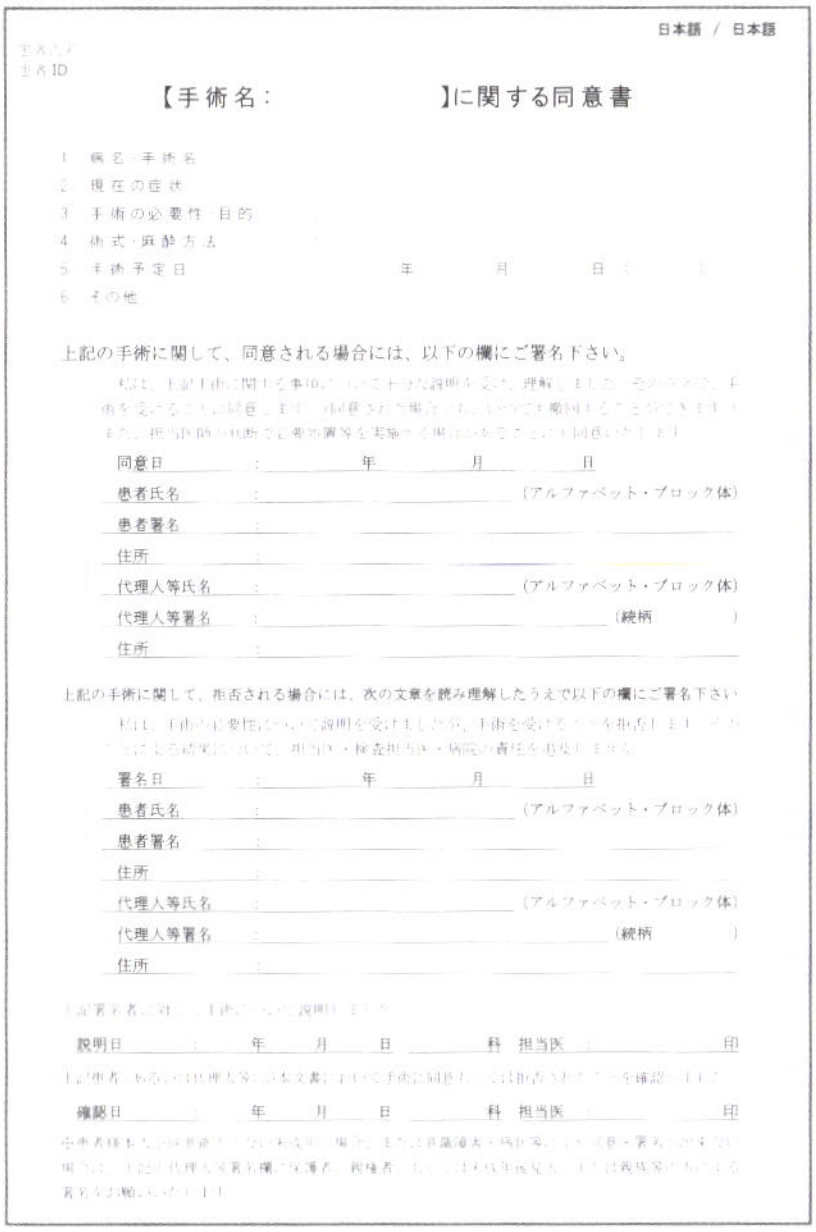
日本語 / 日本語

【手術名：　　　　　　　　】に関する同意書

1 病名・手術名
2 現在の症状
3 手術の必要性・目的
4 術式・麻酔方法
5 手術予定日　　年　　月　　日（　　）
6 その他

上記の手術に関して、同意される場合には、以下の欄にご署名下さい。

同意日　：　　年　　月　　日
患者氏名　：　　（アルファベット・ブロック体）
患者署名　：
住所　：
代理人等氏名　：　　（アルファベット・ブロック体）
代理人等署名　：　　（続柄　　）
住所　：

上記の手術に関して、拒否される場合には、次の文章を読み理解したうえで以下の欄にご署名下さい

署名日　：　　年　　月　　日
患者氏名　：　　（アルファベット・ブロック体）
患者署名　：
住所　：
代理人等氏名　：　　（アルファベット・ブロック体）
代理人等署名　：　　（続柄　　）
住所　：

説明日　：　　年　　月　　日　　科　担当医　：　　印
確認日　：　　年　　月　　日　　科　担当医　：　　印

本人が署名できなければ代理人が署名するのが、医療上のルール。

リスクなどの説明書

病気や術式ごとに多い合併症などが、書面で明記されている。

麻酔の説明書＆同意書

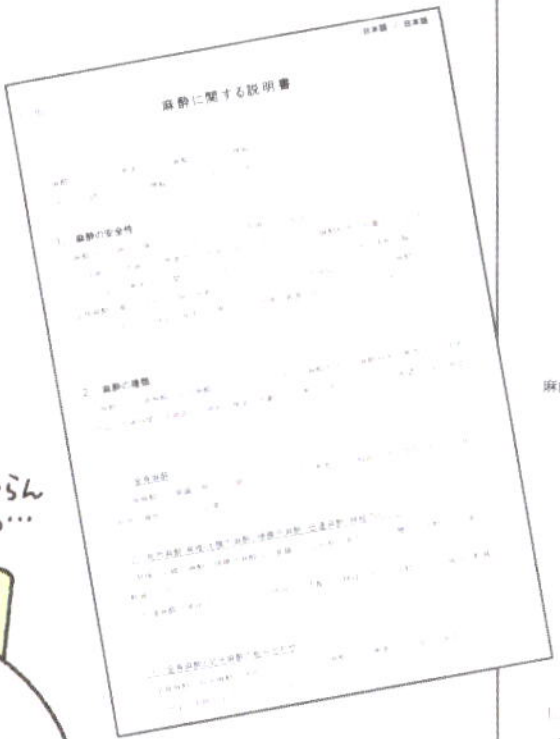
麻酔に関する説明書

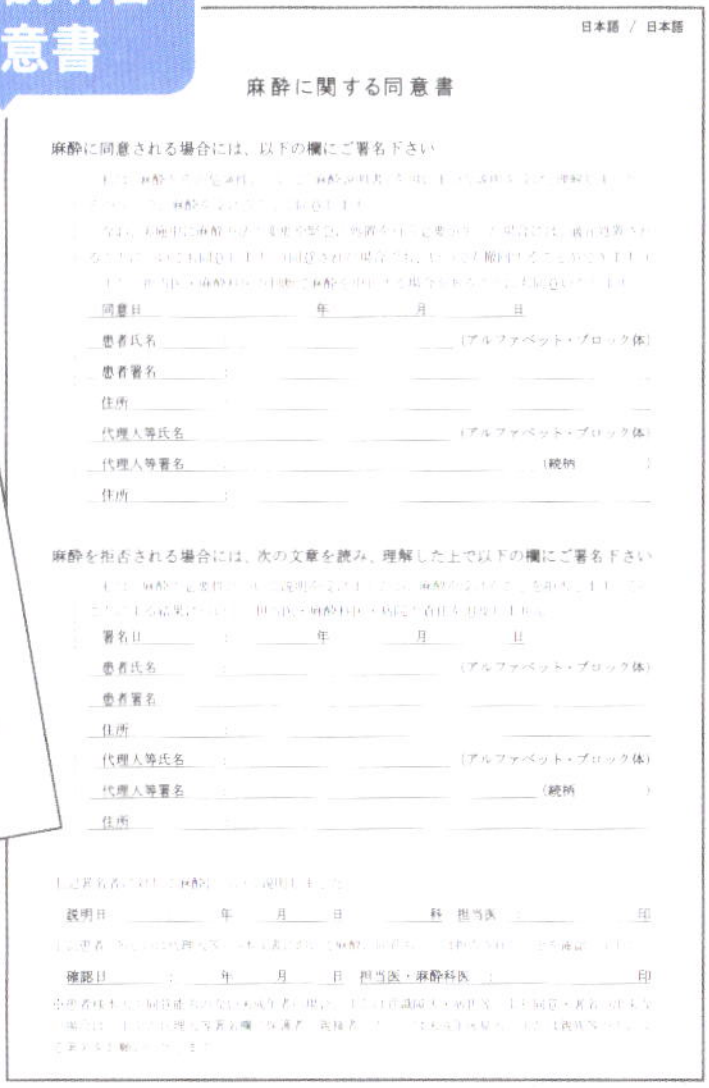
日本語 / 日本語

麻酔に関する同意書

麻酔に同意される場合には、以下の欄にご署名下さい

同意日　：　　年　　月　　日
患者氏名　：　　（アルファベット・ブロック体）
患者署名　：
住所　：
代理人等氏名　：　　（アルファベット・ブロック体）
代理人等署名　：　　（続柄　　）
住所　：

麻酔を拒否される場合には、次の文章を読み、理解した上で以下の欄にご署名下さい

署名日　：　　年　　月　　日
患者氏名　：　　（アルファベット・ブロック体）
患者署名　：
住所　：
代理人等氏名　：　　（アルファベット・ブロック体）
代理人等署名　：　　（続柄　　）
住所　：

説明日　：　　年　　月　　日　　科　担当医　：　　印
確認日　：　　年　　月　　日　担当医・麻酔科医　：　　印

手術のための全身麻酔にもリスクがある。麻酔科医の説明を理解したうえで署名する。

代理人であるもう1人の親が理解できない場合は、同席してサポートを。

手術前後の流れがわかる「クリニカルパス」をチェック

流れがわかっていれば、付き添い計画も立てやすい

どんな病気も、医師の判断1つで治療しているわけではありません。数多くのエビデンスをもとに、望ましい治療法が確立され、ガイドラインなどとして普及しています。

入院時の治療計画も、こうした知見をもとに、病院ごとに標準化されています。**その流れを時間軸で明記した表が、クリニカルパスです。**

手術を受ける場合も、通常はクリニカルパスが渡されます。高齢の親には理解がむずかしいようなら、子どもが説明してあげましょう。

クリニカルパスには、検査予定日や退院時期のめやすも書かれており、付き添いの計画も立てやすくなります。

毎日の付き添いは不要。必要時のみ介護休暇を使って

入院した親の力になりたいと思うのは、自然な気持ちです。しかし仕事や育児など、自分の生活で手一杯という人も多いのではないでしょうか。

入院は、今後の長い介護生活の始まりとなることも。**ここで自分の生活を犠牲にすると、介護生活においても、親の依存度が強まるかもしれません。**付き添いのために有休などを使いきり、肝心なときに仕事を休めなくなる可能性もあります。

親が不安がっている場合も、仕事などの事情を伝え、無理のない範囲で面会に行ってください。**医師との面談時、容体の急変時など、とくに重要なタイミングで行くようにします。**

今後はパスに沿って治療。基本は医療者に任せる

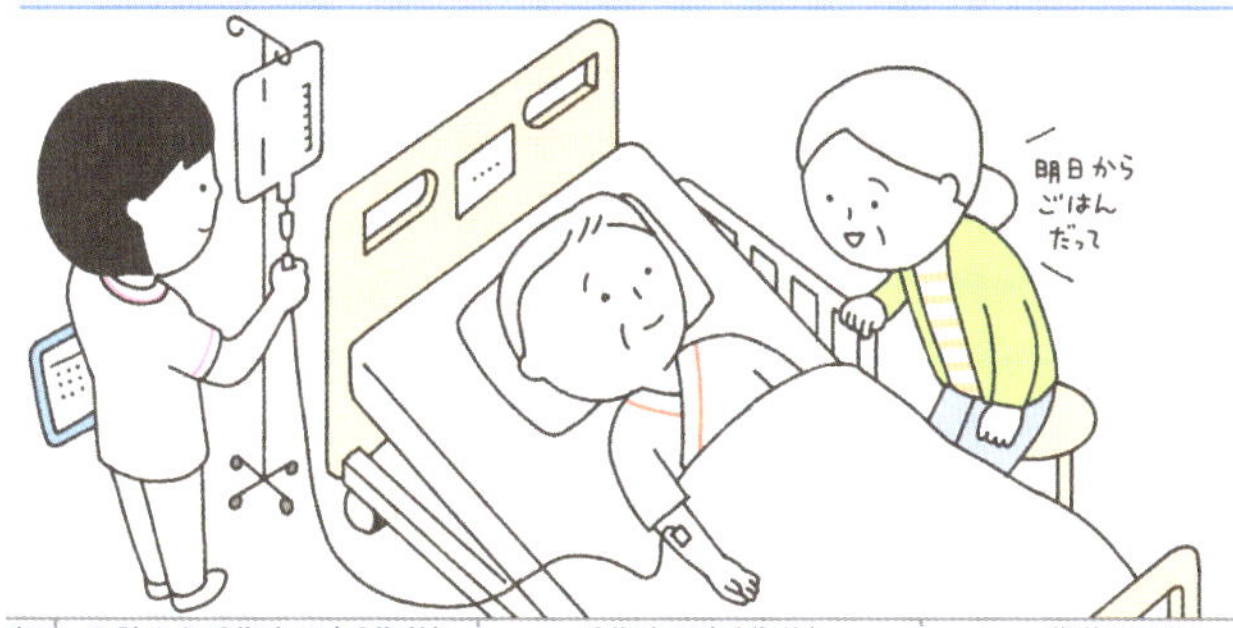

下は高齢者にも多い虫垂炎（盲腸）の例。食事・運動制限がいつなくなるか、退院はいつごろかなどもひと目でわかる。

クリニカルパスの例（急性虫垂炎の場合）

病日	入院から手術当日〈手術前〉	手術当日〈手術後〉	術後1日目	術後2日目	術後3日目
月日	月　日	月　日	月　日	月　日	月　日
検査・処置	●手術に必要な検査をします ※血液、心電図、レントゲンなど ●おへその汚れをとります ●必要時おなかの毛を剃ります 《手術前》 ●手術着に着替えます （紙パンツを着用します）	●モニターと酸素マスクがついています ●血圧、脈拍、体温を何回か測定します ●必要時ガーゼ交換をします	●血圧、脈拍、体温を朝昼夕に測定します	→	●血圧、脈拍、体温を測定します
点滴・薬	●医師が必要と判断した場合、点滴をおこないます	●手術後、持続的に点滴をおこないます ※痛みがあるとき、眠れないときはお知らせください。状況に応じて薬を使います	●点滴をおこないます ※痛みがあるとき、眠れないときはお知らせください。状況に応じて薬を使います	●点滴は終了します	
肺合併症予防	●医師の指示があれば、弾性ストッキングを着用します	●弾性ストッキングをつけている場合は、そのままにしておきます ※歩行後に外します			
食事	●食事はできません ●手術室入室2時間前まで、経口補水液のみ飲水できます ※点滴をおこないます	●手術の2時間後から飲水できます ※初回は看護師が立ち会います	●水分は自由にとれます ●昼は五分粥、夜は全粥が食べられます	●水分は普通にとれます ●常食がとれます	
安静度	●制限はありません	●直後はベッド上安静です ●手足を動かしたり横向きになることはできます。動きたいときは看護師を呼んでください ●6〜8時間後には歩行できます ※看護師が付き添います	●制限はありません。病院内を積極的に歩きましょう	→	→
清潔	●手術室入室1時間前に歯磨きをしましょう。洗面もおこないます ●手足の爪を切りましょう ●マニキュアやエクステンション、化粧は落としてください	●熱が出たとき、汗をかいたあとは身体を拭きます。看護師にお知らせください	●身体を拭きます。熱が出たとき、汗をかいたあとも身体を拭きます。お知らせください ※状況に応じて洗髪もできます ●歯磨きをしましょう	●シャワー浴ができます	→
排泄	●手術中に尿を出すための管を入れます	●尿を出すための管が入っています	●尿量を測定します ●歩行が問題なくできれば、尿の管を抜きます		
説明・指導	●麻酔科医の診察、説明があります ●病棟の看護師より手術室に入るまでの説明があります ●手術室入室時に使用する紙パンツを購入してください	●手術前にコンタクトレンズ、腕時計などを外しましょう ●長い髪は横で結び、ピンは外します ●手術室内にて眼鏡、紙パンツを外します 手術予定時間（　　　　） ※ご家族の方は予定時間の約1時間前に来院してください。手術中は院内で待機していただきます		●医師が通院について説明します ●看護師が退院後の生活について説明します ●薬剤師が退院後に飲む薬を説明します	●経過に問題がなければ退院できます

（『これならわかる！ 消化器外科の看護ケア』福長洋介・長井優子監修、ナツメ社、2021より作成）

入院時の支援

身のまわり品は売店で買い、残りは翌日以降に持参

必要物品は売店で買える。実家まで行かなくていい

入院に慣れた高齢者もいれば、はじめての入院に戸惑う高齢者もいます。経験がない人ほど、身のまわり品を自宅から全部持ってこようとするもの。**「寝室の引き出しの下着と、洗面所の××を持ってきて」などと、子どもにも連絡が来るかもしれません。**

しかしいまの病院では、療養生活に必要なものを売店で扱っています。着の身着のままで入院しても大丈夫。子どもが病院と自宅を往復する必要はありません。とくに入院当日はあわただしいものです。**親の家計が苦しくなければ、すぐ使うものは買ってすませましょう。**時間の余裕があれば、残りは翌日以降に持参します。

洗濯のために通うくらいなら、レンタルを検討しよう

下着などの洗濯ものも、家に持ち帰る必要はありません。**大きな病院にはたいてい、コインランドリーがあります。**下着は枚数を多めに用意し、病院に行く日にまとめて洗えば間に合います。汚れものをためこむのをいやがる親には、使い捨てパンツをまとめ買いする方法もあります。**また、寝間着やタオル、アメニティ類は、病院でレンタルできる場合がほとんどです。**洗濯の必要がなく、毎日きれいなものを提供してくれます。「そんなのもったいない」という親もいるでしょうが、子どもにも自分の生活があります。無理をせず、適度に折り合いをつけることが大切です。

用意の時間がないときは、レンタルも活用

病院でのレンタルと購入で、必要なものはすべて揃うと考えて。

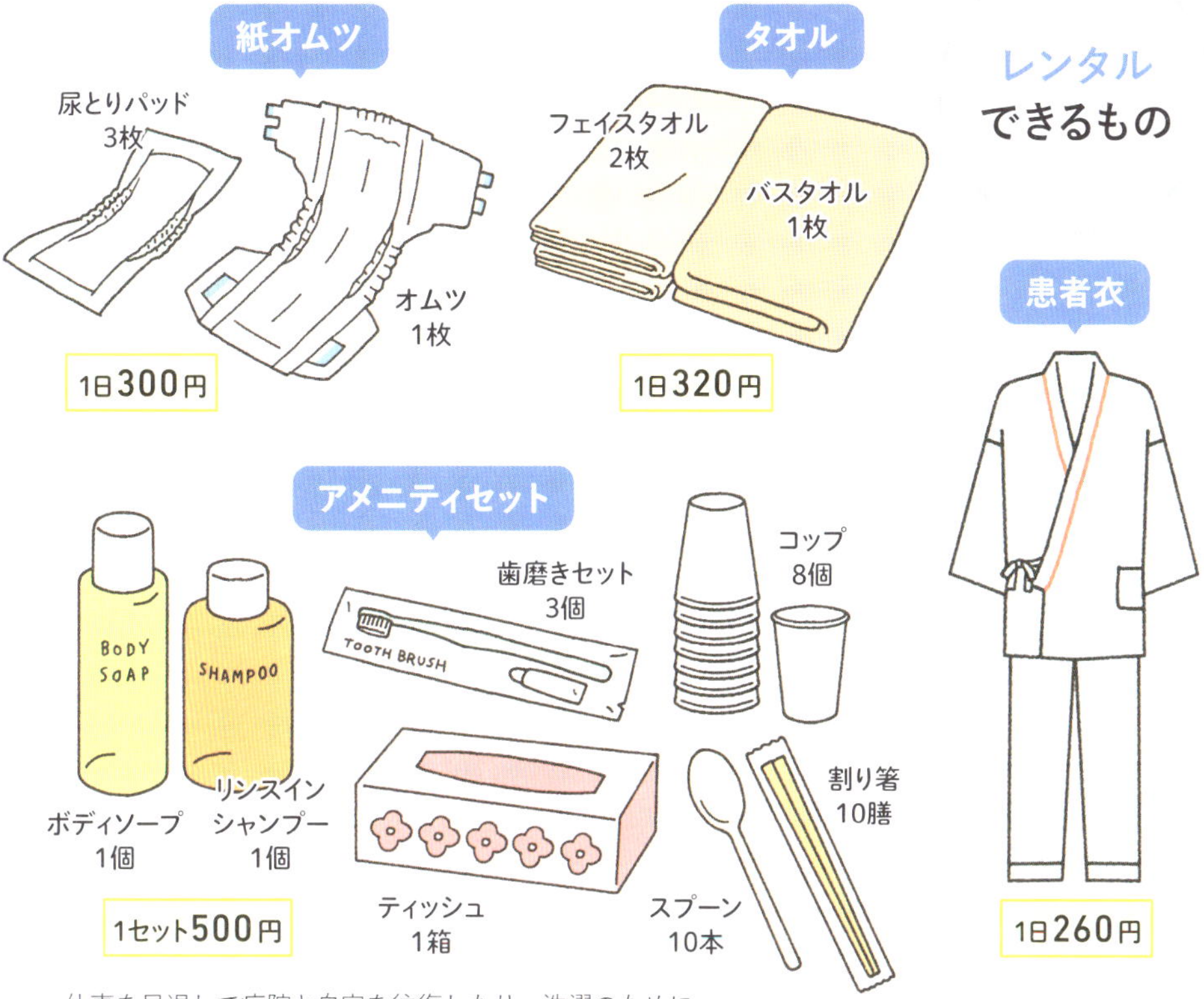

仕事を早退して病院と自宅を往復したり、洗濯のために通うことを考えれば、レンタル代はけっして高くない。

購入が必要なもの

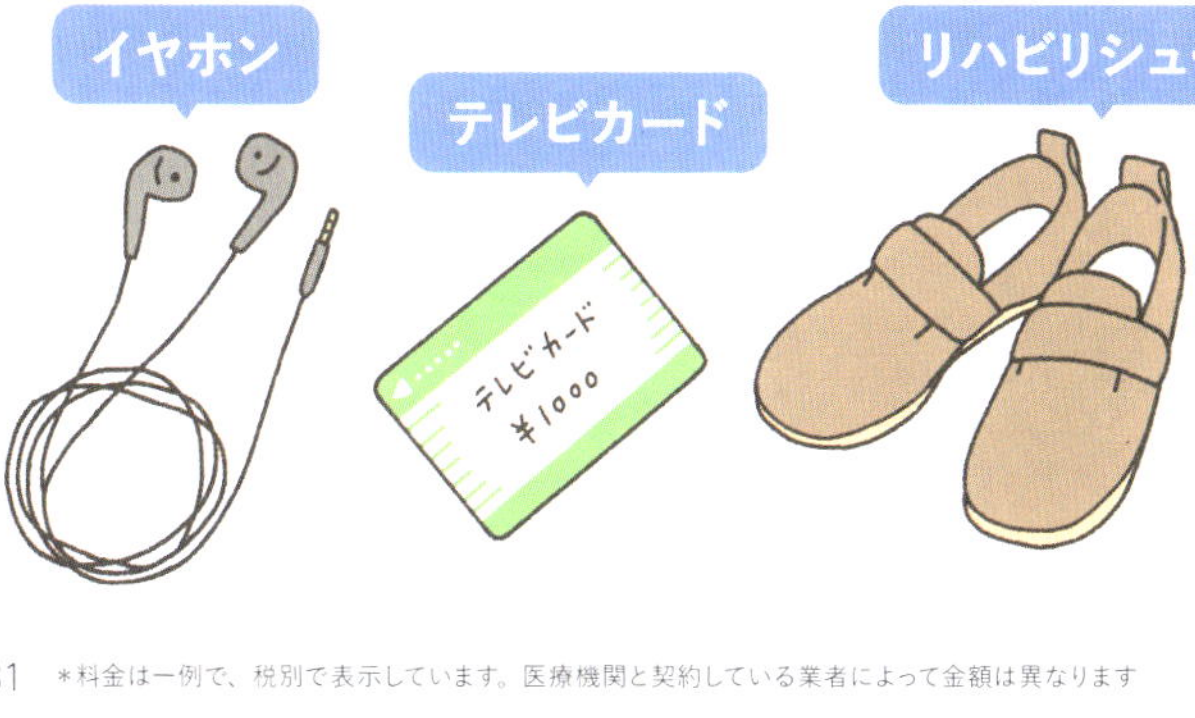

娯楽のための物品、クリーニングできない物品は院内で購入。高齢者は転倒しやすいため、スリッパでなくリハビリシューズを使う。

＊料金は一例で、税別で表示しています。医療機関と契約している業者によって金額は異なります

入院時の支援

入院費用は、個室などのオプションで大きく変わる!!

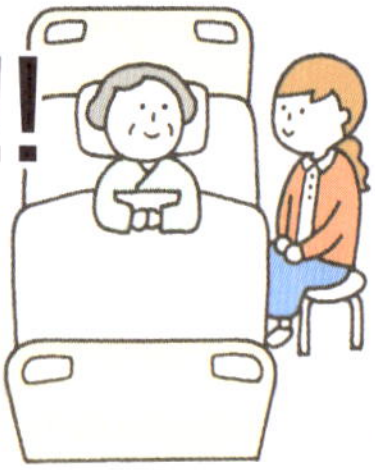

医療費は通常、包括方式。病院による違いはない

親の入院時には、お金の心配もつきものです。「大きな病気の治療や手術には、高額な医療費がかかるのでは」と不安になる人もいるでしょう。

入院費のうち、診察をはじめとする治療費には、多くの病院でＤＰＣ（診療群分類包括評価）制度が導入されています。**病気や治療法ごとに１回の入院費が決められているので、病院による違いはなく、入院早期に金額のめやすがわかります。**入院が長引いても予想外の高額にはなりません。公的医療保険でカバーでき、自己負担限度額もあります（→Ｐ34）。

ただし先進医療や食事代、差額ベッド代は、医療保険の対象外です。

個室しか空いていないときは移動したい旨を伝えよう

食事代は１食数百円ですが、差額ベッド代の１日平均額は８３２２円。自己負担額の約４割を占めています。地域格差も大きく、大都市ほど高額に。親の預貯金に余裕がなければ、大部屋のほうが親も安心です。

しかし救急搬送で入院する場合、搬送先は選べません。意識があり、希望を言えたとしても、病院側が受け入れ可能とはかぎらないためです。全室個室の病院に搬送されたり、大部屋に空きがない場合もあります。

そんなときは、大部屋が空いたら移りたい旨を最初に申し出ます。看護師や医療ソーシャルワーカー（→Ｐ50）に伝えれば対応してくれます。

自己負担額の大半は、医療費以外にかかるお金

医療費は一部負担ですみ、食事代もかぎられている。
高額になるのは、それ以外の費用のため。

ここは一定

保険内

食事・生活療養負担金

1食 **490**円×3食＝1日 **1470**円

＊年金収入のみで1人あたり所得80万円以下の場合は、90日以下の入院で1食230円、90日超で1食180円

救急搬送を受け入れたり、重症患者を多く診る急性期病院でも、長期療養向きの療養型病院でも、低所得の人以外は1日1470円。

医療費の一部負担金

入院基本料　薬剤料

検査・病理診断　手術・麻酔　など

70〜74歳(国保、2割負担) 1日平均 **9125**円

75歳以上(後期高齢者医療) 1日平均 **3446**円

75歳以上は基本1割負担。1人世帯で200万円以上、2人以上世帯で320万円以上の収入なら2割負担。

＋

ここで差がつく！

保険外

保険外併用療養費

差額ベッド代のほか、
標準ではない先進医療も含む

差額ベッド代は地域差が大きく、最多の東京都は、最安の秋田県の5.6倍。大学病院などでおこなわれる一部の先進医療も自費負担。

差額ベッド代
全国平均
1日 **8322**円
(＊東京都では1万9770円)

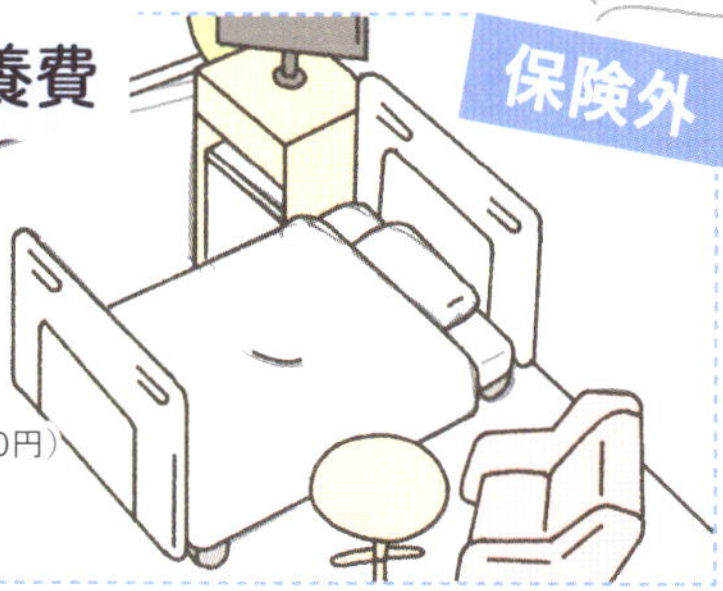

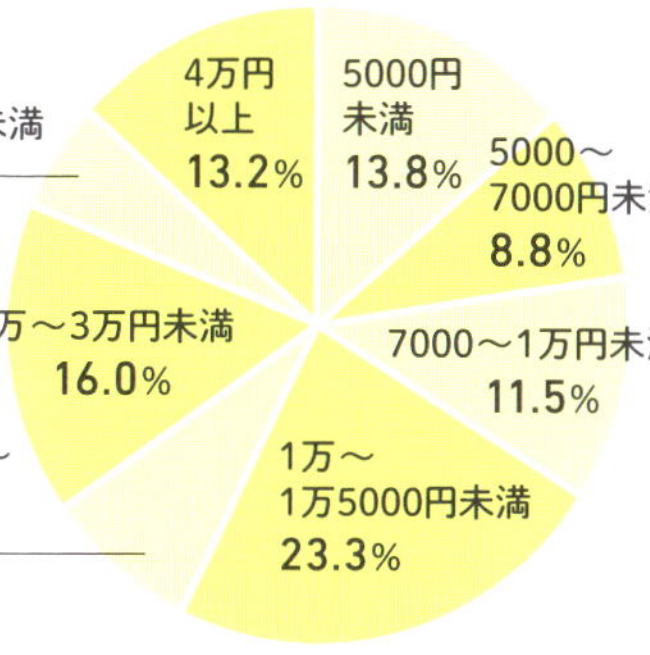
4万円以上
13.2%
5000円未満
13.8%
5000〜7000円未満
8.8%
7000〜1万円未満
11.5%
1万〜1万5000円未満
23.3%
1万5000〜2万円未満
7.9%
2万〜3万円未満
16.0%
3万〜4万円未満
5.5%

1日平均自己負担額
2万700円

1万円未満の人、1〜2万円未満の人、2万円以上の人がそれぞれ1/3程度を占める。ただし治療費には限度額制度などがあり、全額支払う必要はない。

[出典]
・[医療費の一部負担金]「医療給付実態調査(令和3年度)」厚生労働省保険局調査課、2023
・[食事・生活療養負担金]東京都保健医療局ホームページ 2024.7.9.閲覧
・[差額ベッド代]朝日新聞デジタル 2023年8月17日記事
・[1日平均自己負担額]「生活保障に関する調査」生命保険文化センター、2022

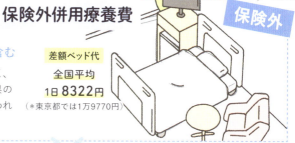

突然の出費は、限度額認定証で乗り切る

基本は親のお金で。無理して立て替えないで！

高齢者の入院は、若年者に比べて日数が長くなりがちです。個室に入った場合は費用もかさみます。1日分が平均の2万7000円として、30日の入院では、計62万1000円。一度に払うお金としては、かなりの額です。

しかし、あわててお金を用意して、立て替える必要はありません。入院にかかるお金も、今後の介護でかかるお金も、基本は親の預貯金でまかなってください。

年金暮らしで預貯金が乏しい親でも、個室での療養を望まなければ、年金で支払えます。高額療養費制度を使えば、医療費の自己負担額は月5万7600円までしかかかりません。

高額療養費制度には、2つのパターンがある

I 窓口で限度額のみを払う

▶ 限度額認定証のほか、マイナ保険証も使える

企業や業界の健保加入者は健保に、国民健康保険の人は市区町村の窓口で申請し、認定証を取得。

II 全額払い、払い戻しを受ける

▶ 医療保険に書類を提出。差額が後日振り込まれる

申請先はIと同じで、あとから口座に振り込まれる（→P136）。ただし3か月程度かかるのが難点。

上限額は月5万7600円。非課税世帯はもっと安い

高齢者の世帯平均年収は約318万円。多くの人は月額5万7600円ですむ。

70歳以上

適用区分		外来（個人ごと）	ひと月の上限額（世帯ごと）
現役並み	年収約1160万円～ 標準報酬月額[*1]83万円以上／課税所得690万円以上	25万2600円＋（医療費－84万2000円）×1%	
現役並み	年収約770万～1160万円 標準報酬月額53万円以上／課税所得380万円以上	16万7400円＋（医療費－55万8000円）×1%	
現役並み	年収約380万円～770万円 標準報酬月額28万円以上／課税所得145万円以上	8万100円＋（医療費－26万7000円）×1%	
一般	年収156万～約380万円 標準報酬月額26万円以下、課税所得145万円未満等	1万8000円（年14万4000円）	5万7600円
住民税非課税等	Ⅱ 住民税非課税世帯	8000円	2万4600円
住民税非課税等	Ⅰ 住民税非課税世帯（年金収入80万円以下など）	8000円	1万5000円

現役並み所得があれば、限度額に医療費実費分が加算されるが、それ以下の所得なら上限額のみですむ。

70歳未満

70歳未満の場合は、住民税非課税者の分類が上表と異なり、一律で月額3万5400円となる。

	適用区分	ひと月の上限額（世帯ごと）
ア	年収約1160万円～ 健保：標準報酬月額83万円以上 国保：旧ただし書き所得[*2] 901万円超	25万2600円＋（医療費－84万2000円）×1%
イ	年収約770万～1160万円 健保：標準報酬月額53万～79万円 国保：旧ただし書き所得600万～901万円	16万7400円＋（医療費－55万8000円）×1%
ウ	年収約380万～770万円 健保：標準報酬月額28万～50万円 国保：旧ただし書き所得210万～600万円	8万100円＋（医療費－26万7000円）×1%
エ	～年収約380万円 健保：標準報酬月額26万円以下 国保：旧ただし書き所得210万円以下	5万7600円
オ	住民税非課税者	3万5400円

（「高額療養費制度を利用される皆さまへ（平成30年8月診療分から）」厚生労働省保険局、2018より引用）

民間の医療保険に入っていれば、あわせて活用

高額療養費制度の利用時は、限度額だけを窓口で支払う方法がおすすめです。**マイナ保険証がある人は、保険証だけでOK。**ない人は健保や市区町村の窓口に行き、限度額認定証を早めに取得。不明点は病院の医療ソーシャルワーカー（→P50）が相談に乗ってくれます。

疾病入院給付金付きの生命保険に入っている親も多く、70歳代女性で66・5％、男性で55・5％が加入しているという調査結果もあります（生命保険文化センター、2022）。入院1日あたり5000～1万円程度の支給が一般的で、地域によっては差額ベッド代もまかなえます。

*1 標準報酬月額……従業員の月々の給与。厚生年金保険料や健康保険料を算定する際に用いられ、1～50（厚生年金では1～32）の等級に分けられる
*2 旧ただし書き所得……前年の総所得金額と山林所得、株式の配当所得、土地・建物等の譲渡所得金額などの合計から、所得税の基礎控除額（収入による。最大48万円）を除いた額

入院から1週間以内に診療計画書ができる

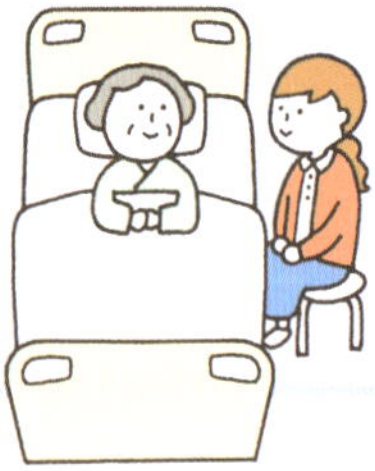

入院期間のめやすも診療計画書でチェック

入院から7日以内の作成が義務づけられている。患者の意向や状況によって、必要時に修正される。

入院診療計画書

(患者氏名) 高橋朝子 殿

令和 6 年 9 月 1 日

病棟（病室）	C1病棟
主治医以外の担当者名	[看護師] 鈴木智子 [言語聴覚士] 大野慎一
在宅復帰支援担当者名	[MSW] 野田恵理子
病名（他に考え得る病名）	誤嚥性肺炎
症状	呼吸困難、発熱
治療計画	抗菌薬静注
検査内容及び日程	胸部X線検査 1日1回。 改善を認めない場合は、再度喀痰培養
手術内容及び日程	
推定される入院期間	10日～2週間
特別な栄養管理の必要性	㊒ ・ 無 (どちらかに○)
その他 ・看護計画 ・リハビリテーション等の計画	感染症治療計画に沿って、薬剤投与、検査介助をおこない、全身状態の観察を続けます。改善後は在宅での生活に復帰できるよう、嚥下リハビリ、全身機能のリハビリを進めます
在宅復帰支援計画	訪問看護の導入を検討
総合的な機能評価	ADL低下、認知機能正常

本人の意思が最優先。家族は理解と決定をサポート

例
手術などの
積極的治療を望む？
対症療法を望む？
この先やりたいこと、
送りたい生活は？
そのために
必要な治療は？
それぞれの治療で
期待できる
効果とリスクは？
本人
家族
入院期間の
めやすは？
医師
看護師
リハビリの計画と
そのゴールは？

意思決定するのは親自身。状況を理解したり、思いを言えるようサポートし、子どもの意見を強く押しつけないように。

説明を聞くだけでなく、医師と話し合って方針を決める

治療で全身状態が安定したら、今後に向けた明確な治療計画を立てられます。**これを患者にも説明できるよう明文化したのが、入院診療計画書。**病名や検査、薬物治療、手術の内容、入院期間などが書かれています。

そして治療の目的や方針、リスクなどを説明し、合意に至るのが「インフォームド・コンセント」。入院診療計画書の内容も、このような場で説明を受けます。できるだけ家族も参加して、親が内容を理解し、意見を言えるようサポートしてください。

病院に行けないときは、スマホのスピーカー機能やオンラインミーティングで参加するといいでしょう。

DNAR（蘇生拒否）など、親の意向を理解して

ACP（人生会議）ができていないままの親も多い

親の入院・介護は、親子双方にとって、生きかたを振り返る機会。何を大切にして生きてきたかが問われます。

その1つがACP（アドバンス・ケア・プランニング）です。人生の最終段階に受けたい医療やケアを、家族や医療職、介護職とくり返し話し合うプロセスです。**狭義の意思表明としてのAD（アドバンス・ディレクティブ）も含まれます。**自発呼吸困難になったときに人工呼吸器を使うか、心肺停止時に蘇生を拒否するか（DNAR）などの指示です。

入院中の急変時のためにも重要で、国としても推奨していますが、とり組めている親は少ないのが現実です。

入院・介護に至る前に
話しておけると理想的
こういうとき、自分だったらどうしたいとか
お母さんは考えたことある？
私はいやだわ、管だらけでただ生かされるのは
食べられなくなったら寿命だと思ってるの

命の危機が突然訪れることも。日常的なかかわりのなかで、親の考えを理解しておけるといい。

意思疎通ができないときは、チーム全員で話し合う

もし意識があれば、親はどう考えるのか。主治医や担当看護師も含め、各々が知る人となりから、話し合って結論を出す。

母は活発で、家でも外でも人の役に立とうと走り回っていました
食べられなくなったら寿命だって、前にも話してた
話すことも大好きで、意思疎通ができない状態での延命は……
100%の正解はない。全員で考えて決めるプロセスが大事
「よくなる見込みがなくなったら、ちゃんと言ってほしい」とも……
そうですね、病棟でもお友だちをたくさんつくられて
おしゃべりを楽しんでいました

本人の人生、価値観を知る人たちで、最善の判断をめざす

ACPに関心がある親なら、親をよく知る医療職、介護職を交えて話し合い、記録を残すのが理想的です。

しかし、「終末期のことなんて考えたくない」と思うのも自然な心理。無理強いは禁物です。市販のエンディングノートを一方的に渡すのも避けましょう。考えたくないなら、その意思を尊重してください。

意思がわからない状態で命の危機に陥ったときは、関係者全員で十分に話し合うことが大事。「1日でも長く生きていて」という子どもの意思ではなく、親ならどう考えるかを全力で想像できたら、結果としてそれが最善です。

入院翌日以降

セカンドオピニオンは親自身が望むときに

意見を聞くのはかまわない。ただ、親を振り回すのはダメ

急変で救急搬送された場合は、入院先の病院を選べません。治療方針に納得できず、もっといい治療法がないかと悩むこともあります。その場合は別の病院の専門医にセカンドオピニオンを受けてもいいでしょう。

診断や治療方針について、別の角度から意見をもらうことができます。

注意したいのは、誰の意思で動くかということ。子どもがネットで得た知識をもとに、「もっといい治療法がある」などと親を説得するケースもあります。しかし親の人生は親のものです。**子どもの納得や不安解消のために、病気の親が協力することになっては、本末転倒です。**

紹介状と検査データを持参。子どもだけの受診もできる

親の希望でセカンドオピニオンをとるぶんには、親が納得して治療を受けることにつながります。**セカンドオピニオンがほしいと主治医に伝えれば、希望する病院への紹介状や、検査データ一式を用意してくれます。**

現在は、がん診療連携拠点病院など、セカンドオピニオン外来を設ける病院も増えています。電話やネットで予約したうえで受診してください。親が受診困難な状態であれば、子どもが親の意向を聞いたうえで、意見を聞きに行くこともできます。

なお、セカンドオピニオンは転院とは違います。治療方針に納得できたら、いまの病院で治療を続けます。

子どもの希望で、親に負担をかけるのは避けて

子どもの不安は当然だが、そのために親を振り回すことのないように。

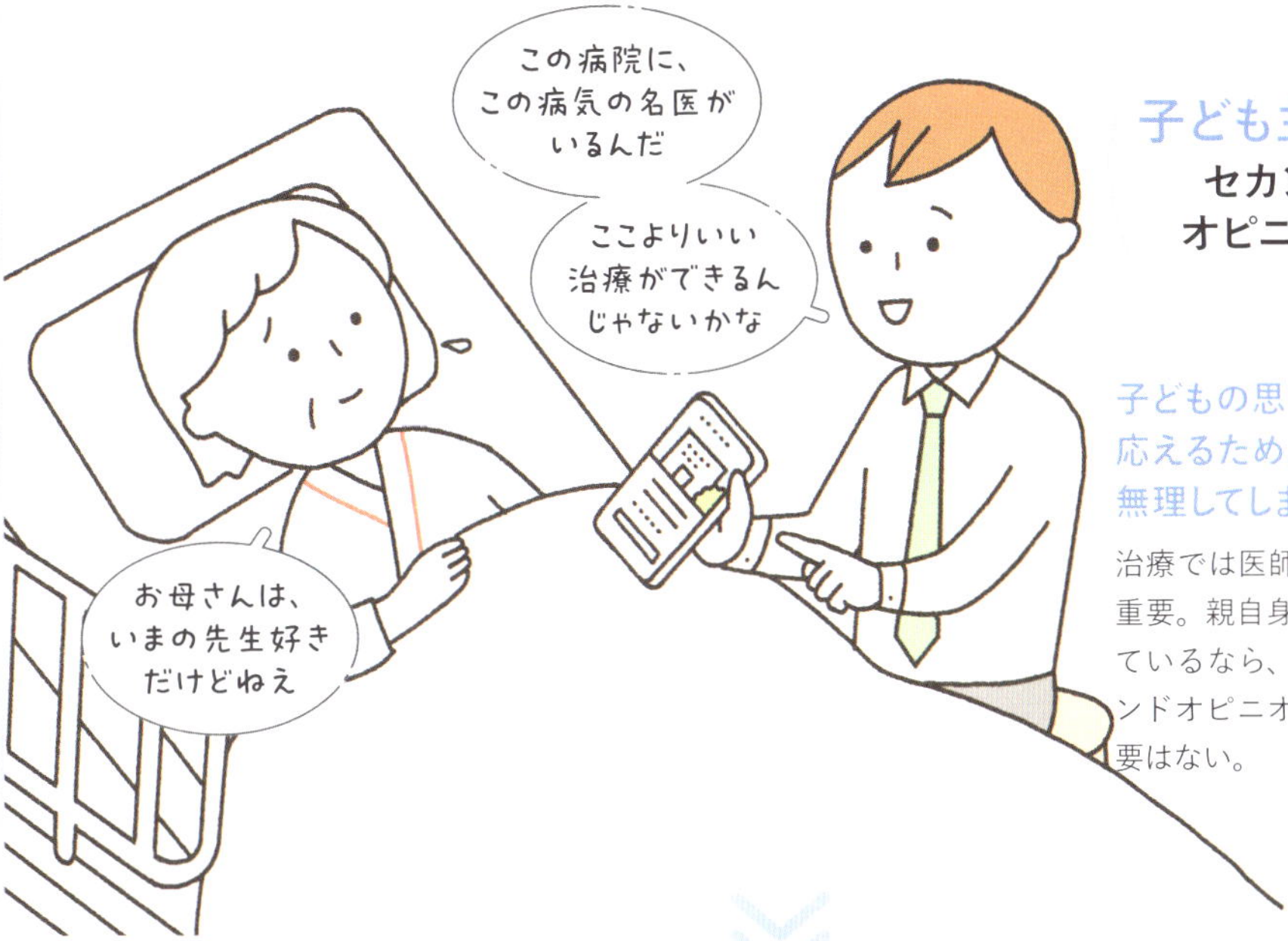

×

子ども主体のセカンドオピニオン

子どもの思いに応えるため、親が無理してしまうことも

治療では医師との相性も重要。親自身が気に入っているなら、無理にセカンドオピニオンをとる必要はない。

○

親主体のセカンドオピニオン

代替医療なども含め、親自身が望むならアリ

親の意向であれば、できる範囲で協力を。民間療法やサプリ摂取なども、親の預貯金の範囲内であれば、希望を尊重する。

もう1人の親の生活に、サポートがいることも

介護してきた側の親もやがては限界に……！

同居家族が介護を担う家庭のうち、老々介護の割合は、いまや63・5%(厚生労働省、2023)。その半数以上が、介護する側もされる側も75歳以上の後期高齢者夫婦です。いつ何があってもおかしくありません。

公的な介護サービスを受けていない場合も多く、「お母さんの面倒は俺が見る」などと頑《かたく》なに拒否することも。結果として、介護する側の心身の負担も限界に近づいています。

つまり片方の親が倒れたときは、サービスを導入する絶好のタイミング。地域包括支援センター(包括)にすぐ連絡し、必要な介護・医療サービスの検討を進めてもらいましょう。

上げ膳据え膳はダメ。食事も配食などを使おう

親世代では、女親が家事をすべて担い、男親は自身の食事もつくれないというケースも多数。このような場合も、「お母さんが倒れて大変だ」「食事の用意はどうすればいいのか」などと連絡が来るかもしれません。

このときもっともよくない対処が、実家に駆けつけ、食事の世話をすること。親にしてみれば、他人が来るより、子どもに世話してもらうほうが気がラクです。そのためいつまでも頼りにされ、子どもは自分の仕事や生活に戻れなくなるでしょう。

食事の用意に困っているなら、訪問介護や配食サービスの利用など、外部サービスにつなげるのが最善です。

サービス導入のチャンス。すぐ包括に連絡を！

片方の親が心配なときは、真っ先に地域包括支援センターに連絡しよう。

事前にできること

地域包括支援センターに現状と懸念事項を伝える

親が公的サービスを拒む場合も、包括に現状と今後の懸念を伝えておく。いざ親が倒れたとき、すぐ介入してもらえる。

片方の親が倒れた！

片方の親が倒れると、もう1人の親も気が動転してしまったり、無理がたたって倒れたりしやすい。

介護・医療サービス導入へ

すぐ包括に来てもらい、それぞれの親に必要なサービスを導入。

例

要介護認定　訪問介護の利用　受診・往診

デイケアの活用　レスパイトケア

回復期

急性期の入院は30日。あとは回復期&慢性期病棟へ

病状の安定後は、生活機能の視点でケアする

病気の発症・悪化直後で全身状態が不安定な段階を「急性期」といい、医学的な治療とケアが最優先です。

全身状態が安定したら、退院後の生活を見据えて、リハビリを積極的に進めます。この時期は「回復期」とよばれ、生活機能の回復が重視されます。そのあとは、生活のなかで病気や障害とうまくつきあっていく「慢性期」に入ります。

病院もこの区分をもとに分類されています。**高度医療で急性期治療にあたるのが、急性期病院。緊急度、重症度の高い人を次々に受け入れるため、長期入院はできません。**30日以内をめやすに退院します。

脳卒中や骨折後のリハビリは回復期リハ病棟で重点的に

退院後、そのまま在宅復帰できれば理想的です。しかし高齢者は全身機能が低下しています。30日たっても全身機能、生活機能がよくならず、自宅に戻れない人もいます。

その場合は回復期向けの病院、病棟に移り、リハビリを進めます。これが「地域包括ケア病棟」「回復期リハ病棟」です。多くは転院が必要ですが、地域包括ケア病棟を備えた急性期病院もあり、その場合は転棟ですみます。脳卒中や大《だい》腿《たい》骨《こつ》骨折などで重点的なリハビリが必要な場合は、回復期リハ病棟がより適しています。

回復不十分なときは、介護老人保健施設への転居も1つの選択肢です。

地域包括ケア病棟などを経て、在宅復帰をめざす

漫然と入院していては全身機能が落ちる。早期から在宅復帰を意識して。

Start

急性期病院&病棟

まずは病状の安定を最優先に治療

医療・看護必要度が高い人が対象で、そのための人員配置も手厚い。最大在院日数は30日。

医療をばっちり
手厚く!

介護老人保健施設

有床診療所

自宅

地域包括ケア病棟

病気の治療を継続しつつ在宅復帰の準備を進める

必要な治療を続けながら、在宅復帰に欠かせないリハビリ、服薬支援、栄養支援、療養指導などを手厚くおこなう。最大在院日数は60日。

在宅復帰を
めざして!

有床診療所

*介護サービス提供医療機関にかぎる

居住系介護施設

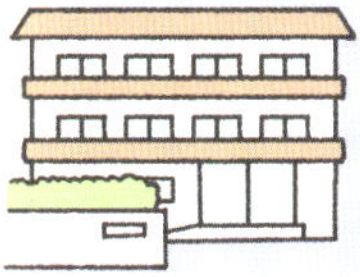

回復期リハ病棟

障害された機能の回復を重点的におこなう

専従の理学療法士や作業療法士、言語聴覚士がリハビリを集中的に実施。脳血管系、整形外科系の患者が多くを占める。最大在院日数は180日。

リハビリで機能の
回復・維持を

療養病棟

中長期的な医療ニーズが高い人が特徴

人工呼吸器装着や経管栄養など、医療的ケアを継続的に必要とする人が過ごす。終末期ケアも含まれる。

長期の医療
ニーズに応える

（「入院（その3） 回復期入院医療について」厚生労働省中央社会保険医療協議会、2021より作成）

回復期

付き添いの頻度と、仕事のバランスを調整

家族にできることは少ない。「毎日行くべき」と思わないで

弱った親のそばにどれだけいればいいのか。その問いに正解はありません。それまでの親子関係はどうだったか、同居か別居か、住まいの距離はどうかなども大きく影響します。

ただ、親の入院・介護にかかわる世代は40～50歳代が中心で、働き盛りの年齢です。親世代と比べて平均実質収入も低く、生活に余裕がありません。子どもがいる人は、育児との両立だけで精一杯でしょう。

親を大切に思う気持ちは大切ですが、無理に面会に通わなくても大丈夫。必要な医療は病院が提供してくれます。介護が必要となる場合はとくに、無理せず今後に備えましょう。

大事な面談などがあれば、有給休暇を使う

今後の介護体制づくりでも有休が必要となるので、大事な場面で、半日単位などで活用する。

今後に備え、介護休暇制度も知っておきたい

入院中は有休を使うことが多いが、状況や企業によっては、介護休暇も使える。

家族の範囲
父母、祖父母など直系家族と、配偶者、配偶者の父母。
家族の条件
病気やけが、障害で、2週間以上介護が必要な状態。
明日、母の病院に行かなくてはならず…
了解！気をつけて
休暇届
本人の条件
入社6か月以上で、所定労働日数週3日以上の労働者。
日数／賃金
年5日まで取得可能。有給か無給は社内規定による。
手続き
口頭での申し出も可。社内規定の書面があれば使用。

現状を会社に伝えたうえで、介護休暇を有効活用

現在は介護休暇・休業制度が義務化され、契約社員やパートでも使えます。利用しない手はありません。

ただし介護休暇・休業制度には適用基準があり、2週間以上にわたり、常時介護を必要とする状態とされています。要介護2以上か、それと同等の介護を要する状態です（「常時介護を必要とする状態に関する判断基準」厚生労働省）。

介護休暇は今後のために残し、入院中は有休で対応するのが現実的。主治医との面談、退院前カンファレンス（→P51）など、大事な場面で有休を使いましょう。入院した時点で現状をさりげなく話しておけば、職場の理解も得やすくなります。

回復期

退院後をどこでどう過ごす？家族会議で検討を

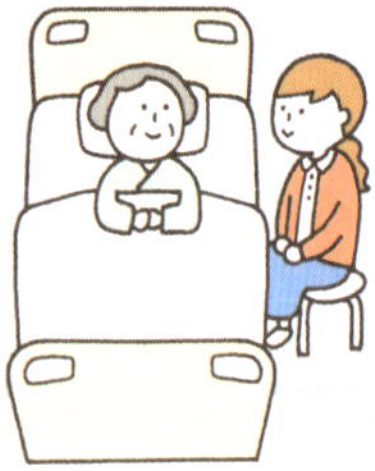

子どもの不安解消でなく、親の意向を最優先に

入院期間は長いようであっという間です。**回復期に入ったら、退院後のことを、家族と医療ソーシャルワーカー（→P50）で話し合っておきます。**

内閣府の調査では、介護が必要になっても在宅生活を望む人が最多。男性で42・2％、女性で30・2を占めます（内閣府、2012）。ただし介護施設や病院を望む人も1〜3割はいるので、一概にはいえません。

「退院＝要介護」ともかぎらず、退院時点での身体機能、生活機能によっても変わります。身体機能や生活機能が十分回復していないなら、地域包括ケア病棟、回復期リハ病棟を経て、在宅に移るのも選択肢です。

短期間のつもりでも、同居でのケアは望ましくない

医療機関も介護施設も、地域間で事情が変わります。たとえば回復期リハ病棟を希望する場合。都道府県単位で100床未満の地域もあれば、2000床以上の地域もあります。退院時に空き病床があるかどうかも運しだい。このあたりの事情は、病院の医療ソーシャルワーカーに相談すればすぐわかります。

施設や転院をいやがり、在宅を強く望む親もいます。**それも1つの選択肢ですが、心配だからと同居するのは避けて。**短期間のつもりが、長い介護生活に突入することもあります。プロの介護サービスを受けにくくなり、親のためにもなりません。

主治医の意見も聞き、選択肢を伝えて話し合う

在宅復帰が可能かどうか、主治医の意見もよく聞いて決める。

在宅復帰ができそうなとき

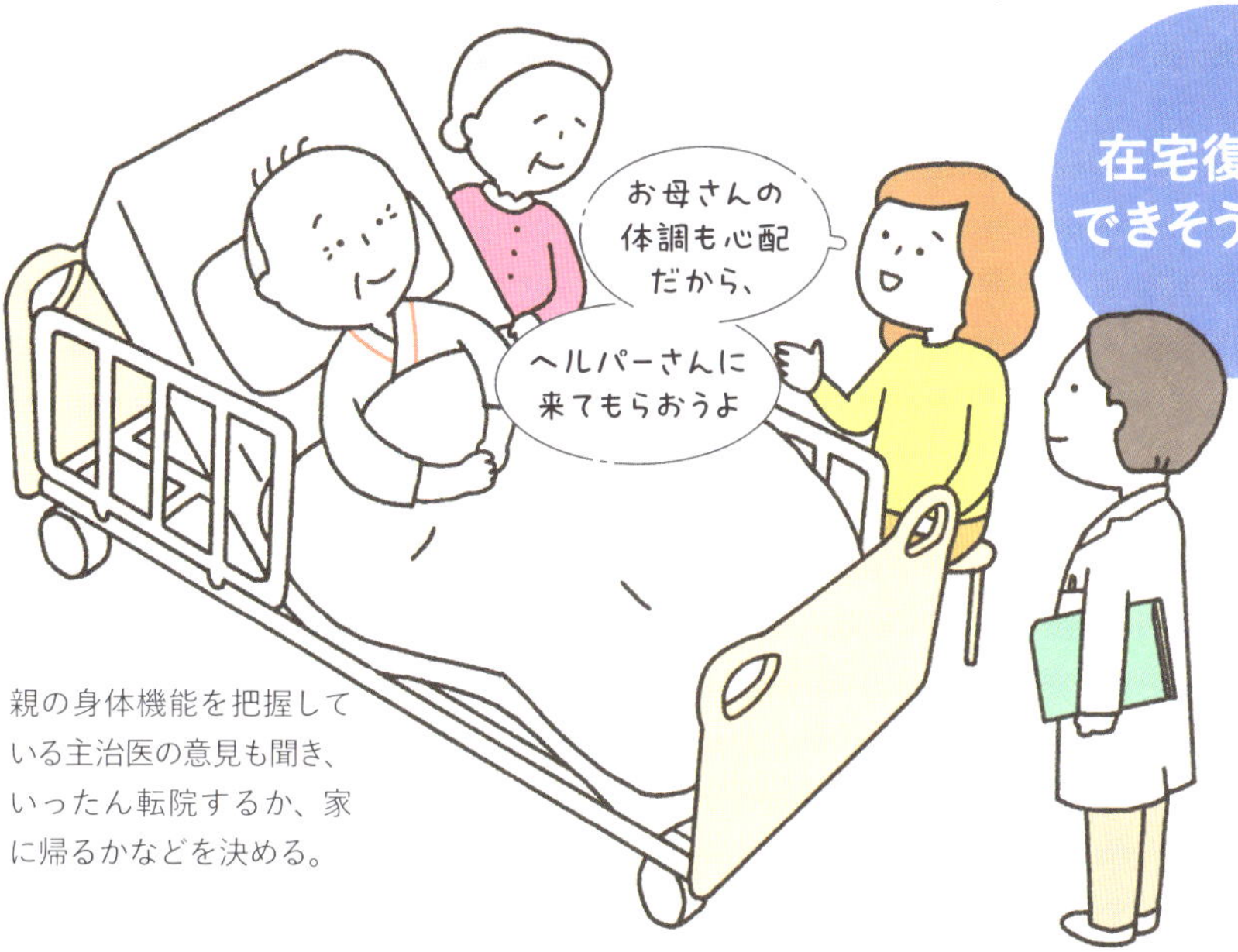
お母さんの体調も心配だから、
ヘルパーさんに来てもらおうよ

親の身体機能を把握している主治医の意見も聞き、いったん転院するか、家に帰るかなどを決める。

在宅復帰が不安なとき

転んだってかまうもんか
家に帰るぞ!

選択肢 1

地域包括ケア病棟へ転棟・転院

起居動作、食事、排泄などの日常生活動作、服薬管理などのセルフケア能力を高めることができる。

選択肢 2

回復期リハ病棟へ転棟・転院

脳卒中の後遺症があったり、転倒・骨折で歩行が不安定な場合は、集中的なリハビリが望ましい。

選択肢 3

施設にいったん入居する

老健などの介護施設に一時入居する選択肢もある。施設での生活でリハビリしてから、自宅に戻る。

選択肢 4

サービスを充実させ、自宅へ

親の希望が強ければ、訪問介護や訪問診療を充実させて、そのまま家に帰る選択肢もある。

回復期

医療ソーシャルワーカーのサポートも重要

院内で最強の味方。それは医療ソーシャルワーカー！

医療と福祉に通じた生活相談員。100床以上の急性期病院には必ずいる。

こんなときはすぐ相談

「退院後の生活が不安」

本人の力でどこまでできるか、受けられる公的サービスは何かなど。

「病気そのものが不安……！」

治療上の不安、病気や障害とのつきあいかた、在宅でできる治療など。

「仕事に戻れるか自信がない」

仕事を続けている親もいる。復職は可能か、必要な支援は何かなど。

「治療費がすぐ用意できない」

高額療養費制度などを案内し、申請のしかたもすべて教えてくれる。

「退院後の受診先で迷っている」

近くの中規模病院に通うか、遠くてもいまの病院のほうがよいかなど。

「家族が対応に悩んでいる」

親がすぐ退院したいと頑《かたく》なに言い張る、過剰に不安になっているなど。

退院前カンファレンスで、今後のプランを検討

本人と家族、いまの治療と退院後の生活を支える専門職が集まり、今後の計画を話し合う。

介護サービスなどを
使うなら、ケアマネも同席
⇒P52
MSW
本人
家族
本人・家族の希望
現在までの経過
各専門職の意見
今後必要なサービス
今後の目標
ケア
マネジャー
主治医
退院調整
看護師
担当
看護師

治療の見通しが立ったら、退院後のプランを早めに検討

退院後に在宅復帰するか、転院するか迷う場合もあるでしょう。そんなときは医療ソーシャルワーカー（MSW）に相談してください。MSWに会いたい旨を看護師や窓口の職員に話せば、とりついでくれます。病院を訪ねる余裕がなければ、電話でもかまいません。

面談時のポイントは、親の希望と子どもの事情、困りごとを包み隠さず話すこと。病状や家庭の事情をふまえ、最善の案を考えてくれます。

退院後すぐ在宅復帰する場合は、退院前カンファレンスも重要です。病院によっては退院調整看護師も参加し、今後の調整をしてくれます。

要介護になりそうなら、早期に申請

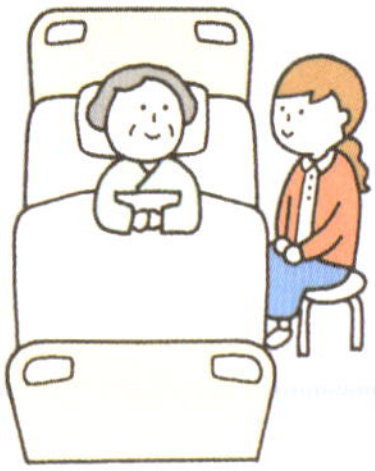

認定には1か月以上かかる。退院直前では遅すぎる！

退院後に介護サービスを使いたいなら、要介護申請が必要です。認定まで1か月ほどかかるので、退院直前では間に合いません。今後の見通しが立ったら、すぐ申請しましょう。

真っ先に連絡すべきは、地域包括支援センター（包括）。自治体が運営する公的機関で、保健師や社会福祉士、主任介護支援専門員が地域住民の相談に応じます。いわば医療・福祉・介護のプロ集団です。

現状を伝え、要介護認定の申請をしたいといえば、**申請を代行してくれます**。ケアマネジャー（ケアマネ）が所属する居宅介護支援事業所も、ここで紹介してもらうのが確実です。

仕事の昼休み中などに電話連絡してもいい

母は西区在住ですが、私は東京なので、電話でもいいでしょうか？
大腿骨《だいたいこつ》骨折で入院中で、住宅改修や訪問介護が必要になりそうなんです

親の住所と「包括」のワードを入れてネットで検索すれば、連絡先がすぐわかる。訪問はもちろん、電話での相談も可能。

医師の予後予測を聞いて、早め早めに申請を

入院初期に今後の介護の予測がつくなら、その時点で要介護認定の申請をする。

Ⅰ 要介護認定の申請
自治体から届いている介護保険被保険者証を用意し、包括に申請を代行してもらう。

Ⅱ 認定調査&主治医意見書
市区町村の調査員が、全身機能や自立度を評価。主治医にも意見書を書いてもらう。

Ⅲ 審査判定
調査結果をコンピュータに入力。主治医意見書、専門家の意見も加味して審査される。

Ⅳ 認定
介護認定審査会から書面が届く。要支援1～要介護5、または非該当のいずれかに。

（Ⅰ～Ⅳ：原則30日間以内）

認定前から自費で利用もできる!

Ⅴ 介護サービス計画書作成
認定をもとに、ケアマネが今後の介護サービス計画書（ケアプラン）を作成。

Ⅵ 介護サービス利用開始
ケアプランをもとに、訪問介護やデイサービス、訪問診療などのサービスを受ける。

（有効期間 原則6か月）

申請の詳細は⇒P70～

ケアマネも病院に来てくれる。心配ごとはすべて話しておこう

包括が要介護認定の申請をしたあとは、市区町村の調査員がやってきます。全身機能、生活の自立度などをこまかくチェックし、適切な要介護認定へ。通常は自宅ですが、入院中は病院に来てくれます。認定には主治医の意見書も必要なので、申請が決まった段階で書いてもらいましょう。

居宅介護支援事業所にも、早々に連絡を。要介護認定前でいいので、担当のケアマネに来てもらいましょう。病状と見通し、親の希望、子どもの意向を伝え、退院後のケアプランを考えてもらいます。認定前にサービスを受けることも可能。自費で負担した費用は、認定後に戻ってきます。

3か月以内には退院し、自宅や施設へ

退院日には有給休暇を使い、自宅まで付き添う

要介護申請後は、必要に応じて住宅改修などを進めておきます（→P90）。自立歩行が困難なら、退院までに杖や歩行器、車いすも手配。ケアマネとともに福祉用具専門相談員にも相談し、病状や体にあったものを選びましょう（→P92）。

急性期病院からすぐ在宅復帰する場合は、30日以内に退院です。地域包括ケア病棟などを経由する場合も、半年以内には自宅に戻ることに。**退院日には有給休暇などを使って迎えに行くと、親も安心します。**

車いすの場合は、車の座席への移乗が大変なので、介護タクシーを予約しておくと確実です。

都合がつかなければ介護サービスや民間サービスで

訪問介護などのサービス利用が決まっている人は、退院当日から自宅に来てもらうといいでしょう。親との顔合わせができますし、子どもも安心して仕事や家庭に戻れます。他人の来訪をいやがる親もいますが、親の許可は必須ではありません。ケアマネに依頼し、手配を進めてください。会って話すうちに、受け入れが進むことも多いものです。

仕事などで余裕がなければ、退院付き添いもプロに任せて。事前にケアマネに相談し、病室までヘルパーに来てもらうなどの対応を考えます。民間の介護事業者で、同様のサービスを提供しているところもあります。

子どもが付き添う以外にも、送迎の方法はある

余裕があれば迎えに行くが、遠距離などで都合がつかないこともある。

子どもが送迎

荷物をまとめて精算し、家に帰るだけ。車いす介助は基本操作、段差の乗り越えかたなどの技術がいるため、わからない人はプロに任せて。

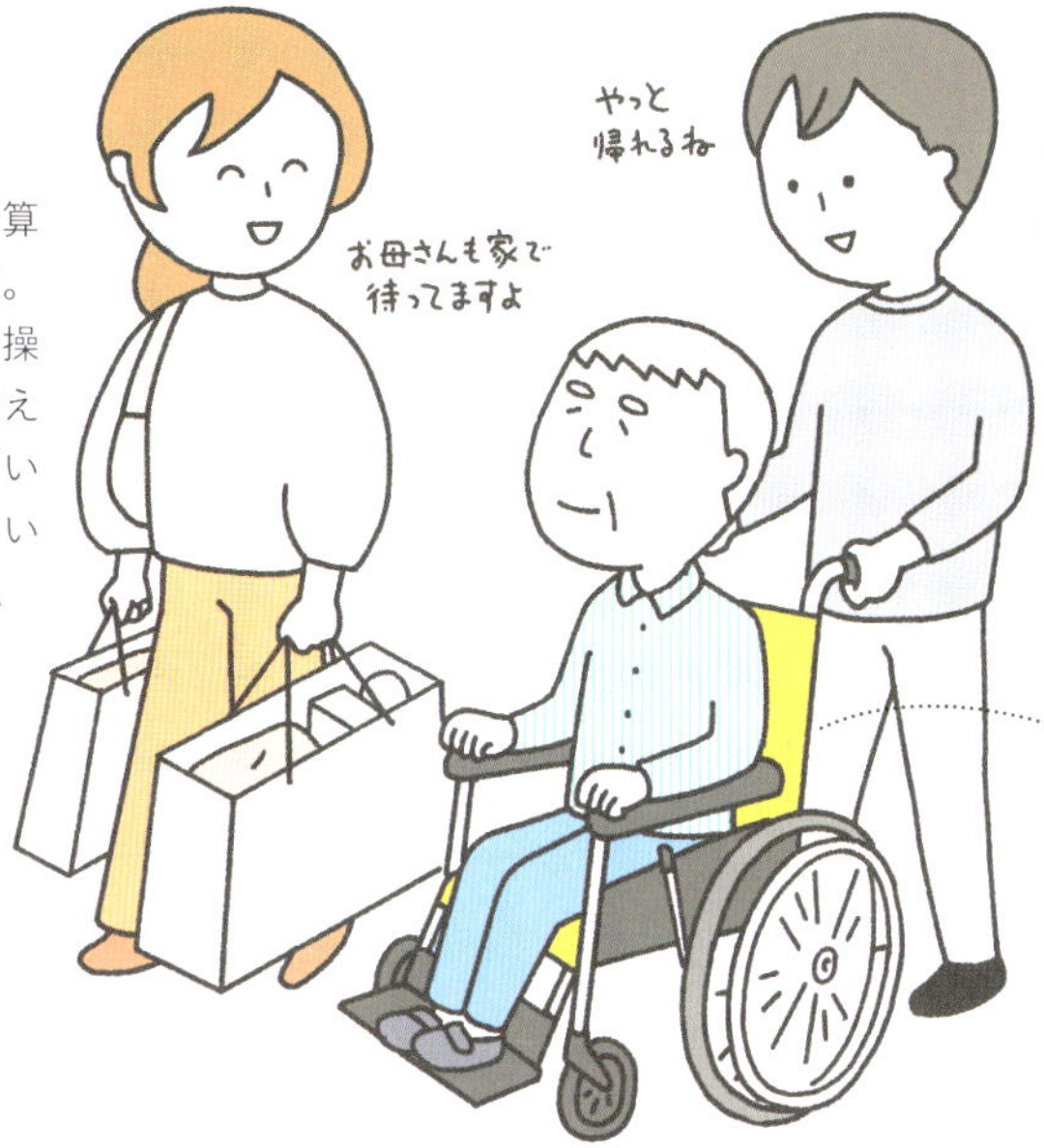

車いすの安全な操作方法を学んでおこう

介護事業者が送迎

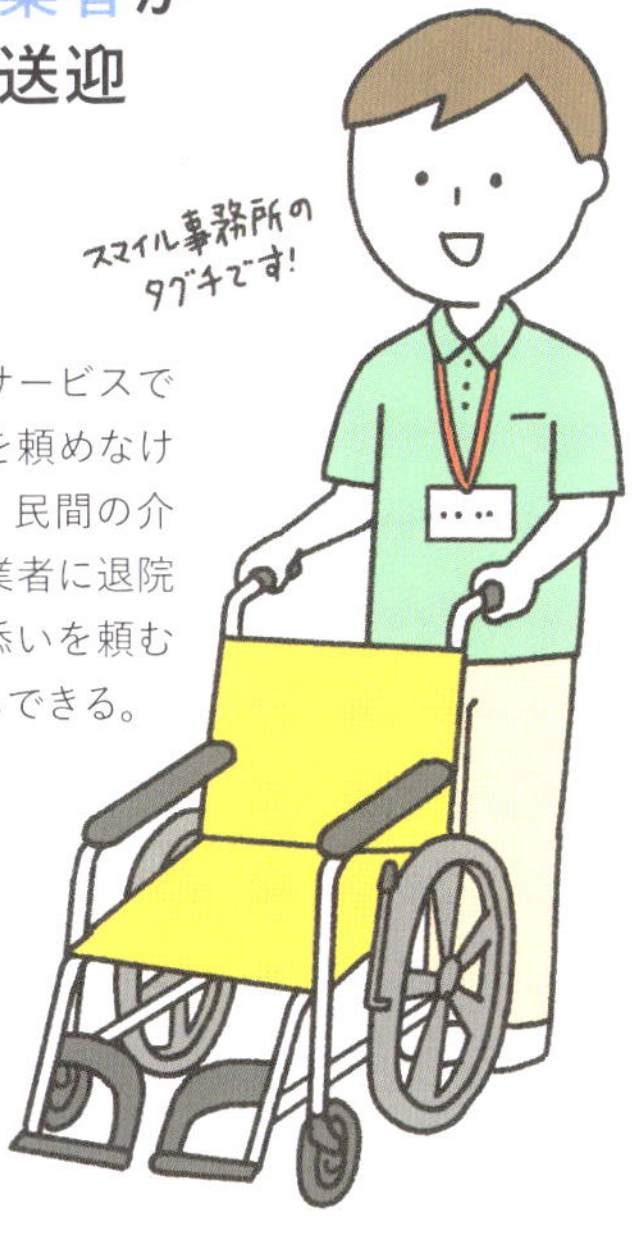

介護サービスで送迎を頼めなければ、民間の介護事業者に退院付き添いを頼むこともできる。

介護タクシーで送迎

退院付き添いサービスを手がける事業者もある。事前に手配しておけば、車いす利用の親でも安心。

退院時には精算が必要。親の預貯金でまかなおう

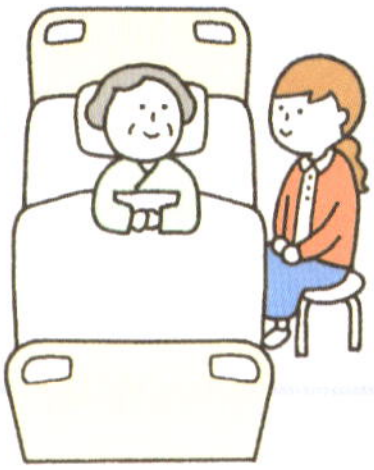

入院費で終わりじゃない。今後の介護費用も考える

退院時には、入院費を窓口で精算します。親自身が動けるなら、窓口で払ってもらいましょう。限度額認定証かマイナ保険証があれば、自己負担上限額のみの支払いですみます（→P34）。退院日に迎えに行けないときは、方法を伝えておきます。

さらに重要なのが、今後介護サービスなどを利用するときの負担です。親の介護経験がある587名への調査では、83・5%もの人が、親の公的年金で費用をまかなっていました（第一生命保険調べ、2011）。高額な施設などを選ばなければ、親の年金、預貯金でまかなえます。子どもが無理に負担することは避けましょう。

親の預貯金の把握は、無理なくできる範囲で

何かあったときのための貯金はある？
もう2人とも完全に仕事を辞めたし
あとは年金で細々と、だよ
退職金と、田舎の家を売ったお金で
治療とか介護は何とかなるよ

親が健康なうちに聞いておくといい。ただし不快に感じる親もいるので、無理のない範囲で。

お金の管理ができない場合は、成年後見制度を

手続きが煩雑なので、ケアマネや法テラスなどに相談して進めよう。

制度の種類

法定後見制度

認知症などの障害で判断能力が不十分になった人のための制度。家庭裁判所が成年後見人を選定する。子どもが選ばれるとはかぎらない。

任意後見制度

親の判断能力がしっかりしているうちに、親の意思で後見人を指定。金銭管理の全委任ではなく、何を代行してほしいか具体的に決められる。

申請の流れ

1 申し立て 指定の申立書や診断書などを家裁に提出する。

▼

2 調査など 家裁が必要と判断すれば、判断能力などを調査。

▼

3 審判 制度の活用開始を家裁が審判し、後見人を選任。

▼

4 報告 後見人が財産や生活状況を確認し、家裁に提出。

用意するもの

診断書

かかりつけ医か精神科医が、認知機能検査結果も含め、既定の様式で作成。

本人情報シート

ケアマネなどが、診断の補助目的で、現状の介護内容や日常生活を記載する。

認知症などで、金銭管理ができなくなる親もいる

入院前から認知症を発症していたり、入院中に認知機能が低下する親もいます。入院費の精算はもちろん、今後の介護費用の管理も困難に。通帳の場所がわからなくなるほか、高額な不動産契約、通販の定期購入などのトラブルもありえます。

こうした事態を防ぐには、成年後見制度が役立ちます。子どもなどの代理人が財産を管理する方法です。任意後見の場合は、認知機能が正常なうちに契約し、必要時に発効するという流れです。より簡単な方法としては、社会福祉協議会に相談し、日常的な金銭管理を頼むこともできます（→P138）。

Column

親の治療は親のもの。自分目線で決めないで！

「よくなってほしい」の願いが、親の負担になることも

親の健康を願うのは自然な感情です。一方で、歳をとれば心身の機能が低下し、病気になるのも自然なこと。なかには治療やリハビリである程度食い止められるものもありますが、その目的は何でしょう？　現役世代には、働いて自分や家族を養い、望む人生を築くという目的があります。一方で高齢の親は、これまでの人生を振り返りながら、心おだやかに過ごす〝身じまい〟の過程を生きています。歩む道のりも回復の可能性も違うのに、自分の感覚で治療やリハビリへの意欲を求めると、親は苦しむかもしれません。子どもの思いに応えたいという義務感から、懸命にとり組む親も少なくないのです。

生活習慣病の親が、甘いものを食べてたっていい

治療のための生活改善も同じです。たとえば糖尿病の親がお饅頭をいくつも食べていたら、子どもは止めたくなります。その目的は、致死的な病気のリスクを減らすことです。でも、10年後のリスクが低下したとして、そのとき親は別の病気で命を落としているかもしれません。その10年間を好きに過ごすほうが、幸せだったとはいえないでしょうか。

治療自体を拒む場合も、頭ごなしに説得するのは考えもの。親はたくさんの人生経験を積み、価値観を培ってきた1人の人間です。親の考えに同意できなくても、理解し、尊重し、寄り添うことがときには必要でしょう。

Part 2

自分1人で抱えても、
親を幸せにはできない

信頼できる介護チームをつくる!

私たちには介護の技術も知識もありません。
直接の介護はプロに任せたほうが、質の高いケアを受けられます。
家族の心のゆとりもでき、いい関係でいられるのです。
信頼できるプロの見つけかた、頼りかたを覚えておきましょう。

やっぱり母は認知症？　どこに支援を求めれば……

もう、ちょっと道を忘れただけなのに大げさなんだから
でも、隣町でしょ。何の用事だったの？
ちょっと出かけたいところがあったのよ。神社とか
あんなところに神社なんてあったっけ……？
ふーん
とはいえ、これ以上あれこれ言われたくなさそう
そんなことよりトシオは元気なの？
疲れた顔して
ちょっとやせたんじゃない？
そうかな？
元気だよ
……
……
あ、そうそう あんたの好きなお菓子があるよ
何より顔色はいいし話もおおむね通じているから大丈夫かも
…と思いたい

泊まってけばいいのに
今度またみんなでゆっくり来るよ
健康状態は悪くないって言ってた
かかりつけ医にも行ってて血圧の薬も飲んでるって
でも最初は神社に行こうとしたと言ってたのにさっきは姉の家って……
なんかちぐはぐだしごまかそうとしたりしてたよな
季節はずれの服 昔と違って汚い冷蔵庫 部屋の様子
違うと思いたかったけどやっぱり認知症かも……
無理やり病院に連れていくわけにもいかないし、どうしようかな……
まずは地域包括支援センターに電話!
「地域包括支援センター」で検索

月曜の昼休み
さっそく電話
すみません
こちらに相談して
いいことなのかも
ちょっとわからない
のですが
どうぞ
お話しください
母が××町に
住んでいるんですが
認知症かもしれなくて
先日も迷子に……
それは
ご心配ですね
こちらで一度
お母さまのところに
伺います
僕が認知症を疑ってる
ことは言わないで
ほしいんですが……
どうしたら
いいですか？
ご高齢の方向けの、
町の健康相談として
伺うようにしましょうか
かかりつけ医がいるなら、
その先生から認知症の専門医に
つなげられるかもしれません
訪問後に電話をもらう
約束をし、電話を切る
不安もあるけど
ひとまずほっとした
ホ

4つのフェーズで今後の介護体制を考えて

目の前の状況に必死で、介護離職に追い込まれる人も

介護経験のある人への全国調査では、介護の平均期間は5年1か月（生命保険文化センター調べ、2021）。内訳を見ると、最多は4～10年で、全体の3割以上です。一方で、10年以上に及んだ人も20％近くいました。

それに対し、介護離職する人の約半数が、開始2年前後で仕事を辞めています。目の前の介護に必死になると、全体像が見えにくくなるのかもしれません。**親の長生きを喜べる心の余裕、経済的余裕を保てるよう、無理のない介護計画を立てましょう。**介護を始めるときは、左の図で全体像を捉え、有給休暇や介護休暇、介護休業を計画的に使うようにします。

最初は有休と介護休暇で対応し、大事な時期に介護休業をとる。

長期的見通しをもって、介護休業制度を使う

本当に大事なタイミングで

介護休業

日数	・対象家族1人につき、年93日まで ・一度に取得でも、分割でもいい
手続き	・休業開始予定日の2週間前までに、社内規定の書面などを提出
給与	・雇用保険の被保険者で一定の要件を満たす人は、賃金日額の67％が支給される

《

最初はこっちで！

介護休暇

日数	・対象家族1人につき、年5日まで ・1日単位または時間単位で取得
手続き	・社内規定の書面か、厚生労働省HPの様式で提出。口頭での申し出もOK
給与	・有給か無給かは会社規定による

早期から介護サービスを使い、長期戦に備える

体制づくりが肝心。
有休&介護休暇でできる！

	介護の状況	タスク	制度活用例
フェーズ1 初期体制構築	要介護状態が発覚！	•地域包括支援センターに相談 •介護保険を申請 •ケアマネを選ぶ •ケアプラン作成	•介護保険認定のための訪問調査に同席 半日〜1日 •ケアマネ初回面談 半日〜1日 •ケアカンファレンス出席 半日〜1日
フェーズ2 体制強化	日常生活の一部に助けが必要	•状況に応じてメンテナンス •ケアマネとの信頼関係構築	•ケアカンファレンス出席 半日〜1日 •デイサービス&ショートステイ見学 2〜3日 •サービス利用拒否時の急遽帰宅の対応 2週間
フェーズ3 安定	日常生活全般に助けが必要	•状況に応じてメンテナンス •介護施設探し&入居	•ケアカンファレンス出席 半日〜1日 •介護施設見学 2〜3日程度
フェーズ4 看取り	看取りが近いときの体の変化 •食事量の急激な減少 •臥床《がしょう》時間の増加 •血圧低下 •呼吸困難 など	•看取り体制の構築	•家族と最期の時間を過ごす 1週間〜1か月

介護の流れを表す4つの段階。無理のない介護のためには、初期体制構築が肝心。初期〜中期は半日〜1日単位で有休と介護休暇を使い、介護休業はあとに残しておく。

介護休業は、看取りなどで長くそばにいたいときに！

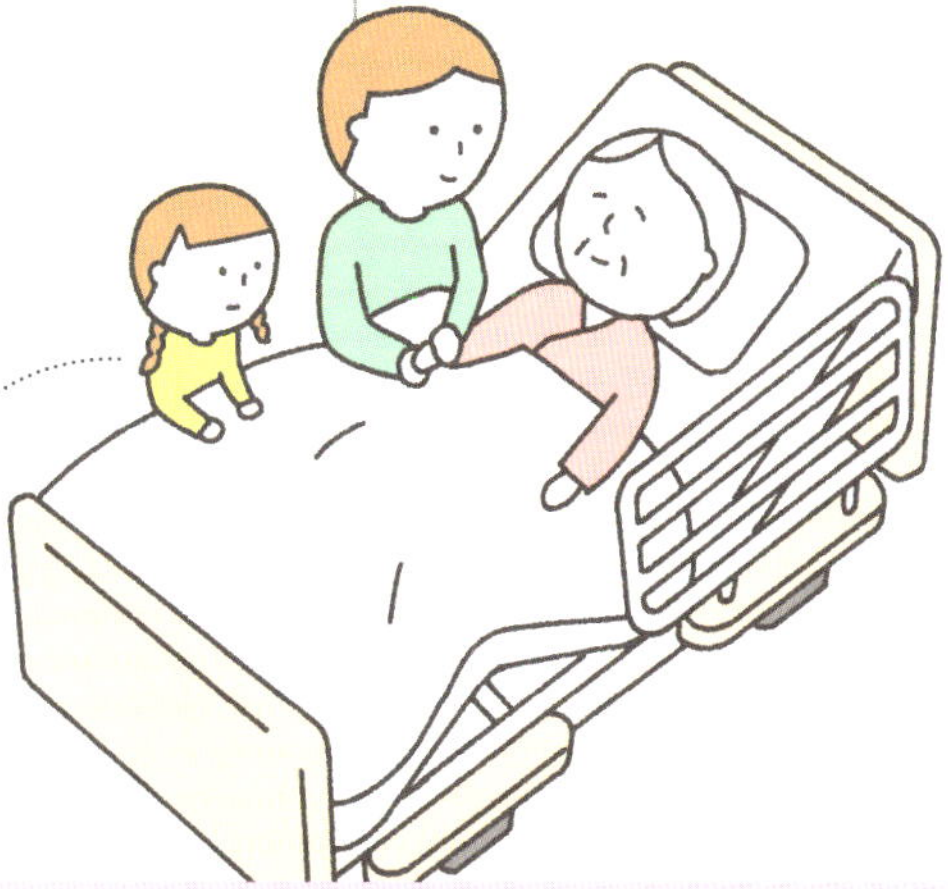

Step 1
地域包括支援センターに相談

介護サービスから日々の悩みまで、幅広く相談できる

地域包括支援センター

「ちょっと心配」の段階で電話するのがベスト

介護の流れを考えるとき、「最初は自分で。手に負えなくなったらプロに」と考える人が少なくありません。

しかし家族の手で介護していると、親子ともにそのやりかたに固執するように。プロがよりよい方法を提案しても、受け入れられなくなります。**「介護は最初からプロに」が正解です。**

専門家への相談も早めに。要介護状態に陥る前に相談し、プロに介入してもらいましょう。**左のチェックリストに3つ以上あてはまれば、相談すべきタイミングです。**認知症を疑う場合も、診断がついていなくていいので、地域包括支援センター（包括）に電話してアドバイスを求めます。

遠距離の人、仕事がある人はまず電話で相談を

健康面の不安
そもそも病院ぎらいで、健康診断も長く受けていません
介護予防
大きな病気ではないですが、足腰も弱っていて、今後が不安です
生活の不安
もの忘れがあるし、お金の管理なども心配です

親の許可を得る必要はない。心配ごとがあれば包括に行くか、電話で相談して、アドバイスをもらう。

「まだ早い」と思うなら、チェックシートで確かめて

親の近況をもとに回答。状況を直接確かめられない場合は、不明に丸をつける。

1	1人でバス・電車・自家用車で出かけているか?	はい	いいえ	不明
2	日用品の買いものに出かけているか?	はい	いいえ	不明
3	週に1回は外出しているか?	はい	いいえ	不明
4	ここ最近、外出の回数が減ってきているか?	はい	いいえ	不明
5	預金の出し入れをしているか?	はい	いいえ	不明
6	友人の家に出かけているか?	はい	いいえ	不明
7	家族や友人の相談に乗っているか?	はい	いいえ	不明
8	手すりや壁をつたわずに、階段を昇っているか?	はい	いいえ	不明
9	いすに座った状態から、何にもつかまらずに立ち上がっているか?	はい	いいえ	不明
10	15分ほど続けて歩くことができるか?	はい	いいえ	不明
11	この1年間で転んだことはあるか?	はい	いいえ	不明
12	転ぶことに恐怖があるか?	はい	いいえ	不明
13	この半年間で、2、3kg以上の体重減少があるか?	はい	いいえ	不明
14	固いものを食べづらそうにしているか?	はい	いいえ	不明
15	お茶や汁ものでむせることがあるか?	はい	いいえ	不明
16	同じ話題をくり返し話すことがあるか?	はい	いいえ	不明
17	自分で電話番号を押して電話をかけているか?	はい	いいえ	不明
18	今日が何月何日かを把握できているか?	はい	いいえ	不明
19	以前は楽しんでいたことが楽しめなくなってきているか?	はい	いいえ	不明
20	以前は楽にやっていたことがおっくうになっているか?	はい	いいえ	不明
21	疲れた、と落ち込んでいる様子はあるか?	はい	いいえ	不明
22	日々の生活を楽しんで送ることができているか?	はい	いいえ	不明

3つ以上あてはまれば、地域包括センターに相談

子どもは親の状況を甘く見積もろうとするもの。「まだ大丈夫」と思っていても、そのときが来ているかも。3つ以上該当したらすぐに相談する。

Step 1

地域包括支援センターに相談

相談を機に、地域包括ケアシステムにつながれる

ホームヘルパーや訪問看護師などたくさんの業種で支える

住み慣れた自宅で、自分らしい暮らしを最期まで続ける。それを実現する体制が地域包括ケアシステムです。下図のように、介護と医療、生活支援・介護予防を一体として提供。ホームヘルパー（訪問介護員）や訪問看護師、医師などが連携して支えます。

そのコーディネート役が、包括とケアマネ（→P84）です。包括では、介護や福祉、医療の知識・経験豊富な職員が相談に乗ってくれます。**すぐに介護が必要ない場合も、情報を伝えておけば、いざというときの介入がスムーズ。**認知症が疑われる親を病院に連れていきたい場合も、アドバイスや協力が得られます。

連携システムのコーディネート役が、包括やケアマネ

医療
•急性期病院や回復期病院 など
•かかりつけ医や地域の病院（日常の医療）
住まい
自宅
サービス高齢者向け住宅
介護
•在宅者サービス
•施設・居住系サービス
•介護予防サービス
生活支援・介護予防
•老人クラブ •自治体 •ボランティア •NPO など

各所に依頼しなくてもいいよう、包括やケアマネが連携のコーディネート役を果たしてくれる。

1つのチームとして、介護を要する親を支える

全員が力を発揮できるチームを構成。信頼してマネジメント役に徹する。

介護にかかわる人たちがつなぐ ハッピーリング

介護される親 & 介護にかかわる家族

主治医
普段の診察・治療は、訪問診療を手がける地域のかかりつけ医がもっとも頼れる。
→P130

訪問看護
心身の病気への医療的ケアが専門。点滴などはもちろん、医療機器での治療も可能。
→P122〜

薬剤師
薬剤師が服薬管理・指導に来てくれる。飲みやすくしたり、飲み忘れを防ぐ工夫も。
→P133

訪問介護
ホームヘルパーが来て、食事や排泄などの日常動作、寝返りなどの起居動作を介助。
→P106〜

訪問リハビリ
障害の内容に応じて、理学療法士、作業療法士、言語聴覚士が来て、リハビリを支援。
→P126〜

訪問入浴
プロが特殊浴槽ごと来てくれる。寝たきりの親や医療機器を装着した親でも安心。
→P118〜

その他
自治体やボランティアのほか、地域の友人など。子どもにとっては介護仲間も大事。
→P138〜

訪問歯科
歯科医の治療も歯科衛生士の口腔《こうくう》ケアも自宅で。食べる力を維持するためにも重要。
→P132

親の健康状態だけでなく、家族の心も安定！

プロの力を借りることで、親の健康状態をよりよく保てる。家族にも心の余裕ができ、愛情を伝えるなど、家族にしかできないケアができる。

自治体のホームページから申請書をダウンロード

自治体によっては、申請理由や希望サービスを書けることも

包括に相談し、何らかの介護・支援が必要となったら、要介護認定の申請を。親が住む自治体のホームページから左のような申請書をダウンロードします。「〇〇市　介護保険申請」などと検索すれば出てきます。記入がすんだら自治体に提出。介護保険証、健康保険証、マイナカード、本人確認書類も持参します。介護保険証は、65歳になると自治体から届くものです。マイナカード未取得の人は、番号通知ハガキで代用できます。

包括での代理申請も可能です。親が遠方に住んでいる場合は、そのために帰省する必要はありません。人を頼る練習と考えて任せましょう。

包括やケアマネに申請代行を頼むこともできる

申請代行はほかの親族などでもOK。包括やケアマネに頼んでもいい。

必要事項を記入し、保険証などとともに提出

親子どちらかがマイナカードと対応デバイスを持っていれば、電子申請も可能*。介護保険証は郵送する。

第57号様式（第53条関係）

介護保険［要介護認定・要支援認定／要介護更新認定・要支援更新認定］申請書

世田谷区長　あて
次のとおり申請します

		申請年月日	年　月　日
申請者氏名		本人との関係	
提出代行者名称	該当に○（地域包括支援センター・居宅介護支援事業者・指定介護老人福祉施設・介護老人保健施設・指定介護療養型医療施設・介護医療院）		
申請者住所 ＊本人申請の場合は記載不要	〒 電話番号　自宅　　勤務先・携帯		

認定を受ける人	被保険者番号（10桁）		個人番号（12桁）	
	フリガナ			
	本人氏名			
	生年月日	年　月　日（　）歳	性別	
	住所（住民票上の）	〒 電話番号　自宅　　勤務先・携帯		
	上記住所以外で現在滞在している場所	〒 電話番号		
	前回の要介護認定の結果等 ＊更新申請の場合のみ記入	要介護状態区分等		
		有効期間	年　月　日から　年　月　日まで	
	介護保険施設入所の有無（短期入所を除く）	有・無	入所施設名	
			所在地	
			入所の期間	年　月　日　から　年　月　日まで

主治医	主治医の氏名		最新受診日	年　月　日
	医療機関名			
	所在地	〒 電話番号		

医療保険	保険者名			保険者番号		
	被保険者証	記号		番号	枝番	

特定疾病名　※第2号被保険者（40歳から64歳までの医療保険加入者）のみ記入

介護サービス計画の作成等介護保険事業の適切な運営のため必要があるときは、要介護認定・要支援認定にかかわる調査内容、介護認定審査会による判定結果・意見、及び主治医意見書を世田谷区から地域包括支援センター、居宅介護支援事業者、介護保険施設、入居型の居宅サービス事業者、主治医意見書を記載した医師に提示することに同意します。　本人氏名

【区記入欄】

本人	番号	1点	2点	3点	代理権
代理人	番カ	番カ	証（介・健保高齢・負担） 更新通知・社員証・年金手帳 （　）	キャッシュ・クレカ・通帳 シルバーパス・診察券・図書カ （　）	戸籍・委任状 証・更新通知 （　）
確認者	通カ	免許			
	住記	ケアマネ証			

＊2024年現在は利用できない自治体もあるが、令和7年度までに全自治体で利用可能となる予定

身体機能や生活機能など、調査項目は74項目

厚生労働省のマニュアルに沿って、調査員がチェック

調査員ごとに評価が変わることのないよう、74の評価項目と評価法が明確に決められている。

1 身体機能・起居動作

- 麻痺《まひ》などの有無
- 拘縮《こうしゅく》[*1]の有無
- 寝返り
- 起き上がり
- 座位保持
- 両足での立位保持
- 歩行
- 立ち上がり
- 片足での立位
- 洗身
- 爪切り
- 視力
- 聴力

2 生活機能

- 移乗[*2]
- 移動
- 嚥下《えんげ》[*3]
- 食事介助
- 排尿
- 排便
- 口腔《こうくう》ケア
- 洗顔
- 整髪
- 上衣の着脱
- 下衣の着脱
- 外出頻度

3 認知機能

- 意思の伝達
- 毎日の日課を理解
- 生年月日や年齢を言う
- 短期記憶
- 自分の名前を言う
- いまの季節を理解する
- 場所の理解
- 徘徊《はいかい》
- 外出すると戻れない

4 精神・行動障害

- 被害的
- 作話
- 感情が不安定
- 昼夜逆転
- 同じ話をする
- 大声を出す
- 介護に抵抗
- 落ち着きなし
- 1人で出たがる
- 収集癖
- ものや衣類を壊す
- ひどいもの忘れ
- ひとり言・ひとり笑い
- 自分勝手に行動する
- 話がまとまらない

5 社会生活への適応

- 薬の内服
- 金銭管理
- 日常の意思決定
- 集団への不適応
- 買いもの
- 簡単な調理

6 過去14日間の特別な医療

処置

- 点滴の管理
- 中心静脈栄養[*4]
- 透析
- ストーマ（人工肛門）の処置
- 酸素療法
- 人工呼吸器
- 気管切開の処置
- 疼痛《とうつう》の看護
- 経管栄養

特別な対応

- 生体モニター使用
- 褥瘡《じょくそう》（床ずれ）の処置
- カテーテルの使用

*1 拘縮…関節を動かさずにいることで、可動域が小さくなって固まった状態　*2 移乗…ベッドや車いすなどのあいだを乗り移る動作　*3 嚥下…飲食物を飲み下す動作　*4 中心静脈栄養…食事の経口摂取が困難な場合の処置。高カロリー輸液を心臓に近い血管から投与する

74項目の結果から、必要な介助時間を割り出す

要介護度の判定基準は、介護にかかる時間。
病気や障害の重さではない。

8つの場面の介助時間

間接生活の介助時間

BPSD（認知症の行動・心理症状）の介助時間

機能訓練の介助時間

医療関連の介助時間

食事の介助時間

移動の介助時間

排泄の介助時間

清潔保持の介助時間

右ページの評価項目から、8つの場面での介助時間が自動的に算出される。

8つの時間を合計

要介護度

非該当	要支援1	要支援2 要介護1	要介護2	要介護3	要介護4	要介護5
	25分	32分	50分	70分	90分	110分

介護時間によって、非該当か、要支援1～要介護5のいずれかが決まる。

調査結果をソフトに入力。一次判定の結果が出る

要介護認定の申請後は、どの程度の介護が必要かの調査が入ります。

介護サービスは単位（点数）制で、要介護度ごとに使える点数が決まっています。要支援と要介護では、使えるサービスも違います（→P79）。

そのため認定は、国が定める厳格な基準をもとに進められます。**まずは調査員が自宅に来て調査し、その結果をコンピュータに入力します。**そこから介護に要する時間を割り出し、一次判定結果とします。

調査員は保健師、看護師、社会福祉士など、医療・福祉の知識と実務経験をもつ人が担当します。誰が来るかはわからず、変更などもできません。

Step 2
要介護認定を受ける

訪問調査は、子どもが立ち会える日程で

調査員の前では、スーパーパワーが出てしまう!?

親にとっては初対面の来客。いつも以上の力を発揮し、自立した生活を送れていると答える親も多い。

低い要介護認定で、必要な支援が受けられなくなる

実態を伝えるためには、帰り際にメモを渡す

実態との相違を面談中にメモしたり、事前に用意するなどして、調査員に渡す。

その場で相違点をメモ

面談で気になった点

「病院には定期的に行っている。バスを使えば1人で行ける」
⇒受診自体を忘れてしまい、行けていないことも。歩行も数分でつらくなるため、家族が車で連れていっている

「三食自分でつくり、おいしく食べている」
⇒食事をつくらず、菓子パンのようなものを食べている。賞味期限切れのことも

実態との差異をその場でメモ。親に気づかれないよう、玄関での見送り時に渡す。

事前にメモしておく

普段の生活で気になっていること

- ずっと自炊していたが、最近はしているようすがない。冷蔵庫にも古い食材がたまっている
- 部屋を片づけなくなり、ゴミがそのままのこともある
- 買いものからの帰り道がわからず、ご近所の人が見つけて連れてきてくれたことが一度あった

子どもの目から見た生活の実態、懸念事項を書いて渡すと、確実に伝わる。

親だけ在宅の日だと追い返してしまうおそれがある

要介護認定の申請後は、いよいよ訪問調査。今後の生活で利用できるサービスが決まる、大事な日です。

調査日には、調査員から一度確認のための電話が来ます。**親だけに任せておくと、調査の言葉に不安を覚え、「必要ありません」と追い返してしまうことも。**調査日は有休を使うなどして、できるかぎり同席しましょう。

面談の場では、実態とかけ離れた答えをしていないか、注意して見守ります。ただし親の心情にも配慮し、親の発言をその場で否定することは避けてください。**実態と違う部分はメモしておき、帰りがけに調査員に**渡すなどして、実態を伝えます。

主治医に依頼し、意見書を書いてもらう

意見書のためにも今後のためにも主治医を決めておく

74の評価項目には、病気・障害の性質は加味されていません。**そのため二次判定では、主治医の意見書が必要となります。**病気・障害とその重症度、経過、今後の予測など、医学的見地からの見立てを伝えるものです。

長く診てくれている主治医がいれば、その先生が理想的です。

問題は主治医がいない場合です。

親が病院ぎらいで、健康状態がわかる医師がいなければ、自治体指定の医師の診察を受けます。複数の医療機関にかかっている場合は、介護の主病因を診ている医師に依頼を。**今後の負担を減らすためにも、主治医は1人に決めておくといいでしょう。**

生活上の困りごとも遠慮せず伝えよう

主治医意見書は基本的に、自治体が医師に依頼するもの。**P71の要介護認定申請書に主治医の名前を書けば、自治体から主治医のもとに書面が送付されます。**親や子どもが依頼、手続きをする必要はありません。

ただし定期受診のタイミングで、要介護申請が決まっていれば、ひと言伝えておくと確実です。親の性格によっては、診察時に、日常生活の話をしていない場合もあります。**日常生活で何に困っているか、どんな場面で介助が必要かを、くわしく話しておきましょう。**医師がより適切に状況を理解でき、実際のケアプラン作成時にも役立ちます。

医師が必要と考えるサービスも記入できる

厚生労働省が定める2枚組の様式。主治医が記入して、自治体宛てに返送する。

病気

病名と発症時期、入院治療や手術の有無など。

行動&精神状態

認知機能低下のほか、うつなどの症状がないか。

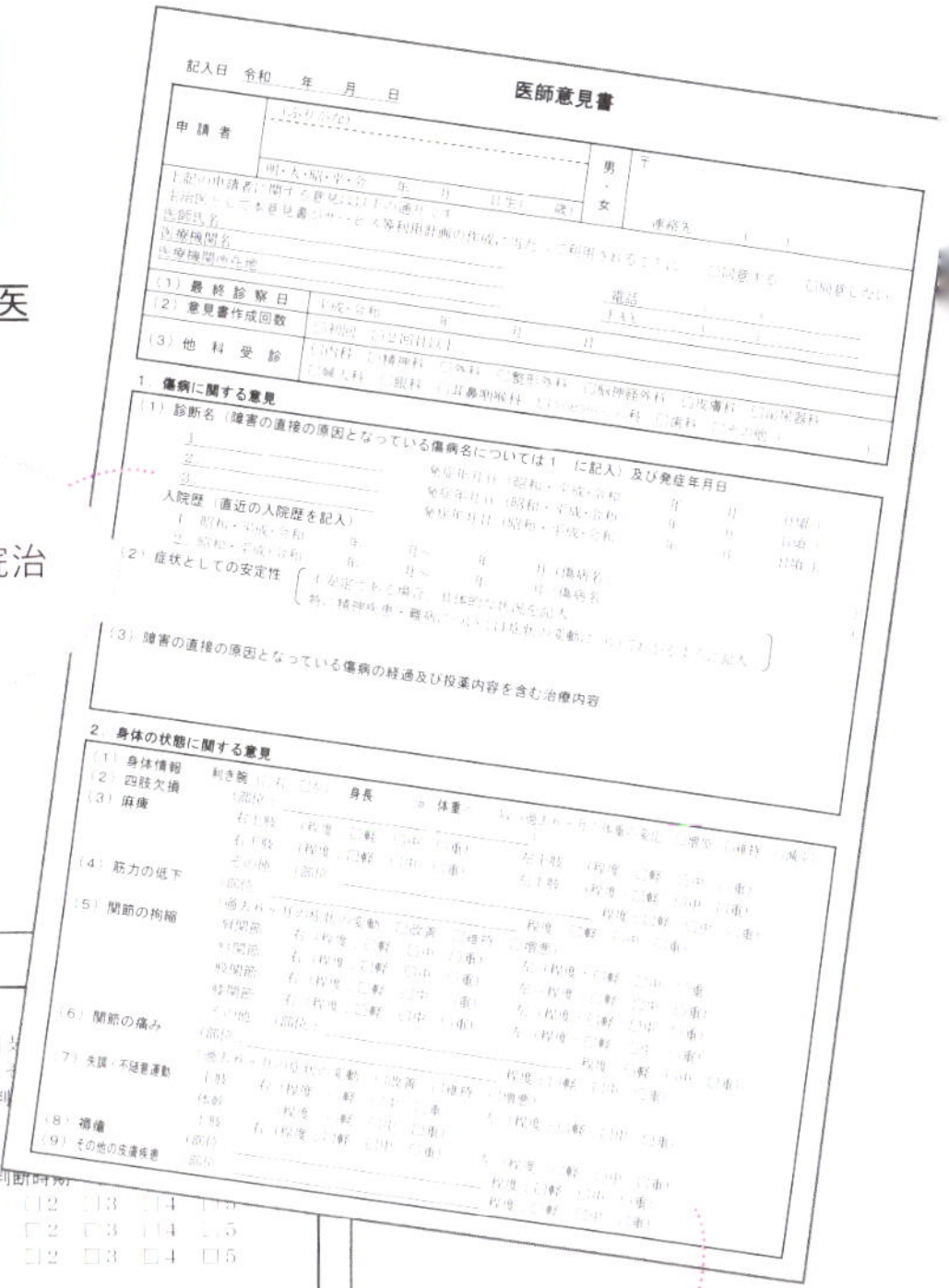

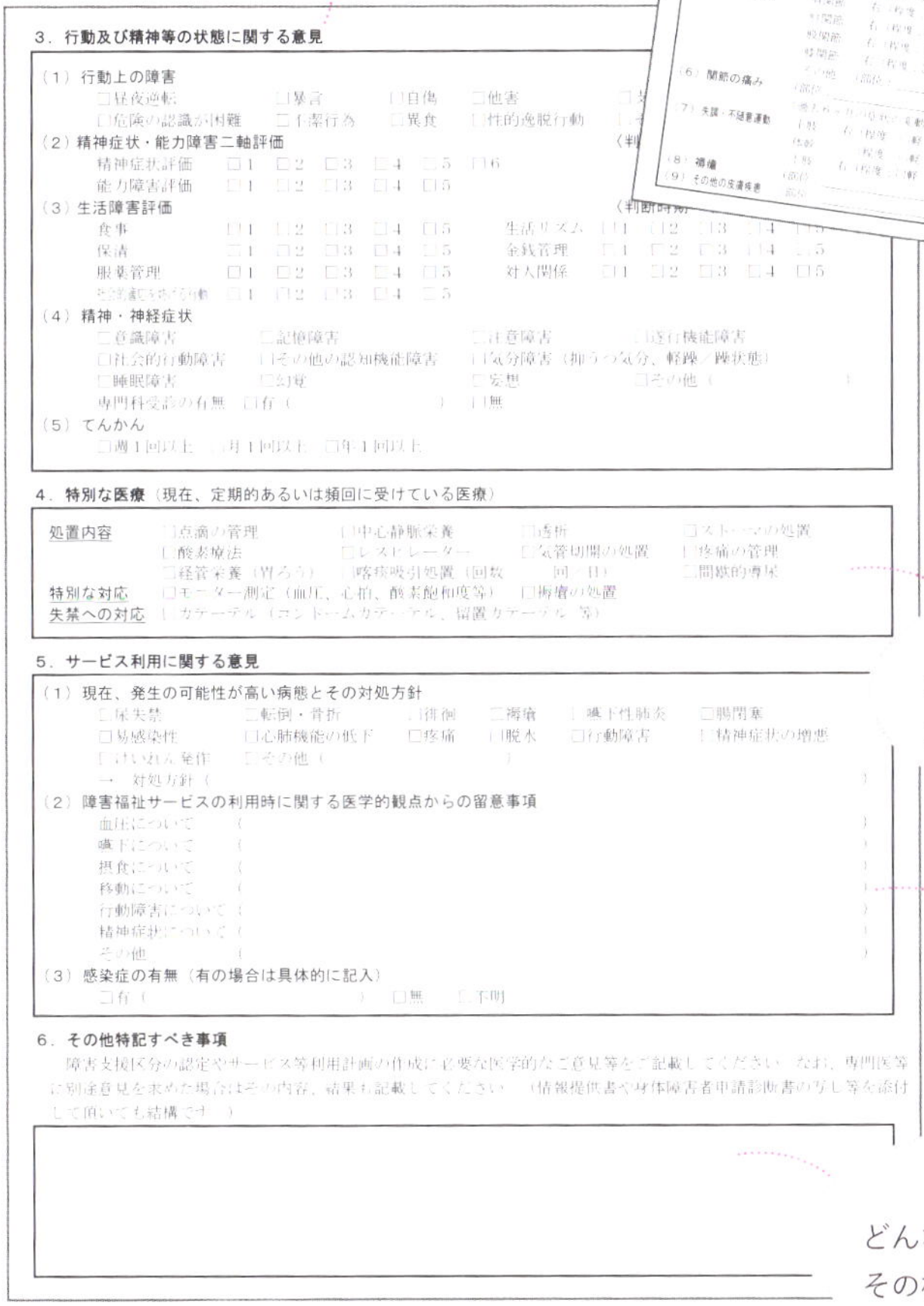

3．行動及び精神等の状態に関する意見

（1）行動上の障害
□昼夜逆転　□暴言　□自傷　□他害
□危険の認識が困難　□不潔行為　□異食　□性的逸脱行動

（2）精神症状・能力障害二軸評価
精神症状評価　□1　□2　□3　□4　□5　□6
能力障害評価　□1　□2　□3　□4　□5

（3）生活障害評価
食事　□1　□2　□3　□4　□5　　生活リズム　□1　□2　□3　□4
保清　□1　□2　□3　□4　□5　　金銭管理　□1　□2　□3　□4　□5
服薬管理　□1　□2　□3　□4　□5　　対人関係　□1　□2　□3　□4　□5
□1　□2　□3　□4　□5

（4）精神・神経症状
□意識障害　□記憶障害　□注意障害　□遂行機能障害
□社会的行動障害　□その他の認知機能障害　□気分障害（抑うつ気分、軽躁／躁状態）
□睡眠障害　□幻覚　□妄想　□その他（　）
専門科受診の有無　□有（　）　□無

（5）てんかん
□週1回以上　□月1回以上　□年1回以上

4．特別な医療（現在、定期的あるいは頻回に受けている医療）

処置内容　□点滴の管理　□中心静脈栄養　□透析　□ストーマの処置
□酸素療法　□レスピレーター　□気管切開の処置　□疼痛の管理
□経管栄養（胃ろう）　□喀痰吸引処置（回数　回／日）　□間歇的導尿
特別な対応　□モニター測定（血圧、心拍、酸素飽和度等）　□褥瘡の処置
失禁への対応　□カテーテル（コンドームカテーテル、留置カテーテル 等）

5．サービス利用に関する意見

（1）現在、発生の可能性が高い病態とその対処方針
□尿失禁　□転倒・骨折　□徘徊　□褥瘡　□嚥下性肺炎　□腸閉塞
□易感染性　□心肺機能の低下　□疼痛　□脱水　□行動障害　□精神症状の増悪
□けいれん発作　□その他（　）
→ 対処方針（　）

（2）障害福祉サービスの利用時に関する医学的観点からの留意事項
血圧について（　）
嚥下について（　）
摂食について（　）
移動について（　）
行動障害について（　）
精神症状について（　）
その他（　）

（3）感染症の有無（有の場合は具体的に記入）
□有（　）　□無　□不明

6．その他特記すべき事項

障害支援区分の認定やサービス等利用計画の作成に必要な医学的なご意見等をご記載してください。なお、専門医等に別途意見を求めた場合はその内容、結果も記載してください。（情報提供書や身体障害者申請診断書の写し等を添付して頂いても結構です。）

体の状態

麻《ま》痺《ひ》や関節の動きなど、介護に関連する要因。

医学的処置

在宅生活を送るうえで必要となる治療、ケア。

サービス利用

サービス利用時に考えられる問題点と注意点。

特記事項

どんなサービスが必要か、その根拠は何かなど。

要支援と要介護、計7つの段階がある

申請から30日以内に結果の通知書が届く

一次判定結果と主治医意見書が揃ったら、いよいよ二次判定へ。保健・医療・福祉の学識経験者5名で審査会を開きます。一次判定結果をもとに実態にあった調整をするのが目的です。たとえば、脳卒中の後遺症で片《へん》麻《ま》痺《ひ》がある場合。リハビリに意欲的な親と、うつ状態で何もできない親とでは、介護の手間が違います。実際にどれだけの手間がかかるか、主治医意見書を参考に判断されます。

結果は通常、申請から30日以内に届きます。判定は要介護1〜5、要支援1・2、非該当のいずれか。要支援は、いまは介護が必要ないものの、今後必要となりそうな状態です。

認定が下りなくても、予防的サービスは使える

一般介護予防事業

- 介護予防普及啓発事業
- 地域介護予防活動支援事業
- 地域リハビリ活動支援事業

など

65歳以上の住民全員が対象。介護予防につながる学びの場、運動教室、サロンへの参加など。

介護予防・生活支援サービス事業

- 訪問型サービス
- 通所型サービス
- 生活支援サービス

要介護認定で非該当でも、P67と同様のリストで評価し、支援が必要とされれば受けられる。

要支援か要介護かで、使えるサービスが大きく変わる

図の上部は、要支援・要介護度のおおよそのめやす。
下部は使えるサービスの種類。

要介護度のイメージ

要支援1 | 要支援2／要介護1 | 要介護2 | 要介護3 | 要介護4 | 要介護5

低下している日常生活能力

- 要支援1：・起き上がり ・立ち上がり
- 要支援2／要介護1：・片足での立位 ・日常の意思決定 ・買いもの
- 要介護2：・歩行 ・洗身 ・爪切り ・薬の内服 ・金銭管理 ・簡単な調理
- 要介護3：・寝返り ・排尿 ・排便 ・口腔《こうくう》清潔 ・上衣の着脱 ・ズボン等の着脱
- 要介護4：・座位保持 ・両足での立位 ・移乗 ・移動 ・洗顔 ・整髪
- 要介護5：・片麻痺《へんまひ》 ・食事摂取 ・外出頻度 ・短期記憶

（「要介護認定の仕組みと手順」厚生労働省老人保健課、2016より作成）

要支援

予防的サービス

介護予防サービス

介護予防訪問看護／介護予防通所リハビリ／介護予防居宅療養管理指導 など

地域密着型介護予防サービス

介護予防小規模多機能型居宅介護／介護予防認知症対応型通所介護 など

非該当の人と同じ

介護予防・生活支援サービス事業

訪問型サービス／通所型サービス／生活支援サービス

一般介護予防事業

介護予防普及啓発事業／地域介護予防活動支援事業／地域リハビリ活動支援事業

訪問での診療、看護、リハビリ、認知症デイケアなど、予防とはいえ幅広いサービスが使える。

要介護

自宅で過ごす

居宅サービス

訪問介護／訪問看護／通所介護／短期入所 など

地域密着型サービス

定期巡回・随時対応型訪問介護看護／小規模多機能型居宅介護 など

施設で過ごす

施設サービス

特別養護老人ホーム／介護老人保健施設／介護療養型医療施設

在宅では訪問型と通所型のサービスを利用。施設の場合は介護保険で入れる公的施設がある。

要介護度ごとの自己負担額をチェック

年金収入だけの親は要介護5でも、月4万円未満

介護保険は単位（点数）制です。**要介護度ごとに30日あたりの上限が決まっていて、その範囲でサービス内容と回数を決めます。**1単位は10円。要介護5の人が在宅で過ごす場合は、3万6217単位（36万2170円）が上限です。**現役並み所得でなければ、自己負担は1割。**要介護5でも、月3万6217円の自己負担ですみ、年金で支払えます。

ただし子どもと親が同一世帯だと、子の収入も反映されます。負担額が高くなるので注意してください。

また、自己負担が増えてもかまわない人は、上限以上のサービスを全額自己負担で使うこともできます。

多くの高齢者は1割負担。現役並みの人は2割以上

本人の合計所得金額が220万円以上

本人の合計所得金額が160万円以上220万円未満

本人の合計所得金額が160万円未満

- 年金収入+その他の合計所得金額の合計額が単身世帯で340万円以上、2人以上世帯で463万円以上 → 3割負担
- 年金収入+その他の合計所得金額の合計額が単身世帯で280万～340万円未満、2人以上世帯で346万～463万円未満 → 2割負担
- 年金収入+その他の合計所得金額の合計額が単身世帯で280万円以上、2人以上世帯で346万円以上 → 2割負担
- 年金収入+その他の合計所得金額の合計額が単身世帯で280万円未満、2人以上世帯で346万円未満 → 1割負担
- 本人の合計所得金額が160万円未満 → 1割負担

合計所得金額は、いわゆる「額面」。所得税計算のための控除前の金額をさす。

介護総額は平均506万円。同一世帯だと高くなる

介護保険サービス以外の費用を足しても、平均介護費用は月8.3万円。

要介護度別の負担額

介護認定	自己負担1割	自己負担2割	自己負担3割
要支援1	5032円	1万64円	1万5096円
要支援2	1万531円	2万1062円	3万1593円
要介護1	1万6765円	3万3530円	5万295円
要介護2	1万9705円	3万9410円	5万9115円
要介護3	2万7048円	5万4096円	8万1144円
要介護4	3万938円	6万1876円	9万2814円
要介護5	3万6217円	7万2434円	10万8651円

在宅の場合の利用上限額。公的施設への入居ではこれより少なくなる。

限度額制度

区　分	自己負担限度額（月額）
課税所得690万円（年収約1160万円）以上	14万100円（世帯）
課税所得380万円（年収約770万円）～ 課税所得690万円（年収約1160万円）未満	9万3000円（世帯）
住民税課税～課税所得380万円（年収約770万円）未満	4万4400円（世帯）
世帯全員が住民税非課税	2万4600円（世帯）
前年の公的年金等収入金額＋ その他の合計所得金額の合計が80万円以下など	2万4600円（世帯） 1万5000円（個人）
生活保護受給	1万5000円（世帯）

さらに限度額が設定されていて、多くは4万4000円まで。長期の介護でも無理なく続けられる額。

平均の介護総額

平均月額 8.3万円×平均期間 約5年1か月＝合計 約**506**万円

世帯構成別の負担額

例 父親は1人暮らしで年金月額18.5万（年収222万円）。
要介護度は3。子の収入は年収400万円

同居して介護

介護保険負担割合 **3**割

＊年間本人所得220万円以上、世帯収入463万円以上により

介護サービス費 月額 **4.4**万円

＊高額介護サービス費（上表）により、8.1万円から減免

年額 **52.8**万円

別居のままで介護

介護保険負担割合 **1**割

＊年間本人所得220万円以上、世帯収入280万円未満により

介護サービス費 月額 **2.7**万円

年額 **32.5**万円

費用で差がつくのは、世帯構成。介護を理由に同一世帯にして同居すると経済的にも苦しくなる。

認定がおかしいと感じたら、申し立てしよう

かかりつけ医にも相談し、審査請求書を出す

［様 式］

審 査 請 求 書

令 和 6 年 10月 1日

東京都介護保険審査会 殿

審 査 請 求 人 （又 は 代 理 人）

氏 名 川口尚子

次のとおり審査請求をします。

① 原処分の名あて人たる被保険者	住所又は居所	〒100-0000 東京都〇〇区△△町1-1-1		
	氏 名	佐々木太郎	電 話	03-0000-0000
	生年月日	昭和23年 11月 1日 生	年 齢	76歳
	被保険者番号	0000123456		
② 審査請求人 ①と同一の場合は省略できます。	住所又は居所	〒		
	氏 名		電 話	
	被保険者との関係			
③ 代 理 人	住所又は居所	〒100-0000 東京都〇〇区△△町2-2-2		
	氏 名	川口尚子	電 話	090-0000-0000
④ 審査請求に係る処分の内容		処 分 庁 〇〇区長 が 令 和 6 年 9 月 25 日 付 け で 行 っ た 介護保険要介護度認定・要支援認定等結果通知		
⑤ 処分があったことを知った日		令 和 6 年 9 月 27 日		
⑥ 審査請求の趣旨	上記④に記載した処分を取り消すとの裁決を求める。			
⑦ 審査請求の理由	次の点から区の処分は不当です。 1 区は調査で第3群8(徘徊)、同群9(外出すると戻れない)を「ない」としているか 実際には両者とも認められてます。その旨を区の調査時に調査員へ伝えているに かかわらず、区は事実を誤認しています。 2 審査請求人は認知症の状態であり、特に安全確保の面で通常以上の介護 間が発生しています。その旨を市の調査時 …… わらず 査票に記載してされていません。 3 1に記載の事項について、主治 …… いえません 以上の点で、佐々木太郎に対する …… れ ておりますので、要介護認定等決定 …… します。			
⑧ 処分庁教示の有無及び教示の内容	有 無			
⑨ 添付書類等				

症状や障害の重症度が正しく把握されていないなど、具体的に書く

専門用語も含め、理解がむずかしいことも多い。主治医に聞いて記入

家族のほか、ケアマネの代理も可能

委 任 状

代理人
（住所又は居所）東京都〇〇区△△町2-2-2
（氏 名）川口尚子

私は、上記の者を代理人と定めて、下記の権限を委任します。

1 処 分 庁 〇〇区長 が 令 和 6 年 9 月 25 日 付 け で 行 っ た 介護保険要介護度認定・要支援認定等結果通知 の 処 分 に ついて、審査請求をすることに関する一切の権限

2 1に記載した審査請求を取り下げる権限

審 査 請 求 人
（住所又は居所）東京都〇〇区△△町1-1-1
（氏 名）佐々木太郎 印

認定が実態と違うと感じる場合は、認定した自治体に再審査を求める。理由の欄を適切に記入するためにも、まずは主治医の意見を聞こう。

過去に申請している人も、状態が悪ければ再申請を

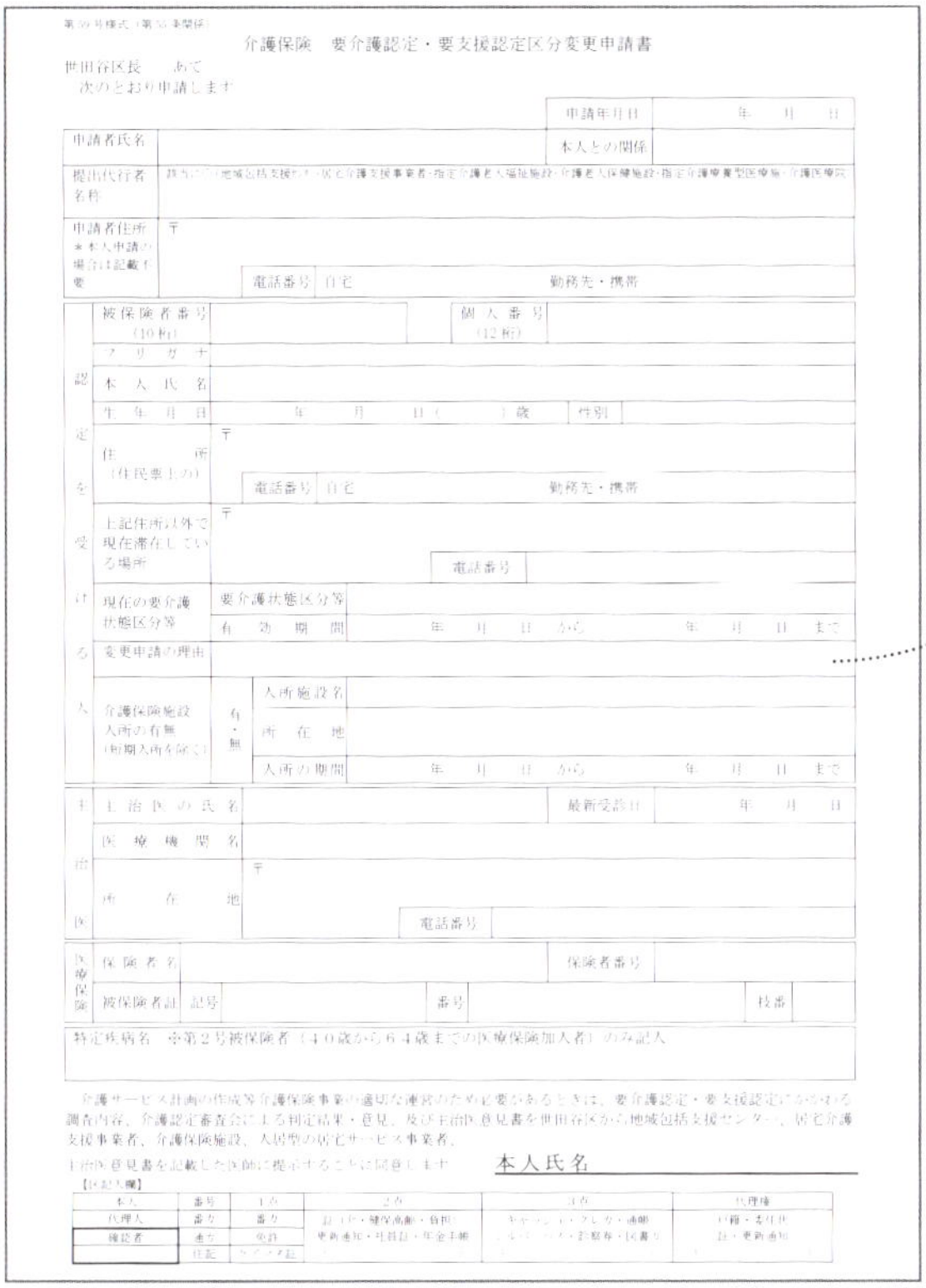
第39号様式（第53条関係）

介護保険　要介護認定・要支援認定区分変更申請書

世田谷区長　あて
次のとおり申請します

		申請年月日	年　月　日
申請者氏名		本人との関係	
提出代行者名称	該当に○（地域包括支援センター・居宅介護支援事業者・指定介護老人福祉施設・介護老人保健施設・指定介護療養型医療施設・介護医療院）		
申請者住所 ＊本人申請の場合は記載不要	〒　電話番号　自宅　勤務先・携帯		

認定を受ける人	被保険者番号（10桁）		個人番号（12桁）
	フリガナ		
	本人氏名		
	生年月日	年　月　日（　）歳	性別
	住所（住民票上の）	〒　電話番号　自宅　勤務先・携帯	
	上記住所以外で現在滞在している場所	〒　電話番号	
	現在の要介護状態区分等	要介護状態区分等	
		有効期間　年　月　日から　年　月　日まで	
	変更申請の理由		
	介護保険施設入所の有無（短期入所を除く） 有・無	入所施設名	
		所在地	
		入所の期間　年　月　日から　年　月　日まで	
主治医	主治医の氏名		最新受診日　年　月　日
	医療機関名		
	所在地	〒　電話番号	
医療保険	保険者名		保険者番号
	被保険者証	記号　番号	枝番

特定疾病名　※第2号被保険者（40歳から64歳までの医療保険加入者）のみ記入

介護サービス計画の作成等介護保険事業の適切な運営のため必要があるときは、要介護認定・要支援認定にかかわる調査内容、介護認定審査会による判定結果・意見、及び主治医意見書を世田谷区から地域包括支援センター、居宅介護支援事業者、介護保険施設、入居型の居宅サービス事業者、主治医意見書を記載した医師に提示することに同意します。

本人氏名

【区記入欄】

認定後に状態が悪化することもあり、そのときは更新時期を待たずに「区分変更」を申請する。認定に納得できないときにも使える方法。

症状や障害の悪化など、具体的な理由を記入する

過去に要支援だった人も、必要ならまた申請しよう

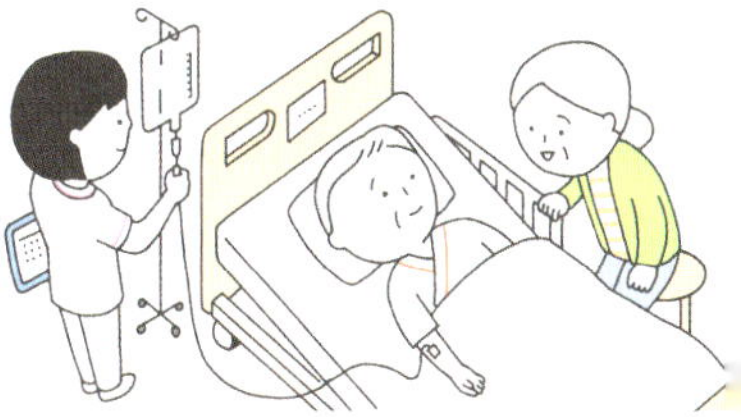

認定から3か月以内に自治体の介護保険担当課に提出

「1日3時間も介護しているのに、要支援2だった」など、認定に納得がいかない場合もあるでしょう。**このような場合は介護保険審査会に申し立てできます。**審査会が一次判定結果と主治医意見書を見て、認定が適正かを確認。要再審査となれば、調査をはじめからやり直します。

注意したいのは、申し立てが却下されたり、要介護度が下がる可能性もある点です。認定結果が適正か否か、まずは主治医や担当のケアマネに意見を聞くのが賢明です。

上記のような区分変更を申請する方法もあり、こちらのほうが再認定の結果が早く出る傾向があります。

ケアマネジャーはチームの要。誰に頼むかが肝心！

いうことをきいてくれる人を〝いいケアマネ〟と思わないで

ケアマネ（介護支援相談員）の役割は、介護・医療サービス等の利用計画「ケアプラン」をつくること。そして、ホームヘルパーや訪問看護師らが所属する各事業所に依頼し、チーム全体のマネジメントをすることです。**いいケアマネに出会えるかどうかで今後の介護生活が決まります。**

　では、いいケアマネとはどんな人をさすのでしょう。家族の指示どおりに迅速に動く人と思われがちですが、これではただの御用聞きです。介護生活の主役は、あくまでも親。**親の思いや人柄を理解し、それに沿ったプランを積極的に提案してくれるのが、いいケアマネです。**

本人の希望に沿って提案するのが、いいケアマネ

お母さまにとって大切なのはお琴の教室を続けることでしたね
それを叶えられるプランをご提案したいんです

子どもの意見とは違っても、親の希望に沿った意見、提案をしてくれる人が望ましい。

包括に相談して、状況にあう人選を依頼

包括に頼るのが上手な人ほど、いいケアマネに出会える確率が高まる。

おすすめのケアマネさんを紹介してください!
リストのなかでいちばんいいのはどの事業所ですか?
うちの母は大《だい》腿《たい》骨《こつ》の骨折以来、歩行がかなり不安定です
最近はもの忘れも増えました
でも病院もデイケアもイヤ、好きにさせろの一点張りで、僕もすっかり困って……

NG例

おすすめの人を聞く

包括は公的機関のため、明確な理由なしに、特定の人を推薦するのはむずかしい。

OK例

困りごとをくわしく伝える

親の状況や性格、生活歴、困りごとをくわしく伝えると、適任者を選びやすい。

夜間や土日の対応、基礎資格も聞いておくといい

ケアマネは、居宅介護支援事業所という民間の事業所に所属しています。包括には地域の事業所のリストがあるので、そこから選びます。

包括に推薦してもらうのが、いちばん確実。認知症の親なら介護福祉士出身の人、がん治療中の親なら訪問看護経験が長い人など、状況にあうケアマネを推薦してくれます。性格的な相性も考えてくれますし、夜間の急変の可能性が高いなら、24時間対応かどうかも確かめてくれます。

推薦を受けたら事業所に電話し、空きがあるかを尋ねます。仕事と介護の両立のため、メールでのやりとりが可能かも聞いておきましょう。

プランづくりには、子どもも必ず参加する

本人の希望に沿って、最初のプランをケアマネが作成

ケアマネが見つかったら、まず顔合わせを。親の自宅で親子で会えると理想的ですが、遠距離なら電話やメールでもかまいません。問題がなければ、事業所と契約を交わします。親が介護サービス利用を拒む場合は、無理に説得せず、ケアマネに相談しましょう。経験豊富なケアマネなら、健康相談として来訪するなど、顔合わせのしかたも工夫してくれます。

この段階では、親の人となりを十分理解してもらうことが大事です。希望するサービスよりも、親の価値観、これまでの人生を伝えてください。それを受けて、ケアマネが暫定的なケアプランを作成します。

チーム全員で、よりよいプランにしていく

プラン開始後にわかることも多い。皆の意見をもとに随時修正していく。

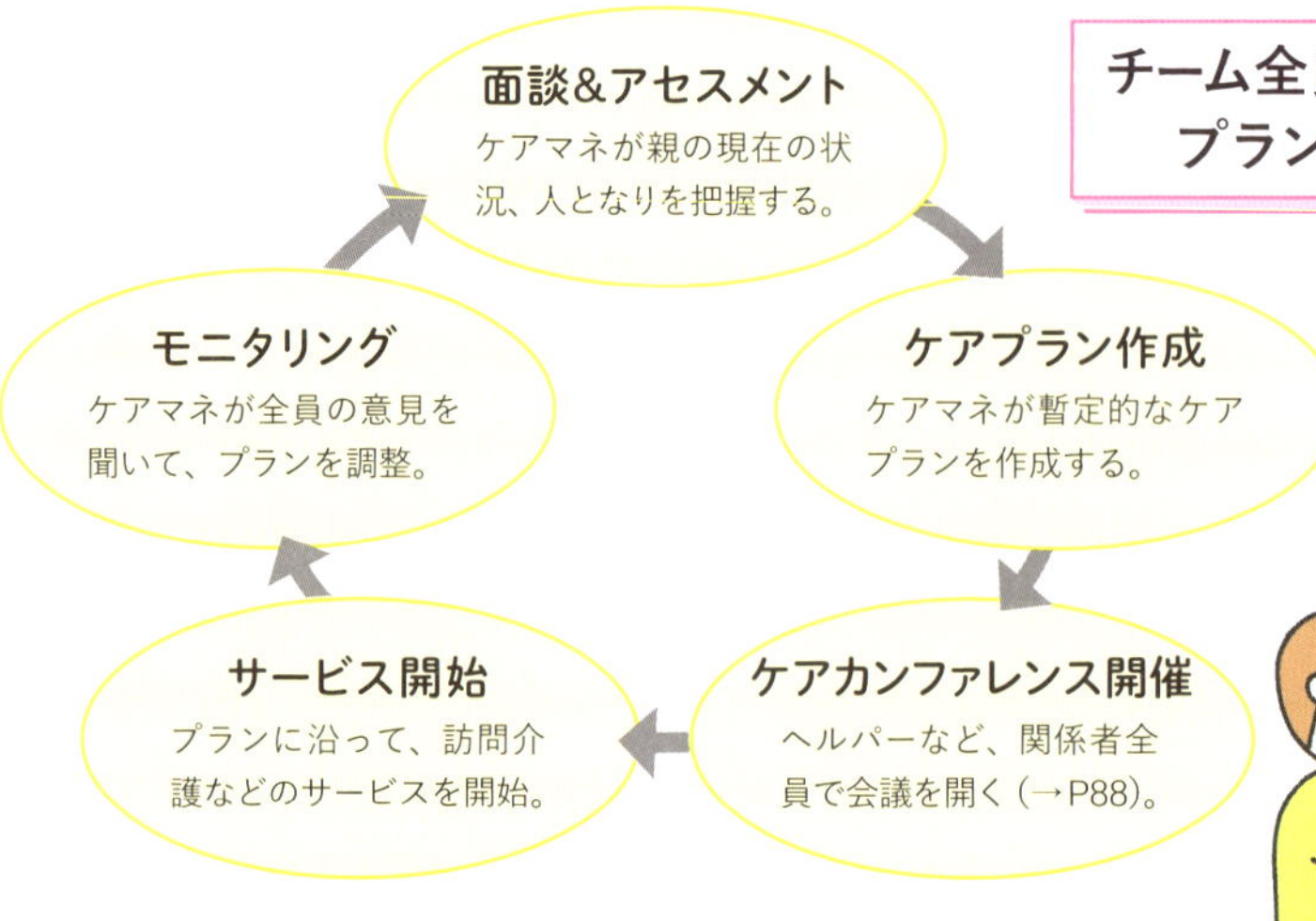
面談&アセスメント
ケアマネが親の現在の状況、人となりを把握する。
ケアプラン作成
ケアマネが暫定的なケアプランを作成する。
ケアカンファレンス開催
ヘルパーなど、関係者全員で会議を開く（→P88）。
サービス開始
プランに沿って、訪問介護などのサービスを開始。
モニタリング
ケアマネが全員の意見を聞いて、プランを調整。

計画書をチーム全員で共有し、進めていく

在宅生活の場合のケアプランの様式。関係者全員がこれにもとにケアを担う。

1枚目は、介護・医療サービスが必要な理由、現状での課題、目標など。

居宅サービス計画書 1

利用者名　田中 知子　殿　生年月日 昭和17年 1月 1日　住所 東京都千代田区神田2-2-2

居宅サービス計画作成者氏名　荻野 朋子

居宅介護支援事業者・事業所名及び所在地　ちよだケアサービス　千代田区神田1-1-1

居宅サービス計画作成（変更）日　2024年 9月 20日　初回居宅サービス計画作成日　2024年 8月 20日

認定日　2024年 8月 16日　認定の有効期間 2024年 8月 16日 ～ 2026年 8月 15日

要介護状態区分	要介護1 ・ (要介護2) ・ 要介護3 ・ 要介護4 ・ 要介護5
利用者及び家族の生活に対する意向を踏まえた課題分析の結果	本人：住み慣れた自宅で、自分らしく暮らし続けたい。琴の教室も再開したい。 骨折前のように、転倒の不安なく、自分の足でしっかり歩けるようになりたい 夫：できるかぎり自宅で介護して支えていきたいが、自分の体への不安もある 長男：歩行も不安定で、自宅での生活には不安を感じる。転倒などのリスクを減らしたい
介護認定審査会の意見及びサービスの種類の指定	現在の介護の担い手は夫だが、介護負担は大きくなり、持病の狭心症が悪化している。 長男は都内在住だが、仕事と育児で忙しく、日常的な支援は困難。長女は遠距離。 そのため介護保険のサービスにて、身体機能の維持・向上を図りながら、在宅生活の継続を支援
総合的な援助の方針	現在の介護の担い手は夫だが、本人のADL低下により介護負担が増大。 夫も高齢で、体力低下に加え、持病の狭心症も悪化している。 長男は都内、長女は大阪在住。ともに仕事と育児で忙しく、日常的な支援は困難。 そのため介護保険のサービス、医療保険の訪問リハビリで、身体機能の維持・向上を図りながら、 在宅生活の継続を支援 【緊急連絡先】①かかりつけ医：神田南クリニック（佐藤Dr）　②田中 健（夫）：090-0000-0000
生活援助中心型の算定理由	1. 一人暮らし　(2) 家族等が障害、疾病等　3. その他（　　　）

具体的に何をするかが、短期・長期の目標、実施期間、担当事業者とともに明記されている。

居宅サービス計画書 2

生活全般の解決すべき課題（ニーズ）	目標				援助内容					
	長期目標	（期間）	短期目標	（期間）	サービス内容	※1	サービス種別	※2	頻度	期間
以前のような生活をしたい。転倒への不安を減らし、日常生活動作は自分でできるようにしたい	自分の足で歩き続けることができる	R6.9.1 ～R7.8.31	転倒の不安を軽減する	R6.9.1 ～R7.2.28	[手すりの設置] ●ベッドサイド ●トイレ内　●浴室 ●廊下　●玄関	○	福祉用具貸与	ちよだ福祉サービス	適宜	R6.9.1 ～R7.2.28
		R6.9.1 ～R7.8.31	リハビリで残存機能の維持・向上を図る	R6.9.1 ～R7.2.28	[個別リハビリの施行] ●骨折した患側中心に、関節可動域訓練 ●バランス訓練 ●杖歩行訓練	○	訪問リハビリテーション	ちよだ訪問リハビリテーション	週2回	R6.9.1 ～R7.2.28
	日常生活動作を1人でできる	R6.9.1 ～R7.8.31	1人で入浴できる	R6.9.1 ～R7.2.28	●入浴動作の指導・訓練	○	訪問リハビリテーション	ちよだ訪問リハビリテーション	週1回	R6.9.1 ～R7.2.28
					●入浴補助用品の導入	○		ちよだ福祉サービス		

自分ができること、できないことを明確に伝える

経営者になったつもりでケアマネとタッグを組む

実際の介護・医療サービスにあたるのは、ホームヘルパーや訪問看護師などの各担当者です。ホームヘルパーは訪問介護事業所、訪問看護師は訪問看護ステーションなど、それぞれに所属先が違います。ケアマネが事業所の候補を提案し、サービス受給側は各事業所と契約を結びます。

各担当者との顔合わせの場ともなるのが、ケアカンファレンス。親を中心に全員が意見を述べ、よりよいプランにしていきます。電話やオンラインでもいいので、子どももできるかぎり参加を。**親が望む生活を送れるよう、ケアマネと協力しあい、全体を統括するのが子どもの役割です。**

家族は専門職じゃない。家族役割に注力しよう

× 非効果的なかかわりかた

- 歩行、入浴、排泄などの介護
- 認知症を進行させない声かけ
- 介護保険の詳細を把握

など

サービスの詳細を1つ1つ把握し、指示を出す。あるいは専門知識を学び、直接の介護にいかそうとする。

○ 効果的なかかわりかた

- 介護を受け入れる心がまえ
- 相談先の確保
- 介護の全体像の把握

など

プロの知識と経験を信頼して親の介護を委ねる。全体像を見ながら、チームのマネジメント役に徹する。

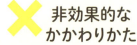

ケアカンファレンスにも、初回から必ず参加する

ケアマネが進行役となり、親をはじめとする皆の意見を聞いていくことが多い。

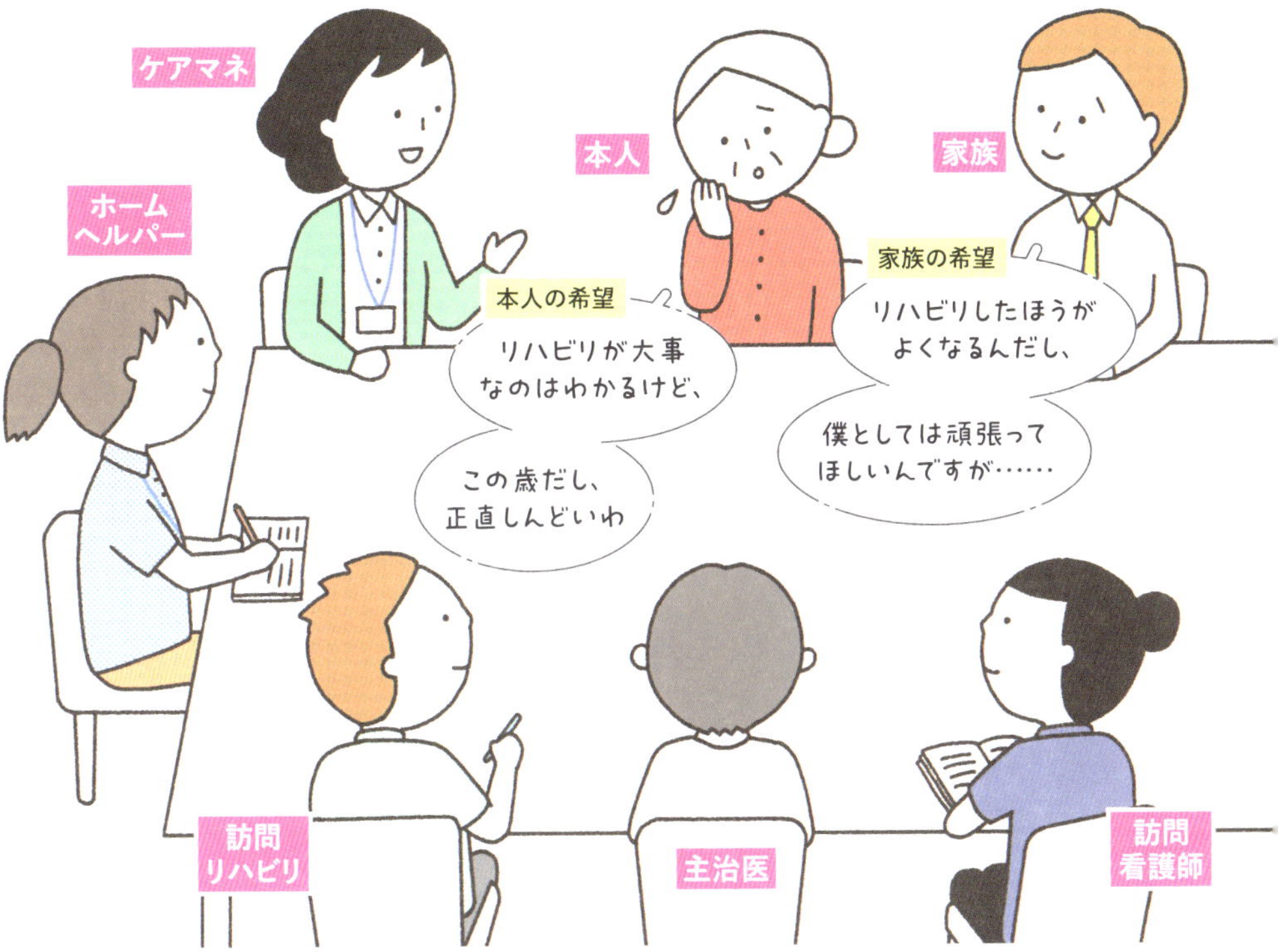

本人と家族の困りごと、それぞれを整理して伝える

ケアカンファレンスに集まるのは、介護・医療の知識と経験をもつプロです。**ケアマネが親の価値観を理解し、プランを作成したなら、信頼して委ねましょう。**やりかたに1つ1つ口を出す必要はありません。現場に口を出す経営者と一緒で、担当者が動きにくくなってしまいます。

意見を言うときは、あくまで家族側の意見として伝えてください。たとえば障害を抱えた親が、訪問リハビリに乗り気ではない場合。「リハビリで機能を回復させたい」というのは、家族目線での希望にすぎません。親が望む生活に近づけるには、子どもが前に出すぎないことも大切です。

麻痺や転倒リスクがあれば、住宅改修も検討しよう

1～3割負担で改修可能。生活しやすい環境に

病気や障害によっては住宅改修も必要です。**要支援1以上なら、誰でも利用できるのが大きなメリット。**実際に利用している人の割合を見ても、要介護2以下の人が全体の4分の3程度を占めています。（一般社団法人シルバーサービス振興会、2016）。

費用負担は1～3割で、上限は20万円。対象は左の5か所です。歩行や排泄時の負担、転倒リスクを減らすのが目的で、日常生活動作の維持、介護者の負担軽減にもつながります。

寝室が2階にあるなど、居室の移動とそのための改修が必要なケースもあるでしょう。その場合は介護保険ではなく、自費でおこないます。

ケアマネとよく相談。施行後の使いやすさもチェック

1 ニーズを伝える
どこを直したいかではなく、何に困っているかをケアマネに伝える。

2 アセスメント
ケアマネや理学療法士、作業療法士らが、改修の必要性と内容を検討。

3 プランニング
ケアマネと介護保険住宅改修施工事業者で、具体的な改修計画を立てる。

4 実施
事業者が改修を実施。特別な事情がなければ、子どもの立ち会いは不要。

5 モニタリング
実際に使いやすくなったかのチェックも大事。不具合があれば再調整。

手すりの設置など、5つの改修が保険でできる

介護保険が使えるのは以下の5点と、それにともない必要となる改修。

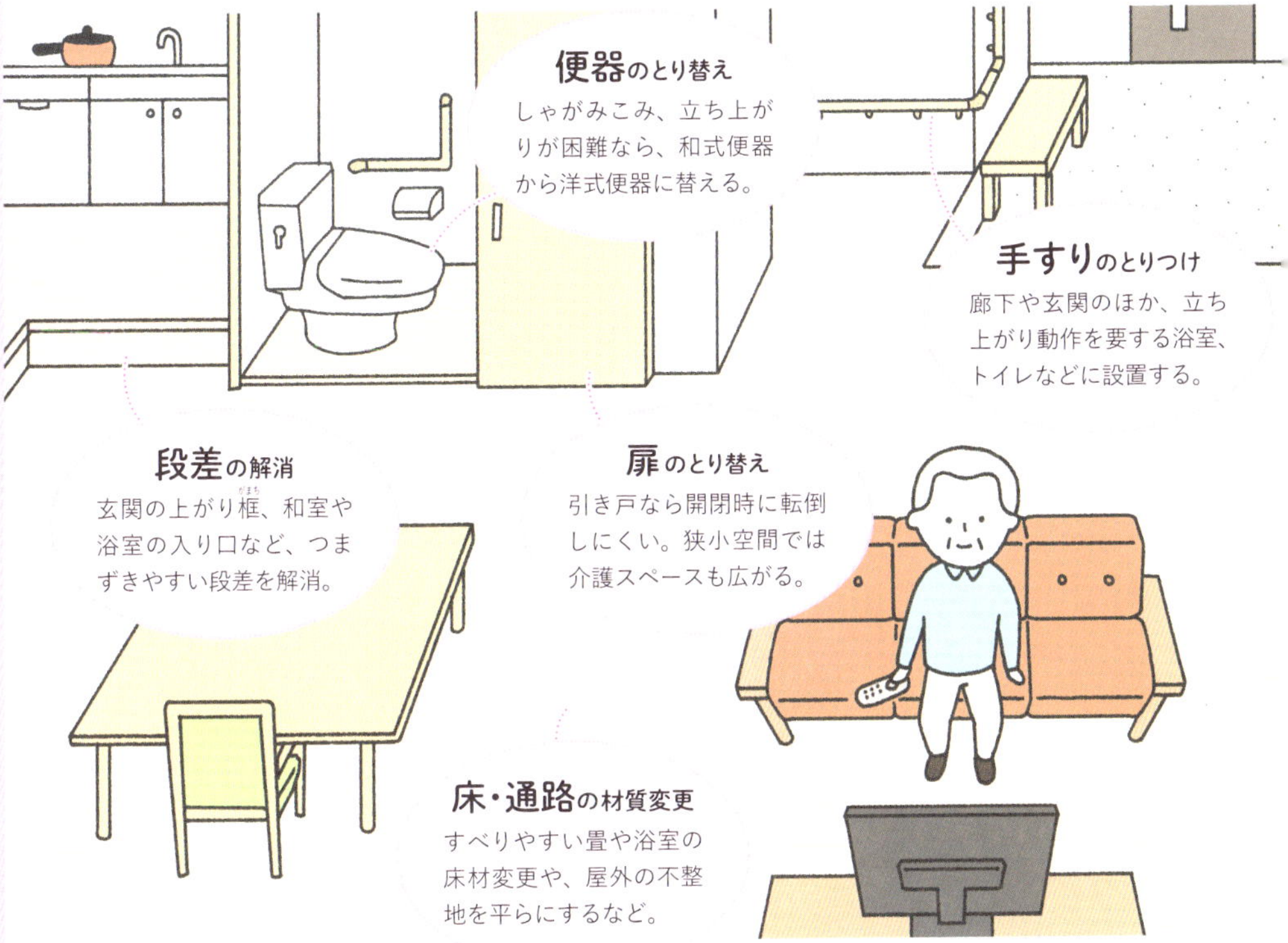
便器のとり替え
しゃがみこみ、立ち上がりが困難なら、和式便器から洋式便器に替える。
手すりのとりつけ
廊下や玄関のほか、立ち上がり動作を要する浴室、トイレなどに設置する。
段差の解消
玄関の上がり框《がまち》、和室や浴室の入り口など、つまずきやすい段差を解消。
扉のとり替え
引き戸なら開閉時に転倒しにくい。狭小空間では介護スペースも広がる。
床・通路の材質変更
すべりやすい畳や浴室の床材変更や、屋外の不整地を平らにするなど。

自宅のバリアフリー化は親のため？ 子どものため？

住宅改修で大切なのは、親目線で進めること。すべりやすい畳の部屋や段差があっても、親はその環境で過ごしてきたはず。愛着もあります。認知機能がしっかりしているなら、親の希望を尊重してください。

多額の改修費をかけ、**完全バリアフリー化する子どももいますが、たいていは自身の不安解消が目的です。**段差に注意する力、足を持ち上げて乗り越える力がなくなり、外での転倒リスクがかえって高まることも。

プロはこうした視点をもったうえで、住宅改修の提案をします。**こまかな口出しをせず、親の希望や生活様式を伝えることに努めましょう。**

介護ベッドや車いすは、レンタルが便利

地域包括支援センター

いま必要な機能と、3年後に必要な機能は違う

自立歩行や起居動作がむずかしくなってくれば、福祉用具も必要です。

福祉用具も住宅改修と同様、お金をかければ高い効果が得られるわけではありません。**状況により、適した製品も変わります。**車いす1つとってもそう。車いすは、自分の手で車輪を動かせる「自走型」、介助者が動かす前提の「介助型」に大別されます。介護初期は自走型がよくても、要介護度が高くなれば、大きな車輪が介助動作のじゃまになることもあります。

その意味でも購入の必要はなく、介護保険でのレンタルがおすすめ。時期ごとに必要なものを選べますし、高品質・高機能の製品も揃っています。

福祉用具や介助があれば歩ける時期か、そうでないかなどで、必要なものも変わる。

要介護度によって、必要な用具は大きく異なる

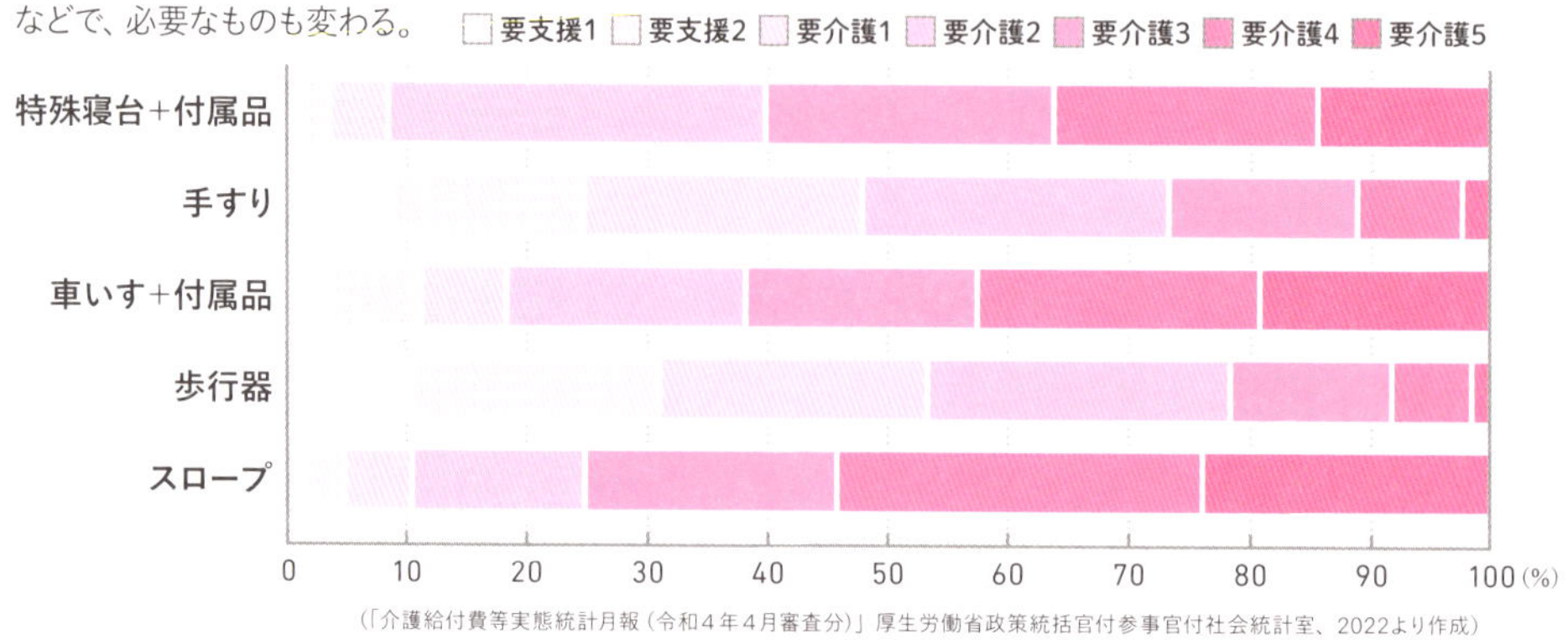
要支援1
要支援2
要介護1
要介護2
要介護3
要介護4
要介護5
特殊寝台+付属品
手すり
車いす+付属品
歩行器
スロープ
0
10
20
30
40
50
60
70
80
90
100 (%)

（「介護給付費等実態統計月報（令和4年4月審査分）」厚生労働省政策統括官付参事官付社会統計室、2022より作成）

高ければいいわけじゃない。目的にあわせて選ぶ

介護保険でレンタルできる用具のうち、
とくに利用頻度が高いのは下の5つ。

介護ベッド

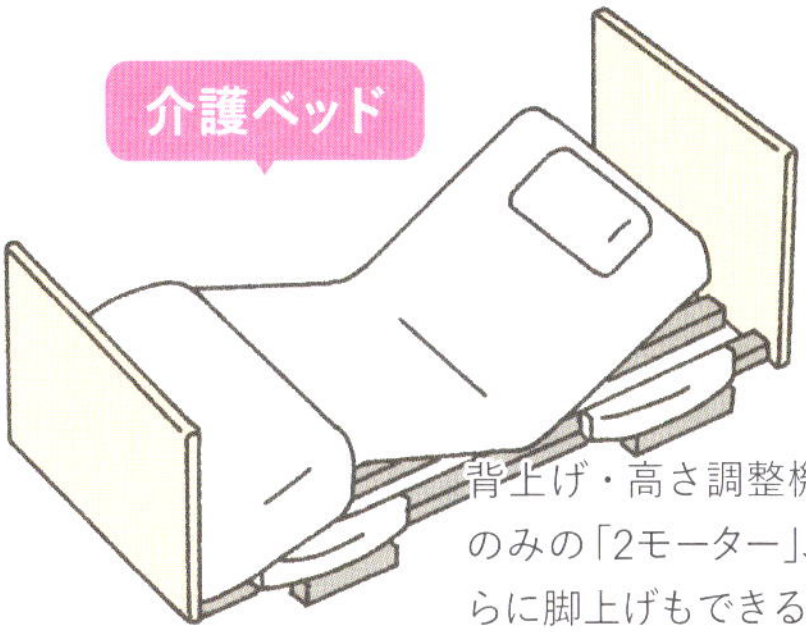

背上げ・高さ調整機能のみの「2モーター」、さらに脚上げもできる「3モーター」がある。

手すり

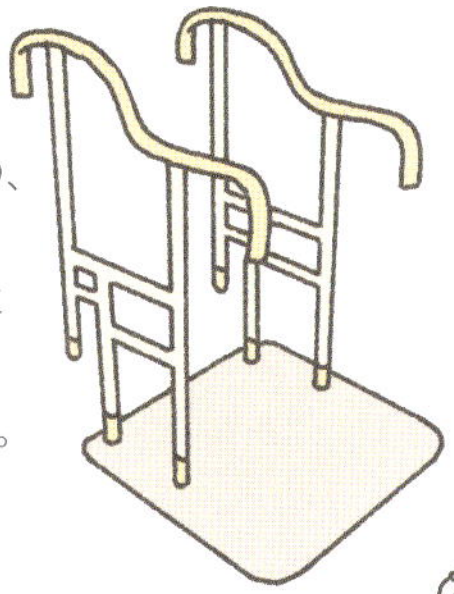

住宅改修とは別の、置き型の手すり。布団などのそばに置き、立ち上がりの安定性を高める。

スロープ

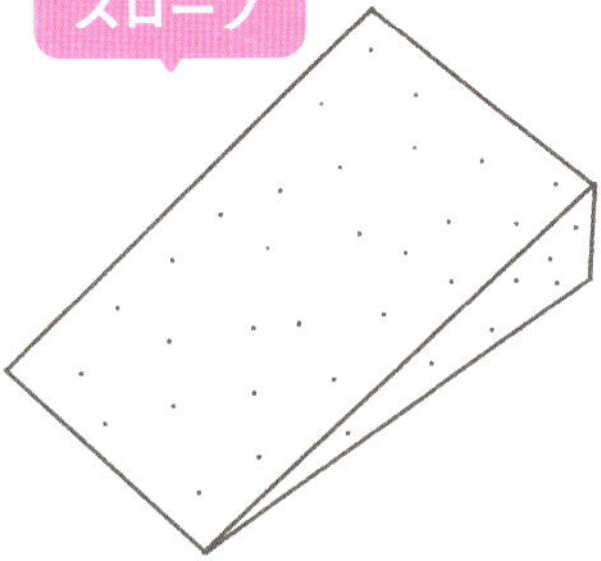

玄関や家の前などに設置し、車いす移動を可能に。家の工事をいやがる親にも勧められる。

歩行器

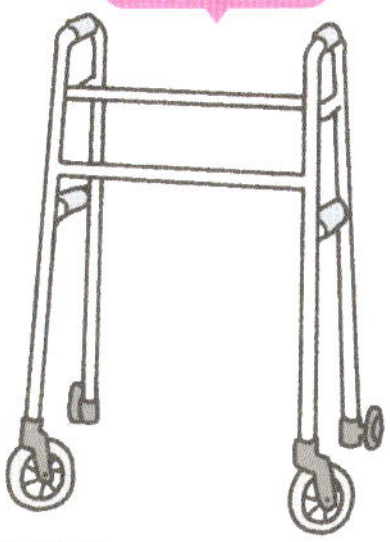

大腿骨《だいたいこつ》骨折後などは室内でも使う。車輪で前に進むタイプと、持ち上げて使うタイプがある。

車いす

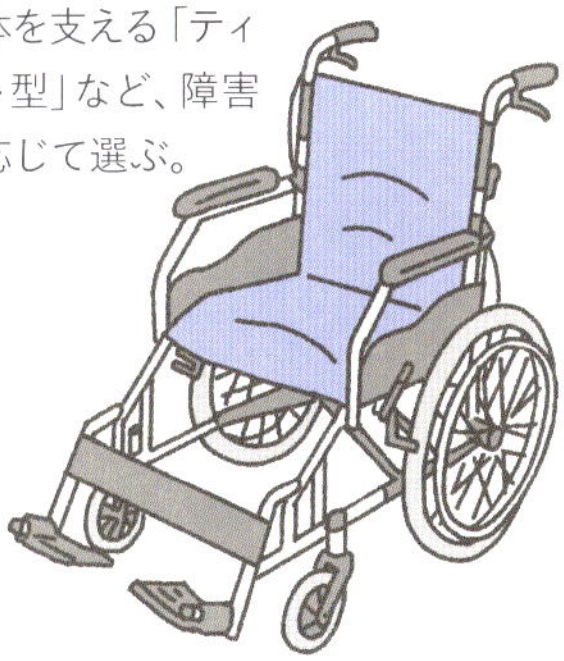

自走型、介助型のほか、変形・硬直した体を支える「ティルト型」など、障害に応じて選ぶ。

大事なのは、お金よりプロの知識。福祉用具専門相談員に頼ろう

レンタル可能な福祉用具は、上記だけではありません。日々の移動に必要な杖、褥瘡《じょくそう》（床ずれ）予防のマットレス、認知症の親のための徘徊《はいかい》感知機器などもあります。**いずれも1〜3割負担で、要支援・要介護度ごとの上限額があります。**肌に直接ふれる浴室用のいすなどはレンタルの対象外で、購入費が補助されます。

限度額上限までレンタルしても、親の生活が快適になるわけではありません。親の日常生活動作、生活様式をプロに見てもらい、本当に必要なものを選びましょう。ケアマネとともに、福祉用具の事業所にいる福祉用具専門相談員を頼ってください。

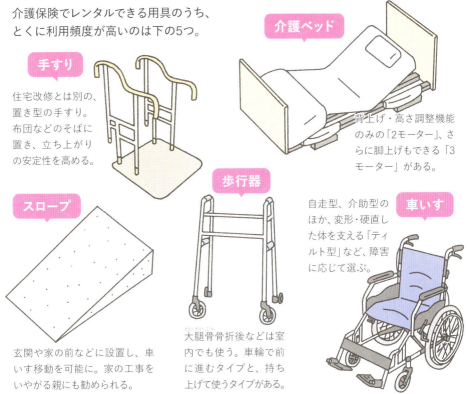

Column

いいチームをつくるには、こちらが〝先に〟信頼を

どんなに口出ししても、100%の安全は手に入らない

介護をプロに依頼するとき、1つ1つのケアに口を出したり、「何かあったらどうする」と迫る人もいます。しかしよりよいケアをしてほしいなら、この接しかたは逆効果。親の希望に寄り添うケアより、子どもの苦情対策が優先されてしまいます。たとえば「好きなことをして、ピンピンコロリがいいわ」と願う親には、自立した生活機能を保ってもらうことが大切です。しかし、「転倒は絶対に許されない」という圧が強ければ、何もさせないことが最善のケアに。さらに100%の安全を求めるなら、身体拘束しかありません。親の希望や尊厳は置き去りにされ、介護職や医療職のやる気も失われます。

口うるさい上司から、部下を信じて任せる上司へ

これは私たちが職場で働くときと同じです。隣で目を光らせ、業務の1つ1つに口を出す上司がいたら辟易するでしょう。「失敗は許されない」と言われた日には、こわくて何もできません。反対に一定の裁量を与え、信じて見守ってくれる上司なら、創意工夫をしながら意欲的にとり組めるはずです。

ケアマネや介護職、医療職とかかわるときは、「信頼しています」の言葉と姿勢を大切に。話し合うときも、どうすればやりやすくなるかを前提に考えましょう。結果として、質の高いケアを引き出せます。相手の行動ありきではなく、こちらが相手を信じることが先なのです。

Part 3

「最期まで自分らしく、好きに生きる」を
叶えよう

住み慣れた自宅で暮らす

「いざとなったら病院や施設しかない」というのは誤解。
病状や障害が進んでも、プロの力を借りれば、最期まで自宅にいられます。
介護はもちろん、医療や看護のプロも自宅に来てくれますし、
自治体などの見守りサービスも充実しています。

田口さんのストーリー

リハビリすればよくなる？　退院後の生活は……？

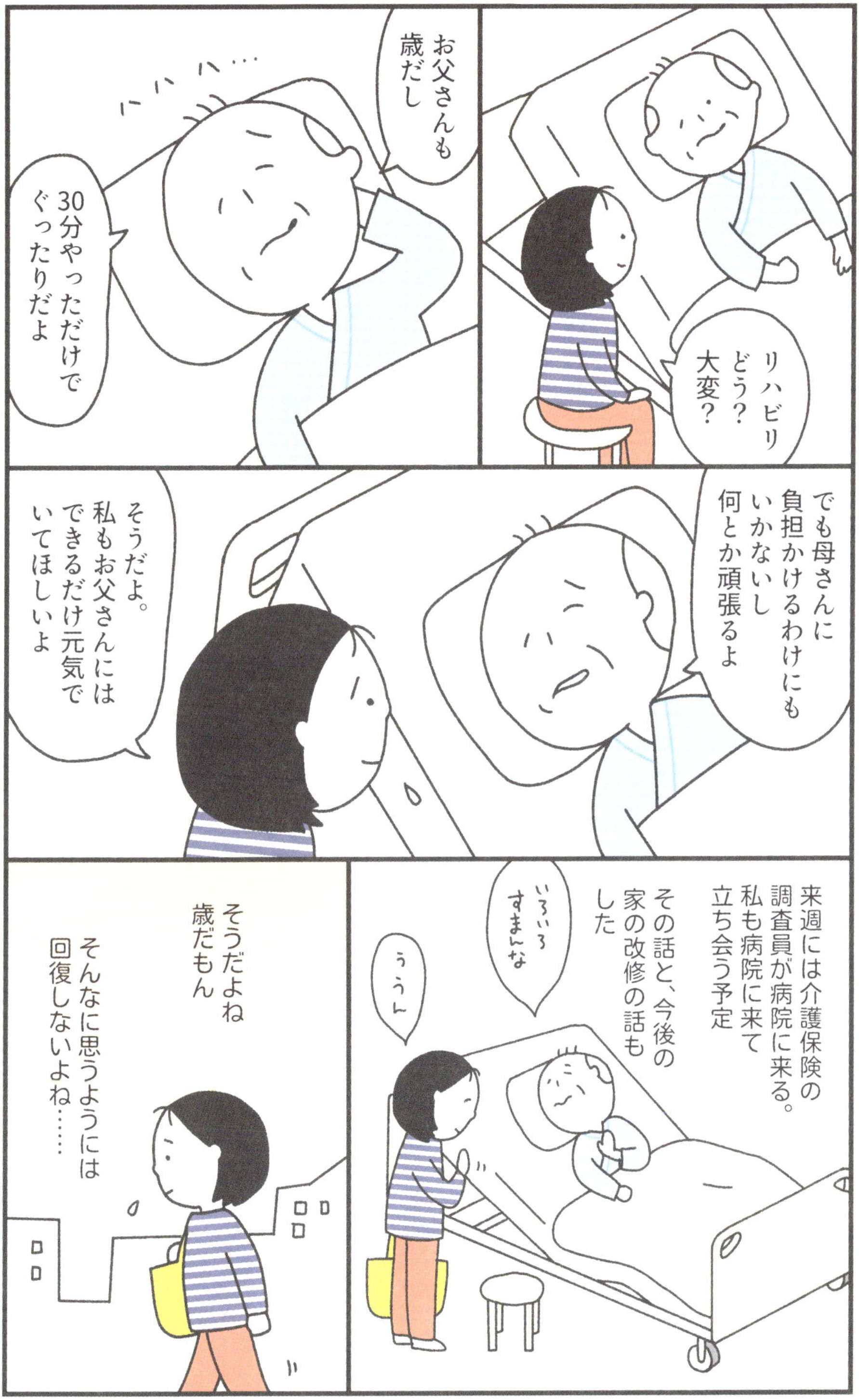
リハビリどう?大変?
お父さんも歳だし
ハハハ…
30分やっただけでぐったりだよ
でも母さんに負担かけるわけにもいかないし何とか頑張るよ
そうだよ。私もお父さんにはできるだけ元気でいてほしいよ
来週には介護保険の調査員が病院に来る。私も病院に来て立ち会う予定
その話と、今後の家の改修の話もした
いろいろすまんな
ううん
そうだよね歳だもん
そんなに思うようには回復しないよね……

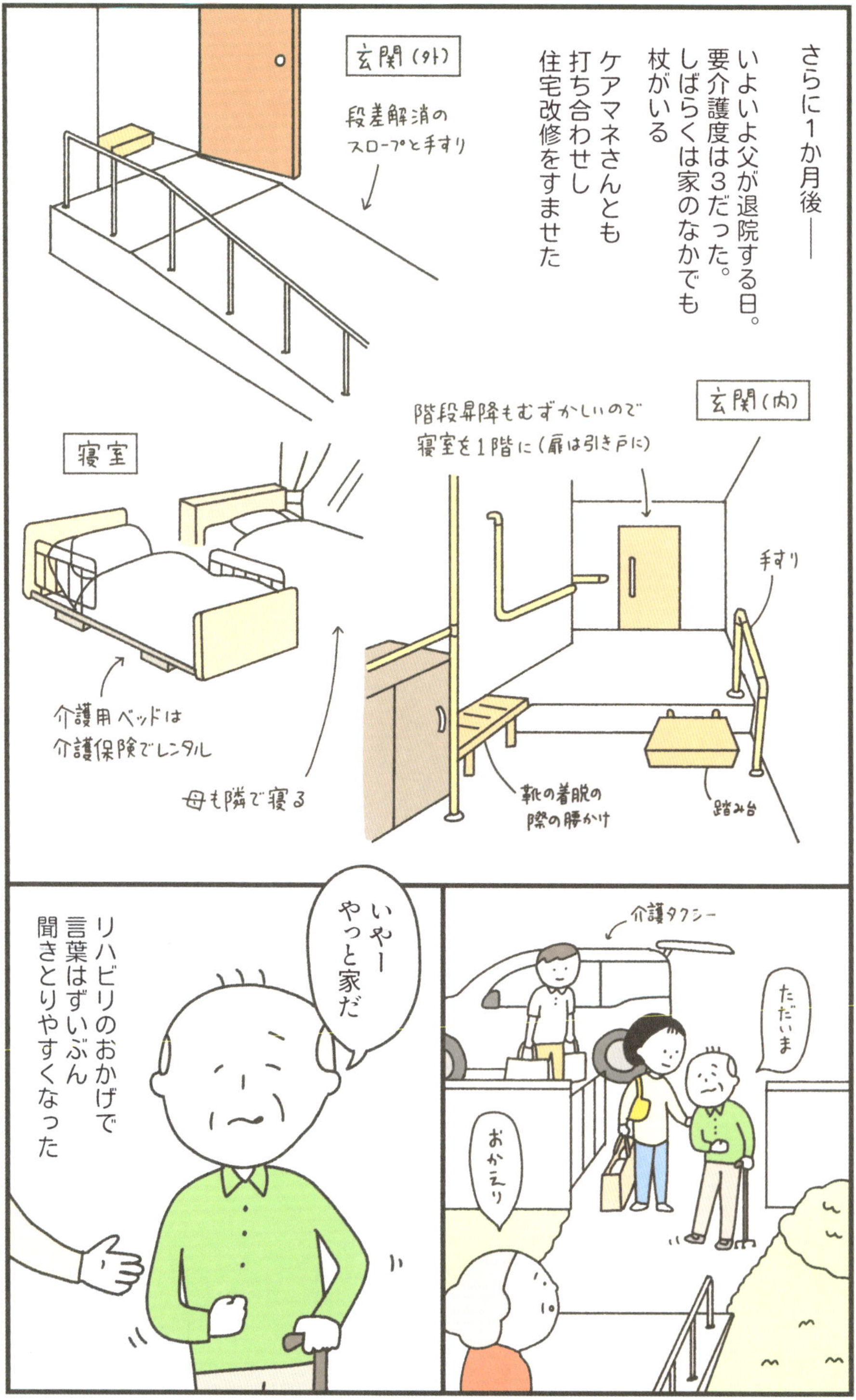
さらに1か月後――
いよいよ父が退院する日。
要介護度は3だった。
しばらくは家のなかでも
杖がいる
ケアマネさんとも
打ち合わせし
住宅改修をすませた
玄関（外）
段差解消のスロープと手すり
玄関（内）
階段昇降もむずかしいので寝室を1階に（扉は引き戸に）
手すり
靴の着脱の際の腰かけ
踏み台
寝室
介護用ベッドは介護保険でレンタル
母も隣で寝る
介護タクシー
ただいま
おかえり
いやー
やっと家だ
リハビリのおかげで
言葉はずいぶん
聞きとりやすくなった

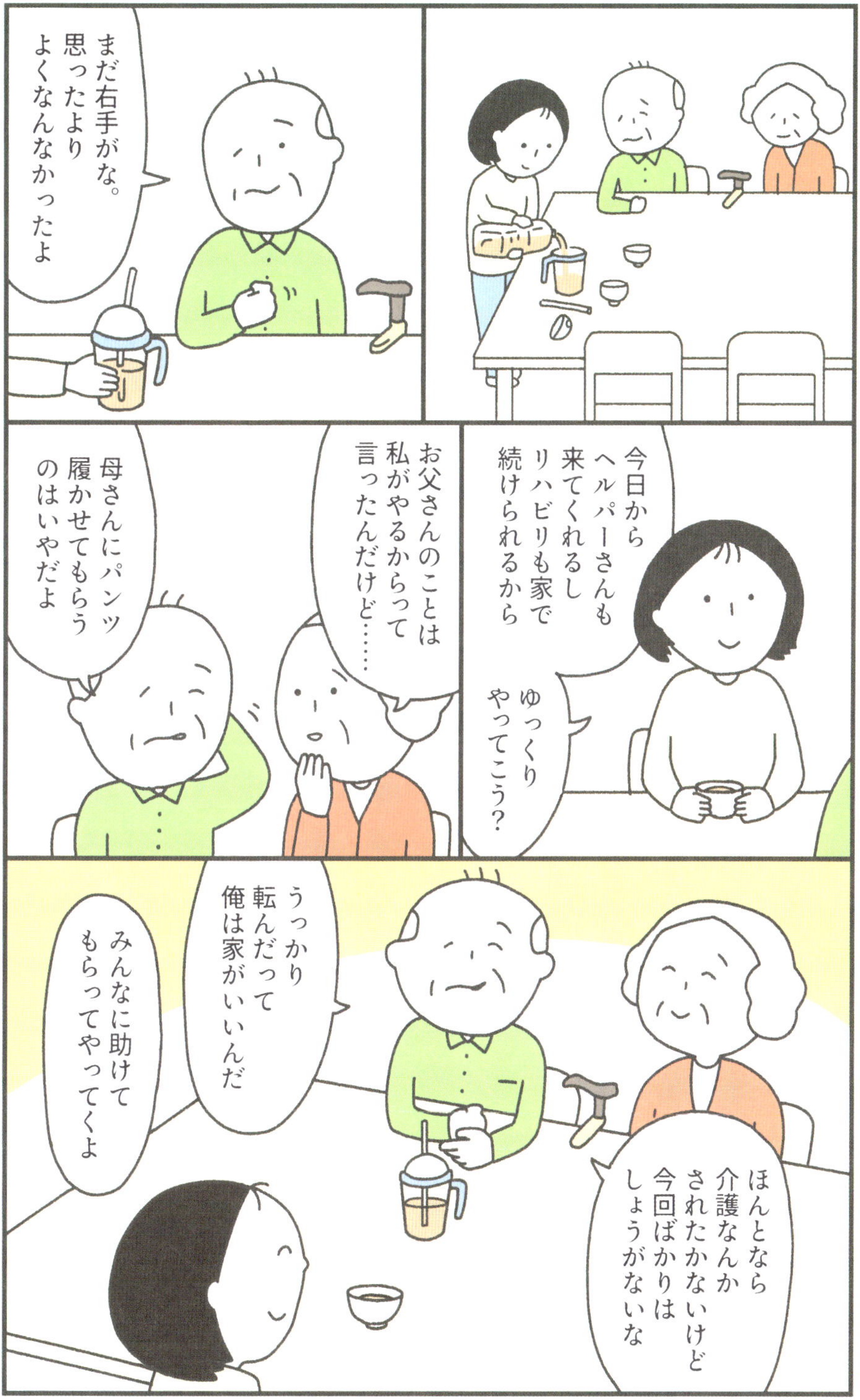
まだ右手がな。思ったよりよくなんなかったよ
今日からヘルパーさんも来てくれるしリハビリも家で続けられるから
ゆっくりやってこう？
お父さんのことは私がやるからって言ったんだけど……
母さんにパンツ履かせてもらうのはいやだよ
ほんとなら介護なんかされたかないけど今回ばかりはしょうがないな
うっかり転んだって俺は家がいいんだ
みんなに助けてもらってやってくよ

サービス導入の前に

病状や障害が重くても、自宅で暮らせる！

親が望むなら、最期まで住み慣れた自宅で過ごせる

「どこまでなら自宅で介護でき、どうなったら施設に入ってもらうべきか」——これは介護相談でよく聞かれる悩み。しかしこの選択は、病状や障害の重さでは決められません。

では、親側の希望はどうでしょうか。**人生の最終段階についての意識調査では、自宅を望む人が最多で、次が医療機関でした**（厚生労働省、2023）。興味深いのは、医療機関と答えた人の多くが、「介護する家族に負担をかけたくないから」と答えたことです。

家族が直接介護せず、プロに委ねれば、双方の心理的負担は軽減します。病状が重くても、親が望むように、最期まで自宅で過ごせます。

多少の不便さは受け入れつつサービスを使って生きていく

プロの手に委ねるときに大事なのは、チームへの信頼。そして100%の安心・安全を求めないことです。

転倒や急変のリスクを減らすことはできますが、誰もいないときに、転んで頭を打ったりする可能性はあります。打ちどころが悪く、命を落とす可能性も。**最期まで自宅で暮らすという選択には、そうした結末も含まれます。けっして不幸な最期ではありません。**問題は、子どもがそれを受け入れられるかどうかです。

多少の不便さもあるでしょう。そもそも歳をとれば、不便なことは増えるもの。それを親も子も受け入れることが、在宅生活の前提です。

高度医療以外のサービスは、すべて自宅で受けられる

プロの手を借りれば、ほとんどの病気で、自宅で療養生活を送れる。

心不全の場合

例 82歳男性。妻が先立ち、1人暮らし。慢性心不全のために呼吸困難感、疲労感などがいつもあり、セルフケアや家事がむずかしい

在宅医療
普段は訪問医が診て、年に数回専門医が診察。

訪問介護
食事や排泄などを、ホームヘルパーが介助。

訪問看護
日常的な体調管理、血圧・脈拍測定などを担う。

訪問入浴
専門職が自宅に来て、お風呂に入れてくれる。

配食サービス
料理ができないなら、食事を届けてもらう。

住宅改修・福祉用具
歩行などの動作負担も転倒リスクも減らせる。

心不全は進行性の病気。日常生活にも支障が出るが、右のようなサービスで、最期まで自宅で過ごせる。

認知症の場合

例 86歳女性。夫と2人暮らし。認知症が進行し、セルフケアや家事が徐々に困難に。夫がサポートしているが、料理などはできない

訪問介護
食事や排泄、更衣、入浴などをヘルパーに依頼。

見守りサービス
自治体などに依頼し、週に数回、無事を確認。

デイケア
送迎つきで、食事や入浴のケアもしてくれる。

訪問薬剤管理
飲み忘れ対策などを訪問薬剤師に依頼する。

在宅医療
見落としがちな体の異変にも気づいて対処。

ショートステイ
ときどきは施設に泊まり、介護負担を減らす。

認知症が進行しても、プロが毎日ケアする体制ができていれば、最期まで自宅にいられる。

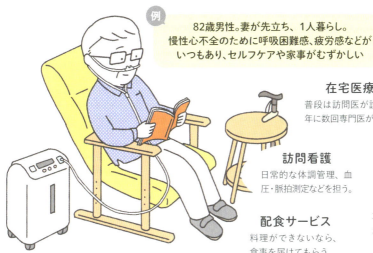

人の出入りをいやがる親こそ、早期からお試しを

「他人が来るなんて」の言葉を真に受けすぎないで

自宅に他人が来て、サービスを受けるのをいやがる親もいます。その場合は、無理に説得しないことが大事。説得を試みるほど、親は頑《かたく》なに拒否します。**親の拒否感をそのままケアマネに伝え、導入の工夫を考えてもらいましょう。**

高齢であっても、親には親のプライドがあります。介護の必要性を子どもに説かれると、〝何もできない人〟扱いされているようでつらいのです。**子どもに本音を話せるとはかぎらないことも覚えておきましょう。**子どもの前では〝退屈だった〟と言いながら、デイサービスではいきいきとしている親も少なくありません。

無理に説得すると、サービス導入が困難に！

そんなもんいらんって言ってるだろ
俺がいいんだから、いいんだ!!
お風呂も入ってないみたいだし、
お願いだから、人に来てもらおうよ

自分が心配される側になり、いちいち口出しされるのは、親だってつらい。

介入をいやがる親こそ、プロの腕の見せどころ

介護をいやがる利用者にも、ケアマネは慣れている。親の得意なこと、趣味や性格を伝え、介入の工夫を考えてもらう。

親の好きなこと、大事なことを情報としてケアマネに託す

子どもの役割は、ケアマネが上手に介入できるようサポートすることです。**親がどんな人生を送ってきたか、何に情熱や関心を抱いていたか。特徴的なエピソードは何か。**家族だけが知る情報を積極的に伝えてください。編み物が得意な高齢女性に、教室の先生としてデイサービスに来てもらった例もあります。尊厳を大切にしながら、さりげなくサービス導入につなげることで、その快適さを理解してもらえます。

どうしてもうまくいかなければ、少し時間をおいてみましょう。日常的な失敗や転倒を経験するうちに、介助の必要性を理解する親もいます。

サービス導入の前に

遠距離介護でも、在宅生活は続けられる！

遠方の親を呼び寄せてもたいていうまくいかない

介護生活の課題の1つに、距離の問題があります。実家が遠方だと頻繁に様子を見に行けず、そばにいてあげられないと悩む人も多くいます。

けれど遠距離介護は、必ずしもデメリットではありません。同居や近距離での介護のほうが、親との距離感をうまくとれなくなるもの。親の生活のダメな部分を目のあたりにすることで、不安やイライラが募り、関係が悪化します。すべてを把握し、管理できる環境は、双方にとってストレスなのです。

いま遠距離に住んでいる人も、親を近くに呼び寄せたり、介護のために実家に戻ることは避けましょう。

帰省ペースはこれまでどおりにしたほうが、親の生活にいちいち口出しすることもなく、いい関係でいられる。

適切な距離をとることが、成功の秘訣

自分がいなくても、うまく回る体制をつくる

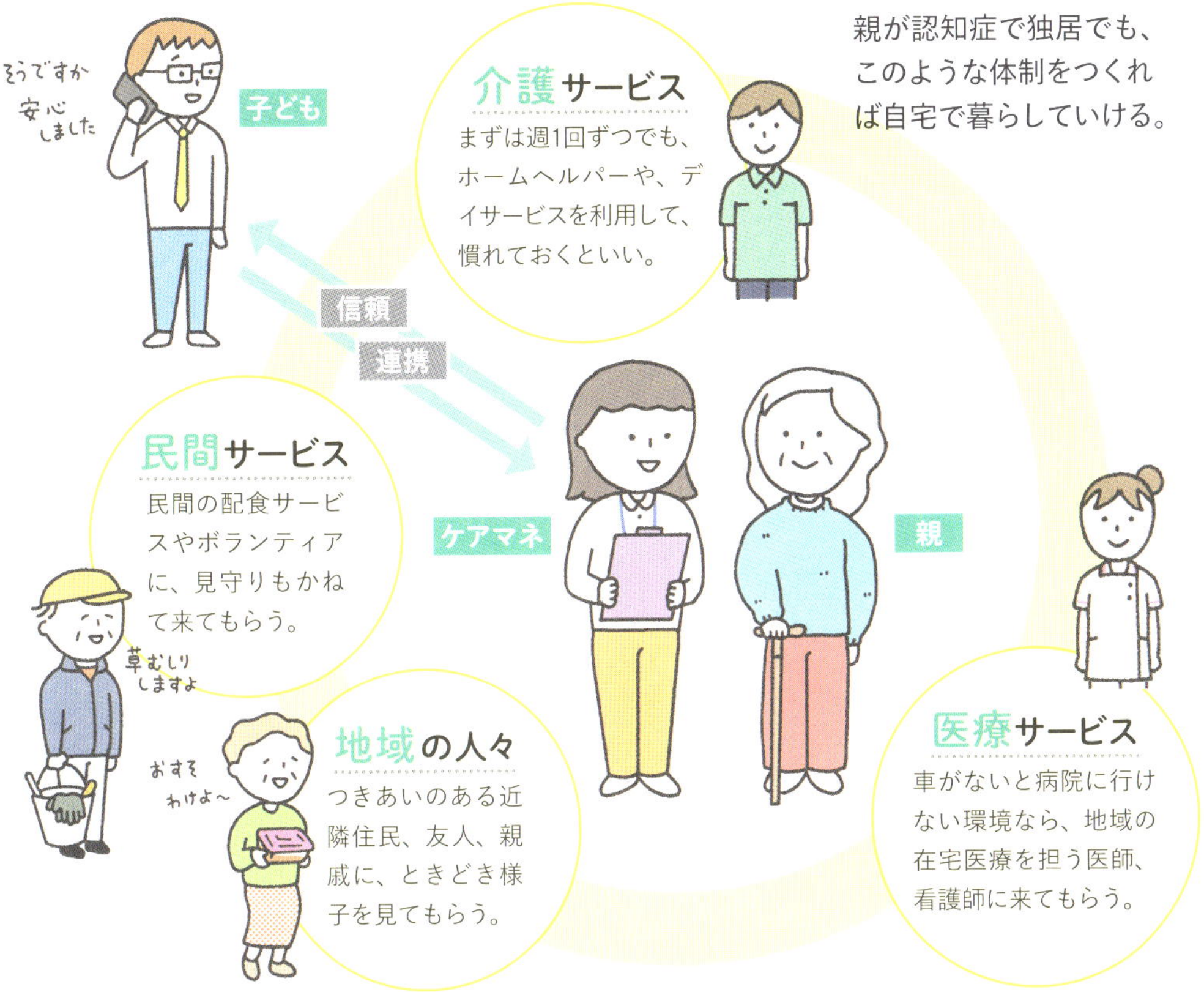
親が認知症で独居でも、このような体制をつくれば自宅で暮らしていける。
子ども
そうですか 安心しました
介護サービス
まずは週1回ずつでも、ホームヘルパーや、デイサービスを利用して、慣れておくといい。
信頼
連携
民間サービス
民間の配食サービスやボランティアに、見守りもかねて来てもらう。
草むしりしますよ
ケアマネ
親
地域の人々
つきあいのある近隣住民、友人、親戚に、ときどき様子を見てもらう。
おすそわけよ～
医療サービス
車がないと病院に行けない環境なら、地域の在宅医療を担う医師、看護師に来てもらう。

遠距離の親が心配な人はいますぐ包括に電話しよう

遠距離介護では、冒頭のマンガのように、ある日突然警察や病院から連絡が来ることもあります。**重要なのは、問題が発覚した時点でプロの手を借りること。**介護・医療サービスや自治体のサービスを使い、自分がいなくても回る体制をつくりましょう。肝心なのは最初の1か月。有休や介護休暇はそのために使います。

現段階では明確な問題がない場合も、**包括には連絡しておくのが理想です。**高齢の親が1人で暮らしているなどの事情を伝え、いざというときに連絡をとれるようにしておきます。親の自宅を訪れ、介入が必要かどうか見てもらうこともできます。

訪問介護

身体介護や生活援助は、ホームヘルパーに依頼

サービスの種類は3つ。自立した生活をサポート

身体介護、生活援助がおもな役割。事業所によっては、車で送迎して通院を助けるなどの移動介助も提供している。

金曜までは
つくり置きを
温めて食べて
くださいね

Ⅰ
身体介護

- ☑食事 ☑排泄
- ☑入浴 ☑更衣
- ☑口腔《こうくう》ケア など

Ⅱ
生活援助

- ☑買いもの ☑料理
- ☑掃除 ☑洗濯
- ☑寝具交換 など

Ⅲ
移動介助

- ☑車いすの移動・移乗
- ☑通院など、外出時の付き添いや送迎 など

要介護1以上なら、1回数百円で利用できる

〝できるだけ多く頼もう〟と考えず、自立支援の視点でサービスを選んで。

誰が来てくれる？

厚生労働省の資格「介護職員初任者研修修了者」以上をもつ介護職

受給できる人は？

要介護1以上。ただし同居家族がいると、生活援助は受けられない

目的は？

体のケアや日常生活を介助し、身体的・精神的・経済的自立を支援

1回の自己負担額は？

サービス内容	サービス時間	1割負担（合計所得160万円未満または160万円以上220万円未満。かつ年金とその他所得の合計が単身世帯280万円未満、2人以上世帯346万円未満）	2割負担（合計所得160万円以上。かつ年金とその他所得の合計が単身世帯280万円以上、2人以上世帯346万円以上）	3割負担（合計所得220万円以上。かつ年金とその他所得の合計が単身世帯340万円以上、2人以上世帯463万円以上）
Ⅰ 身体介護	20分未満	163円	326円	489円
	20分～30分未満	244円	488円	732円
	30分～1時間未満	387円	774円	1161円
	1時間～1時間半未満	567円	1134円	1701円
Ⅱ 生活援助	20分～45分未満	179円	358円	537円
	45分以上	220円	440円	660円
Ⅲ 移動介助		97円	194円	291円

内容・時間ごとに点数（報酬）が決められている。収入区分に応じて、その1～3割を支払う。

〝全部お任せ〟ではなく、できない部分を助けてもらう

ADL（日常生活動作）が低下した親にとって、もっとも身近で頼りになる存在が、訪問介護員（ホームヘルパー）です。食事や排泄、入浴などを介助する「身体介護」、買いものや料理、掃除などの日常生活を助ける「生活援助」がおもな役割です。

ただし注意したいのは、その目的。訪問介護は自立支援のためのサービスです。何もかも介助すると、残された機能まで低下し、自立度が低下してしまいます。毎日来てもらえばいいわけではなく、適切な頻度もあります。残存機能を保つには、どんな内容と頻度がよいか、プロの視点でケアマネに考えてもらいましょう。

Type 1
介護サービス

訪問介護

医療的ケアや家事代行は頼めない

親が強引に頼むようなら ケアマネに介入してもらう

サービスを受ける親の価値観もいろいろです。遠慮がちな親が多い一方、何でも気軽に頼む親もいます。**しかしホームヘルパーは法令上、自立支援につながらないサービスはできません。健康で介護可能な同居家族がいれば、家事代行も対象外です。**

既定のサービス以外の行為を親が頼もうとするときは、ケアマネから指摘してもらうのも手。子どもに注意されるより、第三者のほうが心理的に受け入れやすい親もいます。

医療的ケアも禁じられています。血圧測定などはできますが、褥瘡《じょくそう》（床ずれ）に薬を塗るなどのケアは、医師や訪問看護師にやってもらいます。

介護の「困った！」を解決

「親がヘルパーさんに不満みたい。人を替えてもらうべき？」

担当者を替えるのは拙速です。文句を言いつつ、実際は助かっているという場合も多々あります。「熱心な人なのに申し訳ない」と感じたとしても、プロは対応に慣れていますし、家族より真意を理解できていることも。具体的な問題についてはケアマネに相談し、チームで話し合ってもらいましょう。

医療にかかわるケア、自立支援でないケアはNG

融通がきかないのではなく、法的規制であることを知っておきたい。

体のケア

NG やってはいけないこと

散髪　変形した爪の爪切り(巻き爪など)
褥瘡《じょくそう》の処置(フィルムの貼り替え、薬を塗るなど)
胃ろうチューブやカテーテルの洗浄
痰《たん》の吸引
服薬介助の一部(口を開けて飲ませるなど)
医学的判断を要する傷・やけどの処理 など

▼

特定行為の有資格者では、
できる行為もある

OK やっていいこと

体位変換(寝返りなど)　洗面・洗髪・整髪
入浴介助　清拭《せいしき》　ひげそり　爪切り
耳掃除　口腔《こうくう》ケア　排泄介助
オムツ交換　体温測定
血圧測定　脈拍測定
切り傷・すり傷などの非専門的処置 など

医師法において医療行為と定められている行為は、介護職にはできない。たとえば乾燥した皮膚に軟《なん》膏《こう》を塗ることはできても、褥瘡に薬を塗るのはNG。

生活の援助

NG やってはいけないこと

家族の食事の用意
家族の部屋の掃除　植物の水やり
草むしり　ペットの世話
趣味・嗜好品の買いもの　留守番
来客対応　大掃除・模様替えの手伝い
話し相手としての訪問
金銭管理　外食などの付き添い など

OK やっていいこと

本人の食事の用意　調理の介助
食事介助　買いもの(食材や生活必需品)
着替えの介助　本人が過ごす部屋の掃除
ゴミ出し　洗濯(洗濯機操作～収納まで)
衣類の整理・補修　薬局での薬の受け取り
薬の飲み忘れの確認 など

家族の分も食事をつくるなど、対象者以外へのサービスはできない。ペットの世話や草むしりも対象外。「このくらいなら」と気軽に頼むのは避けよう。

通所サービス

デイサービスを使えば、親も子どもも疲弊しない

日中の介助をしてくれるほか、人との交流をもてる

送迎サービスつきで、親の状態にあわせ、入浴介助やリハビリなどの予定を組んでくれる。

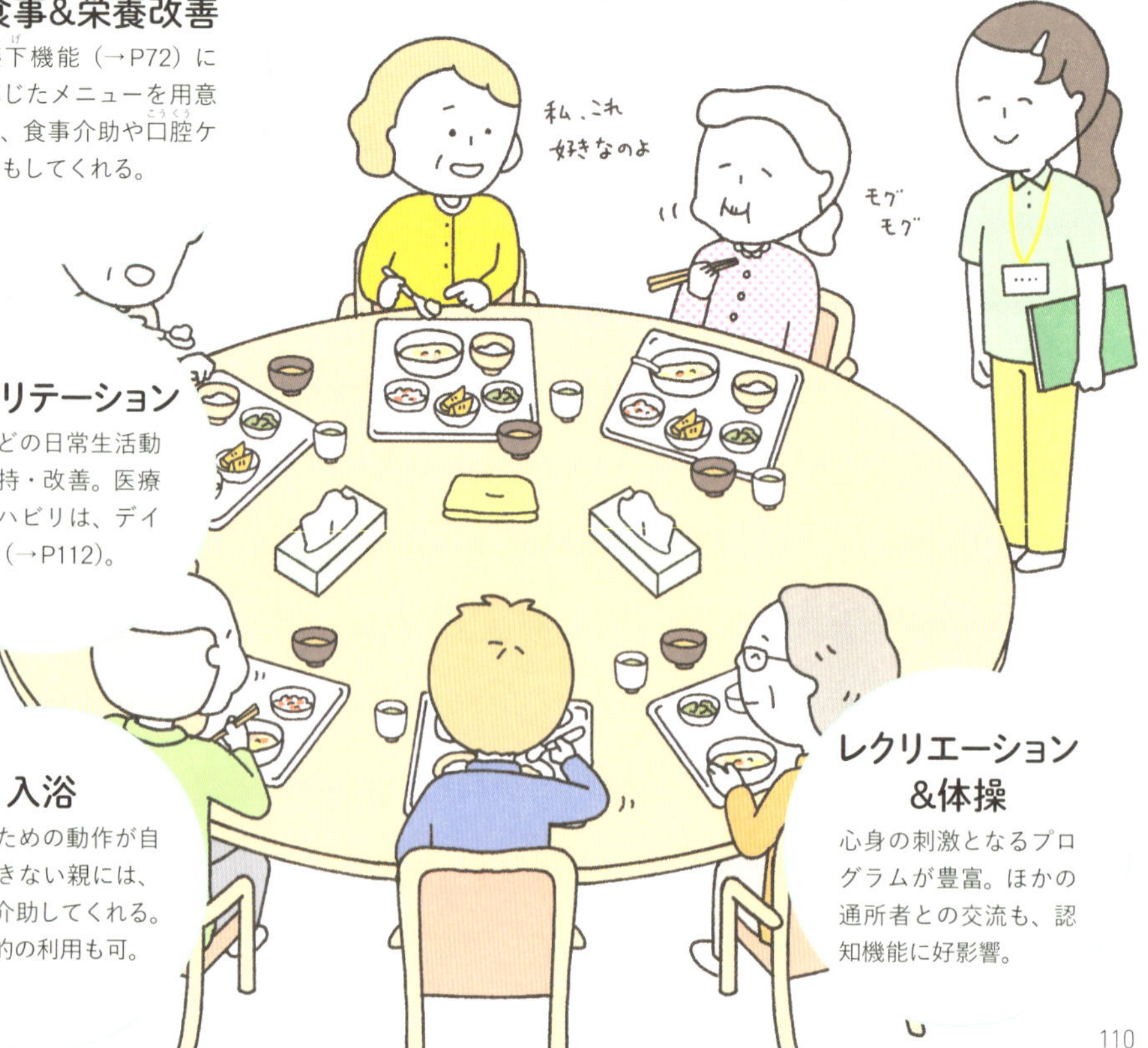

食事&栄養改善
嚥下《えんげ》機能（→P72）に応じたメニューを用意し、食事介助や口腔《こうくう》ケアもしてくれる。

リハビリテーション
歩行などの日常生活動作を維持・改善。医療的なリハビリは、デイケアで（→P112）。

入浴
入浴のための動作が自分でできない親には、すべて介助してくれる。入浴目的の利用も可。

レクリエーション&体操
心身の刺激となるプログラムが豊富。ほかの通所者との交流も、認知機能に好影響。

要介護1以上が対象。朝〜夕方まで過ごす人が多い

7〜8時間での利用がもっとも多い。週2回以上使う人も増えている。

どこに行くの？
デイサービスセンター。介護施設併設の施設と独立した施設がある

受給できる人は？
施設の送迎範囲に住む要介護1以上の人。医療的ケアが必要ない人

目的は？
生活機能の維持、社会的孤立防止、家族の負担軽減など、幅広い

1回の自己負担額は？
（1割負担の場合）

施設の規模などで金額は多少変わる。食事代（1000円前後）、オムツなどの消耗品利用代は、別途実費となる。

要介護区分	3時間以上4時間未満	4時間以上5時間未満	5時間以上6時間未満	6時間以上7時間未満	7時間以上8時間未満	8時間以上9時間未満
要介護1	370円	388円	570円	584円	658円	669円
要介護2	423円	444円	673円	689円	777円	791円
要介護3	479円	502円	777円	796円	900円	915円
要介護4	533円	560円	880円	901円	1023円	1041円
要介護5	588円	617円	984円	1008円	1148円	1168円

行ってみると案外楽しい！ それがデイサービス

デイサービスは、日中の生活介助をしてくれるほか、リハビリやレクリエーションも充実しています。家族にとっては頼もしい存在です。

では、「デイサービスに行ってほしい」と言われた親の気持ちはどうでしょうか。厄介者扱いと感じるかもしれませんし、「高齢者が集まってお遊戯」などのネガティブイメージをもつ親もいます。**最初から喜んで行きたがる親はいないのです。**

親を説得しようとせず、導入のしかたも、ケアマネと施設職員に一任しましょう。職員の工夫で楽しく過ごせるようになる親も多く、不満を真に受けすぎないことも大切です。

通所サービス

リハビリテーションのためのデイケアも役立つ

脳卒中など、病気ごとのメニューを組んでくれる

医師が作成した個別のリハビリ計画に沿って、運動療法や作業療法を進める。

リハビリの例 1

脳卒中のリハビリ

麻痺《まひ》した手指の動きをよくする

ADL（日常生活動作）の訓練、麻痺した手を使う作業療法、注意機能を高める高次脳機能リハビリなど、幅広い。

リハビリの例 2

骨・関節のリハビリ

バランス機能を高めて、再転倒を防ぐ

手術後に再骨折をおそれて歩かなくなると、あっという間に寝たきりに。バランス訓練や杖歩行訓練が必要。

要支援〜要介護2までの人が、多くを占める

利用者の7割以上が要介護2以下。全身機能の維持・向上をめざす人が通う。

どこに行くの？
医療機関または介護老人保健施設（老健）に併設のデイケア施設

受給できる人は？
要支援1以上。多くは送迎つきのため、送迎可能な地域に住む人

目的は？
地域社会で暮らし続けられるよう、心身の機能・維持を図る

1回の自己負担額は？（1割負担の場合）

要介護

要介護区分	1〜2時間未満	2〜3時間未満	3〜4時間未満	4〜5時間未満	5〜6時間未満	6〜7時間未満	7〜8時間未満
要介護1	369円	383円	486円	553円	622円	715円	762円
要介護2	398円	439円	565円	642円	738円	850円	903円
要介護3	429円	498円	643円	730円	852円	981円	1046円
要介護4	458円	555円	743円	844円	987円	1137円	1215円
要介護5	491円	612円	842円	957円	1120円	1290円	1379円

要支援

共通的サービス	
要支援1	1か月 2268円
要支援2	1か月 4228円
口腔機能向上加算	
1回 150〜160円	

など

6〜7時間の利用が最多。金額は施設の規模などで多少変わり、食事や入浴代は別途かかる。

自立した生活への意欲が高い親に適している

通所サービスのうち、リハビリを目的に通うのが「デイケア（通所リハビリテーション）」です。痰《たん》の吸引など、日常的な医療的ケアが必要な人も、デイケアの対象です。

とくに多いのが脳卒中発症後の高齢者と、骨折後の高齢者。理学療法士や作業療法士の指導のもと、運動機能のリハビリや高次脳機能リハビリなどをおこないます。認知症短期集中リハビリを受ける人、生活習慣病や心臓病の人も少なくありません。

いずれの場合も、本人の意欲が大事。リハビリの負荷に耐えても、自立した生活を送りたい親、好きなことにとり組みたい親に適しています。

宿泊サービス

レスパイトケアは大事！ショートステイを活用しよう

介護疲れがなくても定期的に使っておきたい

自宅で暮らす親が、施設などに一時滞在するサービスが「ショートステイ」。**生活の介助のみを要する場合は「短期入所生活介護」とよばれます。**最大の目的は、介護する家族が休息をとる「レスパイトケア」です。

冠婚葬祭などで家を空けるときにも便利です。初回宿泊で急な依頼だと断られることも多く、用事がなくても日ごろから活用を。**施設入居の可能性があるなら、希望する施設を使い、いい印象を残しておきます。**

帰宅後に不満をこぼす親もいますが、施設では楽しんでいることも。心配なら、滞在時の様子を施設職員に尋ねてみるといいでしょう。

トイレつきの個室もあり、快適な環境で過ごせる

近年は利用者も増え、快適な部屋を備えた施設が多い。レクリエーションやおやつの時間もある。

介護保険対象施設のほか、デイサービスでも泊まれる

短期入所生活介護のほかに、デイサービス（→P110）での宿泊サービスもある。

どこに行くの？

特別養護老人ホーム、介護老人保健施設など。単独型も一部ある

受給できる人は？

要介護1以上。要支援の人は介護予防短期入所生活介護として利用

目的は？

介護者が心身を休めたり、介護者の不在時に介護してもらう

下表は介護サービス費。食費や滞在費などは実費だが、いちばん高いユニット型個室でも、平均4000円ほど。

1回の自己負担額は？
（1割負担の場合）

	要支援1	要支援2	要介護1	要介護2	要介護3	要介護4	要介護5
単独型（従来型個室／多床室）	479円	596円	645円	715円	787円	856円	926円
併設型（従来型個室／多床室）	451円	561円	603円	672円	745円	815円	884円
単独型ユニット型（ユニット型個室／ユニット型個室的多床室）	561円	681円	746円	815円	891円	959円	1028円
併設型ユニット型（ユニット型個室／ユニット型個室的多床室）	529円	656円	704円	772円	847円	918円	987円

お泊りデイサービスの場合
（介護保険対象外）

介護保険は使えないが、宿泊可能な通所介護施設もある。生活介助が受けられ、金額も数千円程度。

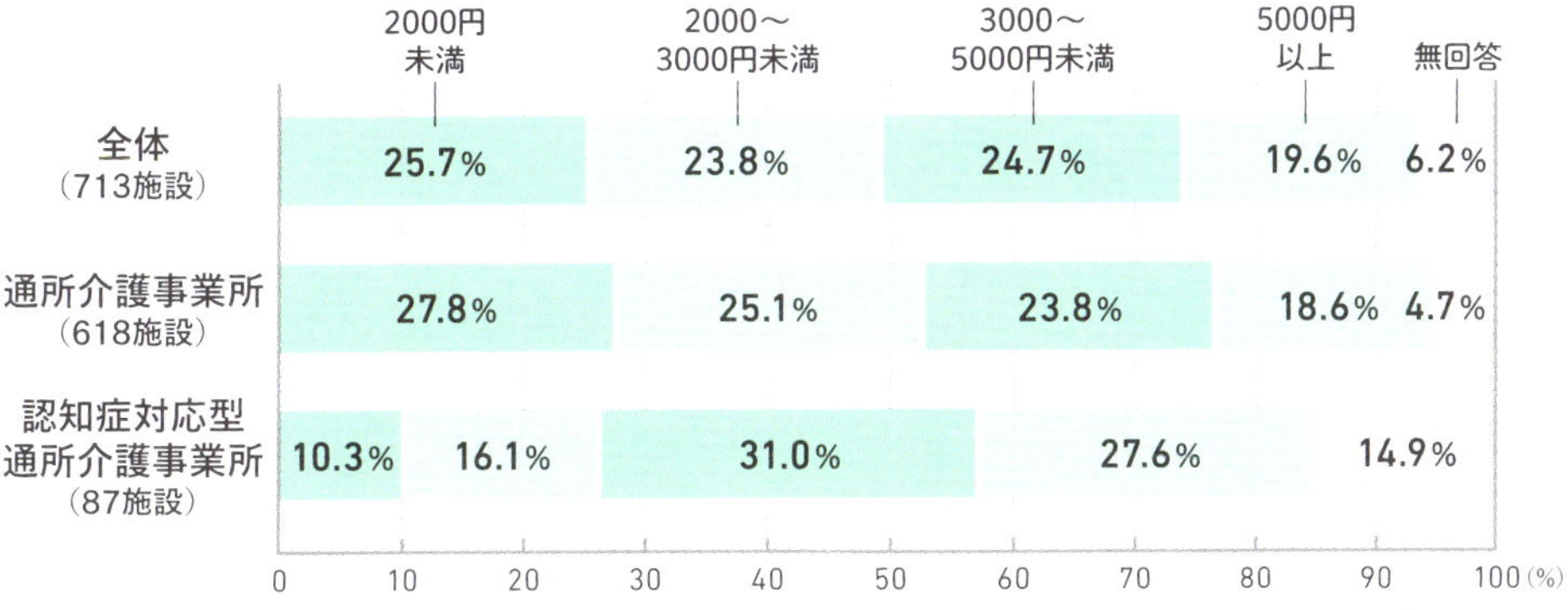

2000円未満
2000～3000円未満
3000～5000円未満
5000円以上
無回答
全体（713施設）
25.7%
23.8%
24.7%
19.6%
6.2%
通所介護事業所（618施設）
27.8%
25.1%
23.8%
18.6%
4.7%
認知症対応型通所介護事業所（87施設）
10.3%
16.1%
31.0%
27.6%
14.9%
0
10
20
30
40
50
60
70
80
90
100（%）

（「平成27年度　厚生労働省老人保険事業推進費等補助金　老人保健健康増進等事業：通所介護事業所等の設備を利用した介護保険制度外の宿泊サービスの提供実態等に関する調査研究事業報告書」三菱UFJリサーチ＆コンサルティング、2016より引用）

宿泊サービス

医療的ケアが必要なら、短期入所療養介護を使う

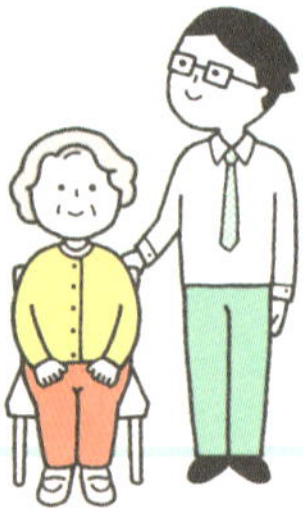

脳卒中や認知症など、さまざまな病気に対応

脳卒中や認知症の人の利用が多く、ケアの内容で多いのは下の5つ。

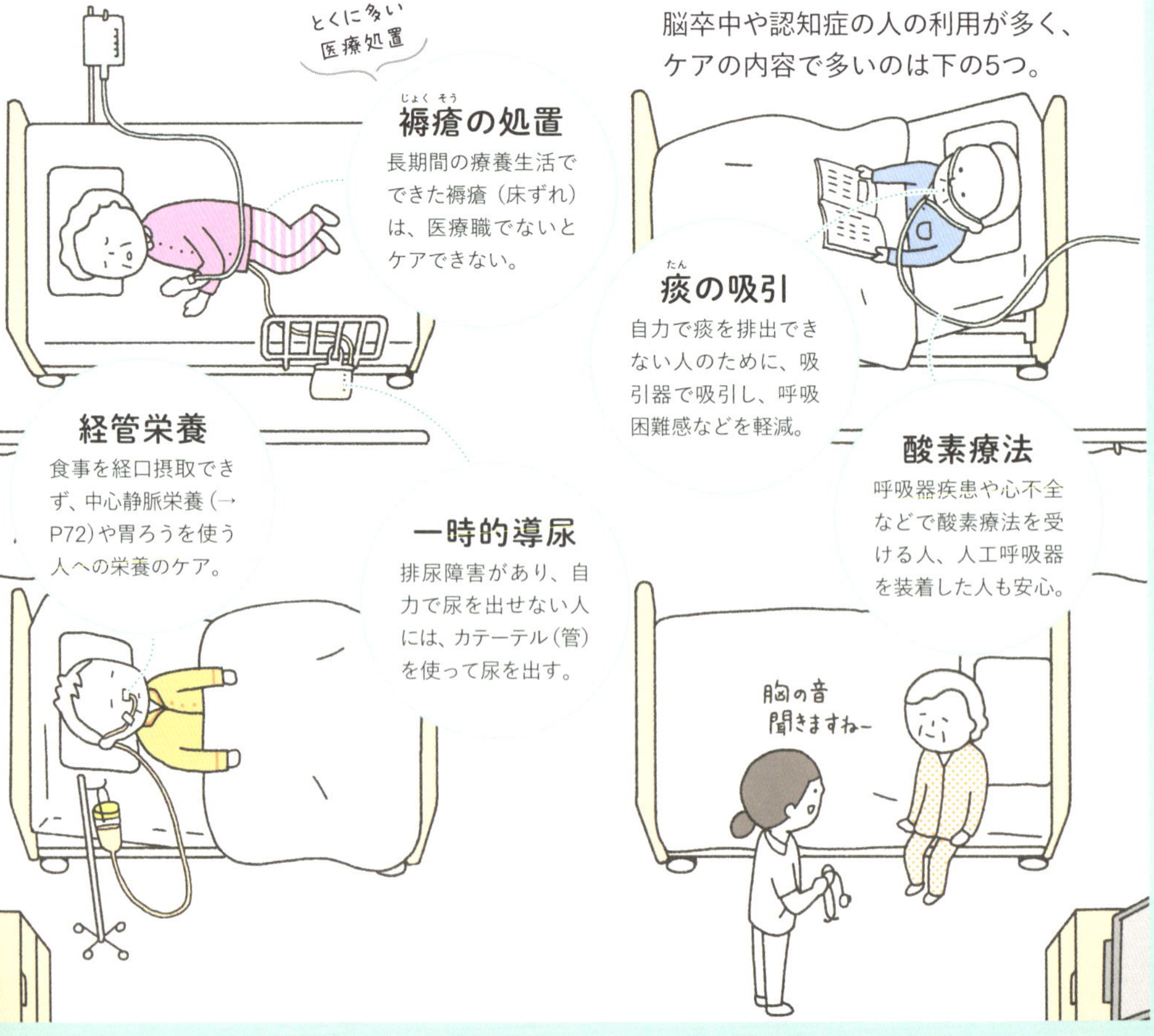
とくに多い
医療処置
胸の音
聞きますねー

褥瘡《じょくそう》の処置

長期間の療養生活でできた褥瘡（床ずれ）は、医療職でないとケアできない。

痰《たん》の吸引

自力で痰を排出できない人のために、吸引器で吸引し、呼吸困難感などを軽減。

経管栄養

食事を経口摂取できず、中心静脈栄養（→P72）や胃ろうを使う人への栄養のケア。

一時的導尿

排尿障害があり、自力で尿を出せない人には、カテーテル（管）を使って尿を出す。

酸素療法

呼吸器疾患や心不全などで酸素療法を受ける人、人工呼吸器を装着した人も安心。

老健の空き部屋などで療養生活を送る

医療的ケアを要する親の場合、介護者負担も大きい。定期的に利用したい。

どこに行くの？
介護老人保健施設、療養病床がある病院・診療所などの部屋

受給できる人は？
要介護1以上。要支援の人は予防短期入所療養介護として利用可能

目的は？
介護する家族の休息や、一時的な容体悪化時の医療的ケアと療養

ここに医療ケア分のお金が加算される

下記の額のほか、食費や滞在費は実費で払う。診療・薬などの医療費は医療保険の対象に。

1日の自己負担額は？
（1割負担の場合）

	要支援1	要支援2	要介護1	要介護2	要介護3	要介護4	要介護5
介護老人保健施設（多床室・基本型）	613円	774円	830円	880円	944円	997円	1052円
介護老人保健施設（多床室・在宅強化型）	672円	834円	902円	979円	1044円	1102円	1161円
病院療養病床（多床室・療養機能強化型A）	639円	801円	867円	980円	1224円	1328円	1421円
病院療養病床（多床室・療養病棟強化型B）	627円	788円	855円	966円	1206円	1307円	1399円

在宅復帰をめざして入院後に使う人も多い

短期入所療養介護も、ショートステイの一種。**医師や看護師が常駐し、医療機器もあるので、医療的ケアが必要な親でも安心して泊まれます。**

宿泊するのは介護老人保健施設（老健）や、療養病床がある病院・診療所、介護医療院など。多くは空き病床を利用しての宿泊となります。

利用日数は短期入所生活介護よりも長めで、要介護の人で平均7・8日、要支援の人（介護予防短期入所療養介護）で5・4日。**レスパイトケアだけでなく、退院直後の療養目的で使う人も多いためです。**在宅生活のなかで、一時的に容体が悪化したときに利用することもできます。

訪問入浴

入浴困難な親には、訪問入浴サービスを使う

看護師と介護職で、浴槽ごと家に来てくれる

今日は
痛みは
ありませんか?

看護師1名、介護職員2名が原則。特殊浴槽を持ってきて、ベッドサイドなどに設置し、入浴させてくれる。

利用者の半数は要介護5。症状・障害が重い人向き

看取り期の親に、最期まで快適に過ごしてほしいと考えて利用する人も多い。

誰が来てくれる？
看護師1名と介護職員2名。介護予防訪問入浴の場合は各1名のことも

受給できる人は？
要介護度1以上。要支援の人は介護予防訪問入浴として利用できる

目的は？
全身の清潔を保つとともに、リラクゼーション効果も得られる

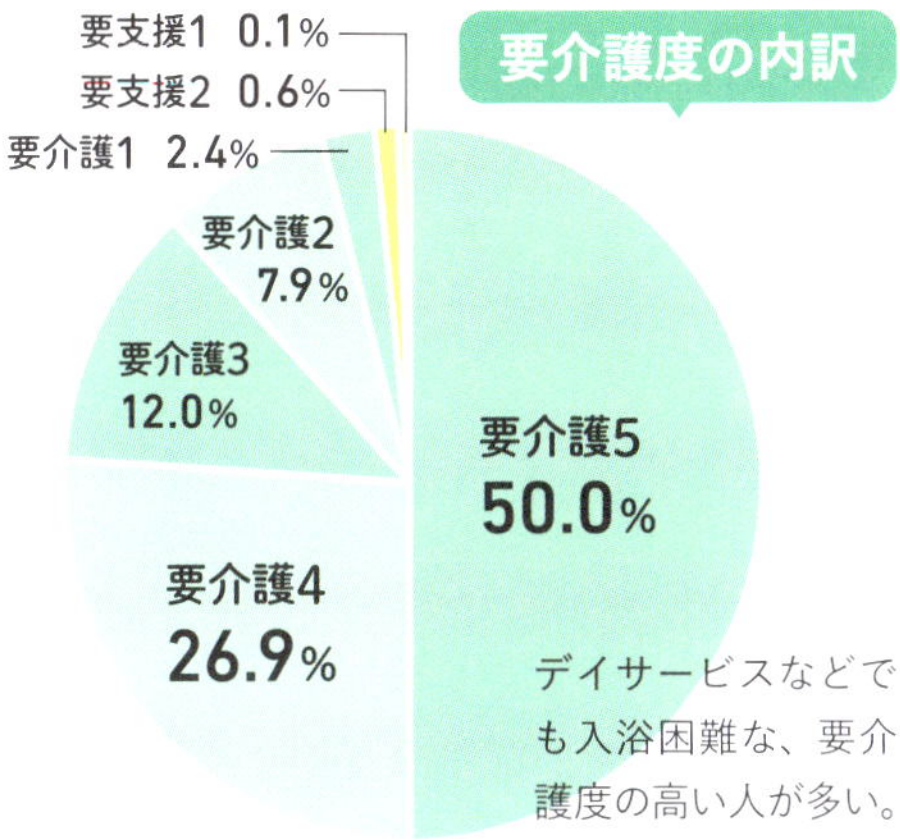
要介護度の内訳
要支援1 0.1%
要支援2 0.6%
要介護1 2.4%
要介護2 7.9%
要介護3 12.0%
要介護4 26.9%
要介護5 50.0%

デイサービスなどでも入浴困難な、要介護度の高い人が多い。

（「平成30年度介護給付費等実態統計報告」厚生労働省 政策統括官付参事官付社会統計室、2019より作成）

1日の自己負担額は？（1割負担の場合）

訪問入浴	1回 1266円
介護予防訪問入浴	1回 856円

＋

認知症専門ケア加算 など

3名のスタッフで1時間近くかかるサービスだが、費用負担は低く抑えられている。定期でも単発でも利用可能。

デイサービスなどでは入浴介助ができないときに

日常生活動作がある程度保たれているうちは、手すりや介護用シャワーチェアを使って入浴できます。それが困難になると、ヘルパーの入浴介助が必要に。**デイサービスに行けば特殊浴槽もあり、複数の職員で介助するので、日常生活動作がかなり低下していても入浴可能です。**

これらの方法でも入浴困難なときに使うのが、訪問入浴です。**利用者の約半数が要介護5で、看取り期の人も多数。**がん末期だったり、麻痺《まひ》や拘縮《こうしゅく》（→P72）、褥瘡《じょくそう》など、要介護度が高い人特有の障害・症状もあります。そのような状況でも安全に配慮し、「快」を提供してくれます。

訪問入浴

人工呼吸器装着中でも、看取り期でも入浴できる

看護師が1人いることで安全に進められる

「病院から自宅へ」の流れとともに、在宅で医療機器を使用している人が増えています。在宅用の人工呼吸器、がん治療中のオピオイド投与のためのポンプなどの専門的な機器も普及しています。基本操作は本人や介護者も教わりますが、入浴は別。**水濡れしたり管が抜けたりすると、命にかかわることもあります。**機器の扱いに習熟した訪問看護師の存在は欠かせませんし、多くの人は、訪問看護の日にあわせて利用しています。

病状の重い人は、入浴によって呼吸困難や意識障害を起こしたりするリスクも。**急変を防ぐための全身チェックも看護師の重要な役割です。**

事前の説得は不要。いやがるときはプロに任せて

複数のスタッフが時間をかけておこなうサービスですから、遠慮する親もいます。もともと風呂が好きでなく、必要ないと拒む人もいます。

このような場合は、無理に説得せずにプロの手に委ねましょう。入浴前には必要ないと言っていた親でも、ほとんどは「気持ちよかった」と喜んでくれます。**プロはその過程に慣れているので、「足だけつかってみませんか?」などと、工夫しながら入浴を進めてくれるはずです。**

家族の付き添いも不要です。お湯は浴槽から引く場合と、訪問入浴車から引く場合があり、ケアマネや介護事業所と打ち合わせておきます。

入浴前後も入浴中も、体調を観察してくれる

重症度が高いからこそ、体調管理が大事。問題があれば、部分浴や清拭《せいしき》にとどめる。

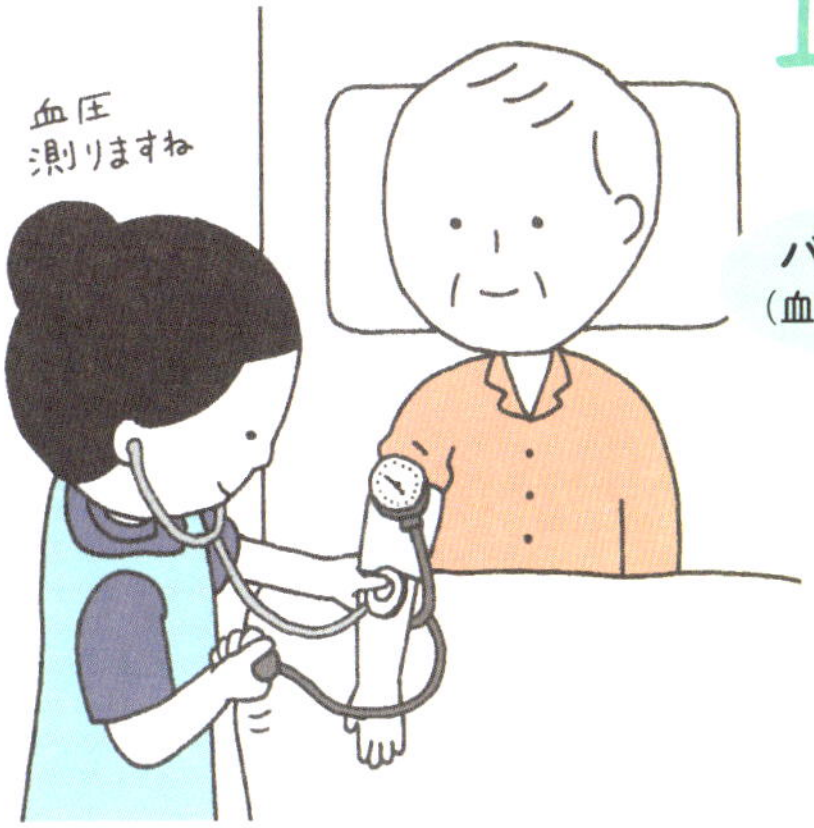

Ⅰ メディカルチェック&脱衣

- バイタルサインの確認（血圧、脈拍、呼吸、体温、意識）
- 自覚症状の確認（痛み、息苦しさなど）
- 医療機器装着時の対策
- 脱衣介助&皮膚の確認

入浴可能な状態かどうかを訪問看護師が確認。医療機器を移動させたり、水濡れを防ぐなどの対策をする。介護職が服を脱がせて、浴槽に移動。

Ⅱ 入浴

- 洗顔
- 湯につかってリラックス
- 洗身
- 洗髪

介護職員が洗顔、洗髪、洗身を順に進める。そのあとはためた湯につかり、リラックス。マイクロバブル機能つきの浴槽もある。

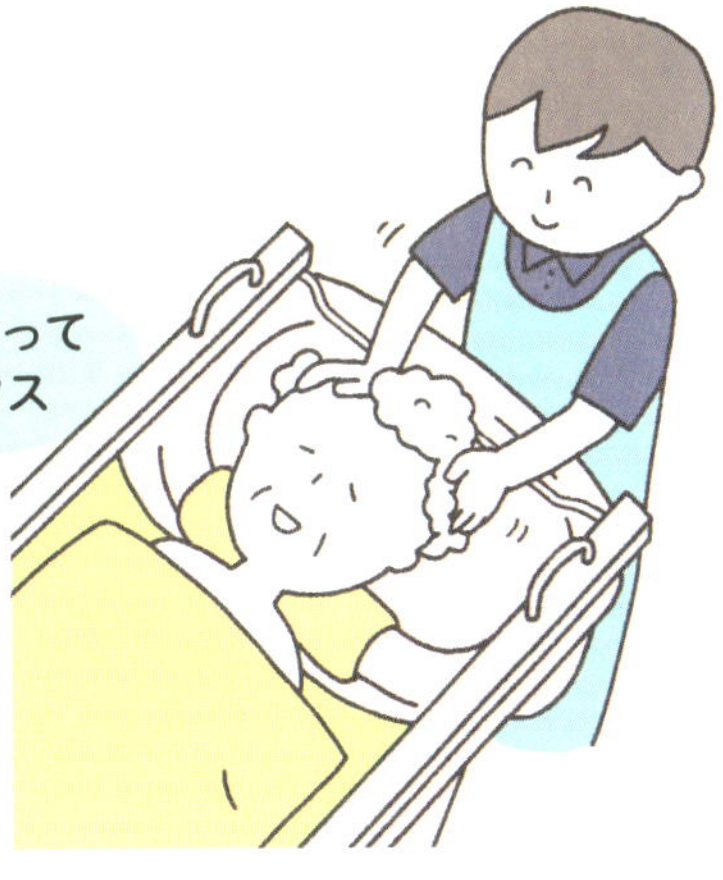

Ⅲ 着衣&メディカルチェック

- 拭きとり
- バイタルサインの確認
- 着衣介助
- 自覚症状の確認

体を拭いてベッドに移動し、着衣介助をする。バイタルサインをもう一度チェックし、胸苦しさなどの異常がないかも確かめて、終了。

訪問看護

がんや心臓病など、命にかかわる病気でも安心

ナースのケアは幅広い！　家族の支援もしてくれる

とくに多い病気

骨・関節の病気
脳卒中
認知症
パーキンソン病
心臓病
がん
など

主治医と連携しながら、あらゆる病気の医療的ケアにあたる。

とくに多いのは左の疾患だが、神経難病なども自宅で治療を続けられる。

とくに多い看護ケア

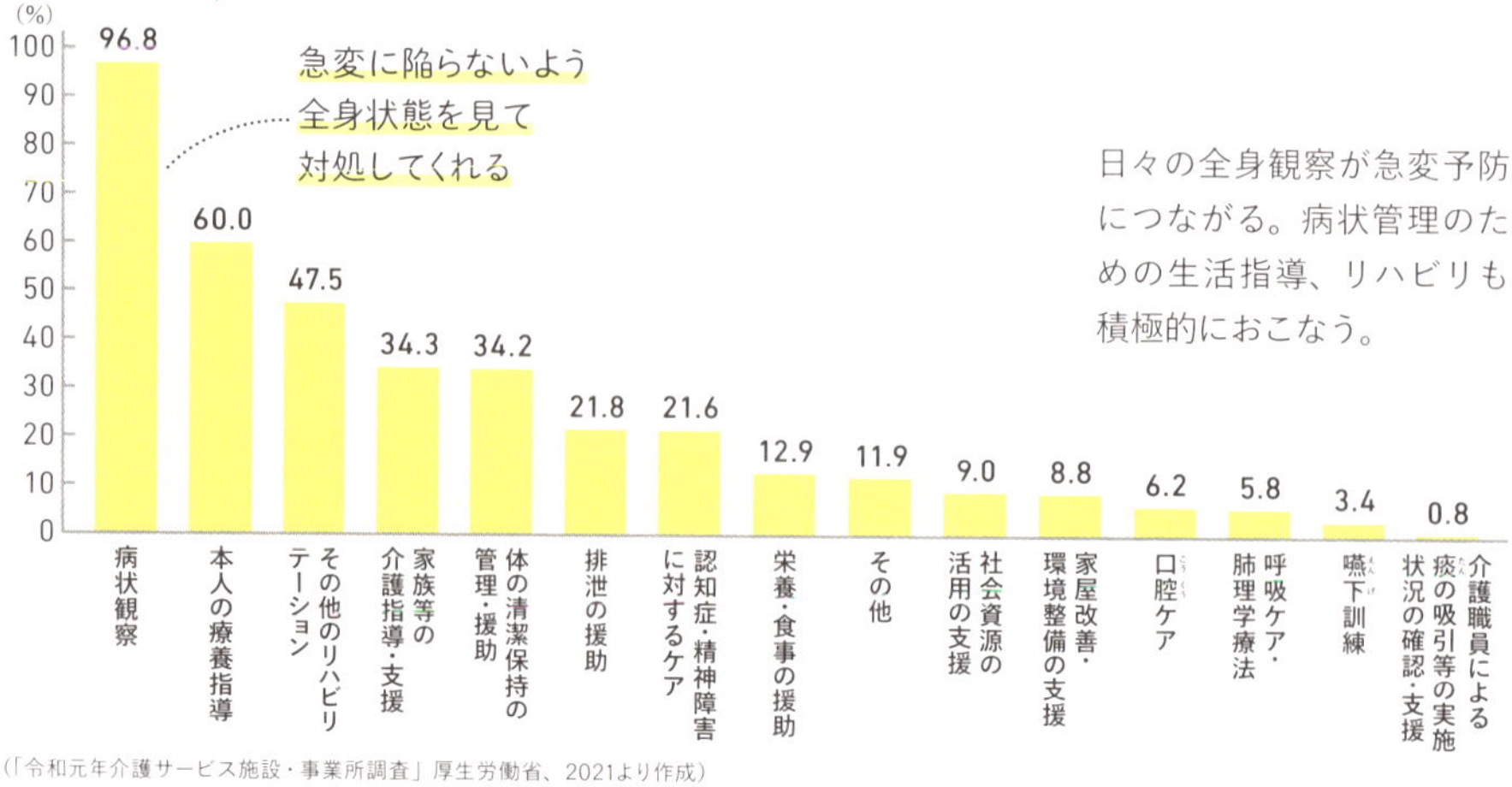
(%)
100
90
80
70
60
50
40
30
20
10
0
96.8
60.0
47.5
34.3
34.2
21.8
21.6
12.9
11.9
9.0
8.8
6.2
5.8
3.4
0.8
急変に陥らないよう
全身状態を見て
対処してくれる
病状観察
本人の療養指導
その他のリハビリテーション
家族等の介護指導・支援
体の清潔保持の管理・援助
排泄の援助
認知症・精神障害に対するケア
栄養・食事の援助
その他
社会資源の活用の支援
家屋改善・環境整備の支援
口腔《こうくう》ケア
呼吸ケア・肺理学療法
嚥下《えんげ》訓練
介護職員による痰《たん》の吸引等の実施状況の確認・支援

日々の全身観察が急変予防につながる。病状管理のための生活指導、リハビリも積極的におこなう。

（「令和元年介護サービス施設・事業所調査」厚生労働省、2021より作成）

訪問看護ステーションでの対応が、全体の8割以上

地域の訪問看護ステーションから、ケアマネの要請を受けて来てくれる。

誰が来てくれる？
訪問看護ステーションか、医療機関の訪問看護事業所の訪問看護師

受給できる人は？
要介護1以上。要支援の人は介護予防訪問看護を利用（→P124）

目的は？
療養上のケア、リハビリ、医療機器の管理、家族支援など幅広い

1回の自己負担額は？（1割負担の場合）

利用時間	指定訪問看護ステーション	病院・診療所
20分未満	314円	266円
30分未満	471円	399円
30分～1時間未満	823円	574円
1時間～1時間半未満	1128円	844円

＋

- 複数名訪問加算
- 緊急時訪問看護加算
- 専門管理加算
- 口腔連携強化加算
- ターミナルケア加算

など

介護保険利用時は回数の上限がなく、医療保険の場合は週3回までが原則。夜間の呼び出しなどは別途加算。

通常は介護保険の対象。特定疾病は医療保険で

医療ニーズの高い在宅高齢者は、年々増えています。訪問看護ステーションも増加し、自宅で治療を受けられる環境が整ってきています。

提供するのは医療サービスですが、特定疾病《しっぺい》*を除けば、高齢者は介護保険で受けられます。**おもな役割は、療養上のケアと診療補助。ケアマネやホームヘルパーと連携し、食事や排泄、清潔ケアを医学的視点から支えます。**褥瘡《じょくそう》（床ずれ）の治療、経管栄養のカテーテルや医療機器の管理なども日常的におこないます。

同居家族の介護生活の支援も、役割の1つ。介護のアドバイスのほか、同居親の健康管理もしてくれます。

＊特定疾病……正式な呼称は「厚生労働大臣の定める疾病等」で、19の疾患が指定されている。末期がんのほか、パーキンソン病、筋萎縮性側索硬化症などの神経難病が多くを占める。人工呼吸器装着患者もこれに該当し、医療保険でサービスを受ける

訪問看護

介護予防～看取りまで、在宅生活を支え続ける

要支援段階で、予防的に使う人も増えている

要支援1、2の人は、介護予防訪問看護を利用できる。

介護予防訪問看護

誰が来てくれる？
訪問看護ステーションなどの看護師、リハビリ職員（理学療法士ほか）

受給できる人は？
要支援1、2の高齢者は誰でも利用できる

目的は？
療養生活指導・支援などで、自立した生活を続けられるよう支援

セルフケア支援を通じて、病状・障害の悪化を防ぐことも大事な役割。

1回の自己負担額は？（1割負担の場合）

利用時間	指定訪問看護ステーション	病院・診療所
20分未満	303円	256円
30分未満	451円	382円
30分～1時間未満	794円	553円
1時間～1時間半未満	1090円	814円

＋

複数名訪問加算　緊急時訪問加算　専門管理加算　口《こう》腔《くう》連携強化加算　など

回数制限はないが、介護保険上限額以上は自費で。リハビリ職員の訪問では金額が異なる。

訪問介護とともに、24時間対応してくれるサービスも

訪問看護と訪問介護の組み合わせで、
高齢の親を24時間支えてくれる。

定期巡回・随時対応型訪問介護看護

誰が来てくれる？
訪問看護師、保健師、准看護師、介護福祉士、リハビリ職員など

受給できる人は？
要介護1以上の人。独居の高齢者の利用が8割以上を占めている

目的は？
時間帯を問わずに療養生活を支える。安全確認や急変時対応もかねる

訪問のペースは？
定期巡回、訪問看護、随時訪問の組み合わせ。回数の上限はない。

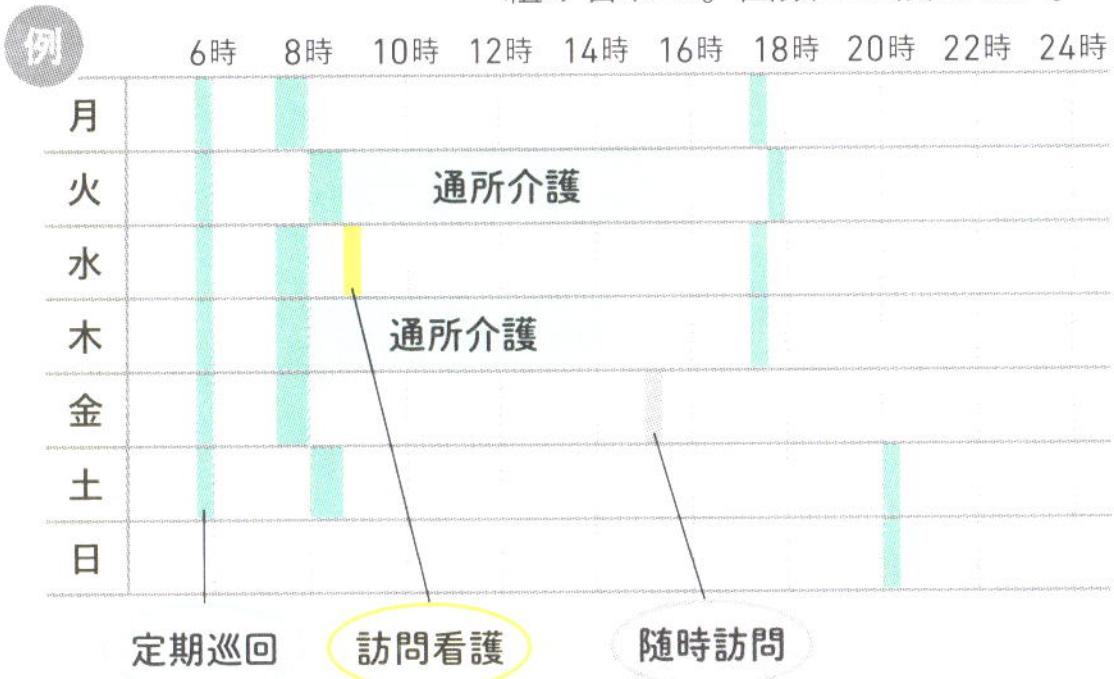

（「定期巡回・随時対応型訪問介護看護の概要」厚生労働省、2020より作成）

1か月の自己負担額は？
（1割負担の場合）

7946～2万8298円

＋

緊急時訪問看護加算
ターミナルケア加算
リハビリ職との連携加算
など

定期訪問と随時訪問をあわせての定額制。緊急訪問などは別途加算。

親が望むなら、最期まで住み慣れた自宅で過ごせる

訪問看護のメリットは、病気の管理だけではありません。早期から利用すれば、リハビリなどで要介護状態への進行を予防してくれます。

親の見守りをかねた「定期巡回・随時対応型訪問介護看護」というサービスもあります。 通常の訪問介護に加え、決まった頻度と時間で巡回し、異変がないか見てくれます。1人暮らしの親にはとくに役立ちます。

看取りにおいても頼れる存在。在宅での看取り率は全国平均で1割強ですが、訪問看護ステーション利用者では5割以上（全国訪問看護事業協会、2014）。**「最期は自宅でおだやかに」の希望を叶えてくれます。**

訪問リハビリ

入院中のリハビリを続けて、全身機能の回復をめざす

とくに多いのは、脳卒中と骨・関節のリハビリ

このほかに、加齢や長期臥床《がしょう》などで全身機能が低下する「廃用症候群」へのリハビリも多い。

運動器リハビリテーション

骨折後は再骨折のリスクが高いが、動かないと全身機能が落ちる。積極的なリハビリが必要。

転倒が不安な親も、プロの支援で安心！

脳卒中リハビリテーション

関節可動域を広げて、拘縮《こうしゅく》を防ぐ

上肢《じょうし》・下肢《かし》の運動機能改善、関節が固まる「拘縮」予防、高次脳機能障害のリハビリなど。

早期に始め、集中しておこなうと効果が高い

退院段階で主治医の指示を仰ぎ、訪問リハビリの導入準備を進めておくといい。

誰が来てくれる？
訪問リハビリ事業所の理学療法士、作業療法士、言語聴覚士

受給できる人は？
要介護1以上。要支援の人は介護予防訪問リハビリを利用できる

目的は？
病気や障害で低下した全身機能、日常生活動作の維持・回復を図る

導入の流れは？

入院中にリハビリを実施した
医療機関

▼

ケアマネジャー

▼

リハビリテーション事務所

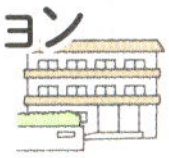

入院中にケアマネに来てもらい、医師の指示のもと、今後のリハビリ計画を作成。

基本は週6回まで依頼可能。退院後も集中的にリハビリを進められる。

1回の自己負担額は？
（1割負担の場合）

介護予防訪問リハビリテーション
20分以上 **298**円
＊週6回まで

＋

短期集中リハビリテーション加算
認知症短期集中リハビリテーション加算
など

訪問リハビリテーション
20分以上 **308**円
＊週6回まで。ただし退院日から3か月以内の人に医師の指示で継続的におこなう場合は、12回まで可

＋

リハビリテーションマネジメント加算
短期集中リハビリテーション加算
認知症短期集中リハビリテーション加算
など

自立には大事なプロセス。ただし親の意向が大前提

リハビリには機能回復に適した時期があります。容体が落ち着いたら、早期に始めるのが理想的。**退院後のリハビリも重要で、退院2週間以内に始めた人は、その後の全身機能が高いこともわかっています**（厚生労働省、2023）。そこで、病院と同様のリハビリを自宅でも提供してくれるのが「訪問リハビリ」です。

ただ、実際にリハビリをするのは親です。**子どもが機能回復を願うのは当然ですが、高齢の親にはかなりの負担。**いやがる親もいるでしょう。子どもが強く勧めるより、主治医や理学療法士に動機づけを高めてもらうほうが、やる気になる親もいます。

訪問リハビリ

日常生活動作を練習し、できることを1つずつ増やす

「食事は自分でつくる」など、親が望むゴールを設定

退院後は、日常生活動作のリハビリも重要です。**室内での歩行や起居動作、食事、排泄、入浴など、あらゆる活動がリハビリに**。これらの動作をリハビリ職員に見てもらい、指導を受けられるのもメリットです。

関節や筋肉の機能訓練といわれると意欲がもてない親も、生活における希望はあるはず。「トイレには1人で行けるようになりたい」「食事は自分でつくりたい」などの目標があると、頑張ってとり組めます。

認知症リハビリも、訪問リハビリの対象です。進行性の病気のため、大幅な機能回復はできませんが、生活機能の維持には役立ちます。

自宅での認知症リハビリも推奨されている

家族へのかかわりかた指導
同じことをくり返し聞かれても指摘しない、事実と違うことを言っても否定しないなど。

環境調整
住宅改修や福祉用具の利用のほか、記憶障害の対策として、メモやカレンダーを使うなど。

IADL（手段的日常生活動作）
整理・整頓、服薬管理、余暇活動、買いものなどの外出も、支援を受けながら続けていく。

ADL（日常生活動作）
食事、排泄、入浴などの日常生活動作を続けることで、生活機能と自立度の低下を防ぐ。

障害の程度と意欲にあわせ、無理なく進める

日常生活を送りやすくするための訓練。苦痛を感じさせないペースが望ましい。

移乗訓練

ベッドから車いすに移る、車いすから便器に移るなど。理学療法士が介助しながら進める。

基本動作訓練

寝返りをうつ、立ち上がる、いすに座るなどの基本動作。麻《ま》痺《ひ》があるならとくに、理学療法士の指導が有用。

ADL訓練

食事や排泄、更衣、入浴などができるよう、障害の内容にあわせて、理学療法士が支援する。

歩行訓練

室内でも歩行器や杖が必要となる場合が多い。自己流にならないよう、指導してもらう。

IADL訓練

高次脳機能障害で掃除や洗濯のしかたがわからなくなることも。1つずつ再学習する。

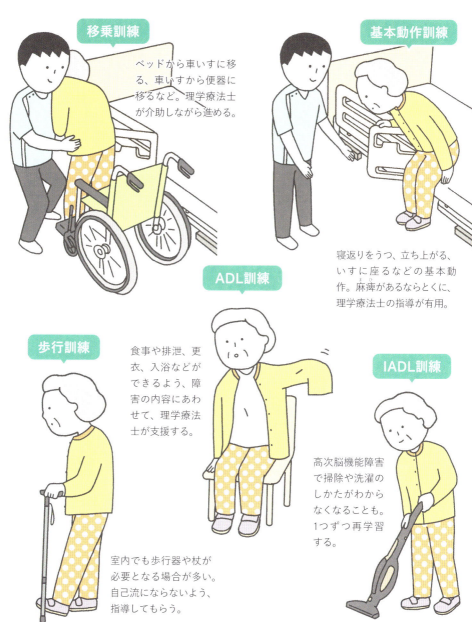

在宅医療

検査も投薬も、たいていの治療は自宅で可能！

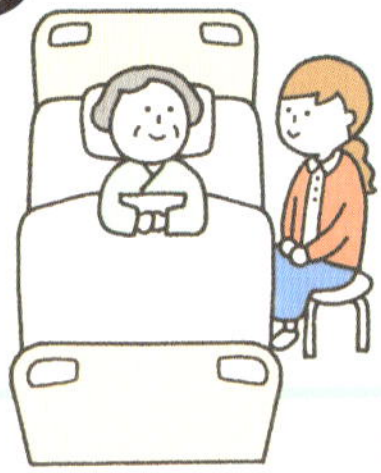

全身状態が悪い人も、無理に通院せずにすむ

問診や診察、投薬だけではない。血液検査やエコー検査、人工呼吸などを使った全身管理も自宅でできる。
急変時も依頼すれば来てくれる。

日常的な診察

- 問診
- 全身状態の診察
- 投薬
- 簡単な検査

など

＋

長期の医学的管理

- 人工呼吸
- 酸素療法
- 血液透析
- 経管栄養
- 人工肛門

など

診察料は病状によるが、通院と大きな差はない

訪問診療を利用すれば、子どもが病院付き添いのために仕事を休む必要もない。

誰が来てくれる？
在宅療養支援診療所、在宅療養支援病院、地域の診療所の医師

受給できる人は？
医療保険適用のため、要介護度は問わない（一部は介護保険適用）

目的は？
通院が困難な人にも治療をおこない、在宅での療養生活を支える

1回の自己負担額は？
（1割負担の場合）

不定期訪問（往診）

往診料 720円
＋初診料 291円
（または再診料　75円）

定期訪問

在宅患者訪問診療料 888円
在宅時医学総合管理料（月1回の場合） 2745円
計 3633円

＋

往診時医療情報連携加算
在宅医療情報連携加算
在宅人工呼吸指導管理料
在宅麻薬等注射指導管理料
在宅がん患者緊急時医療情報連携指導料
在宅療養実績加算
検査料
在宅ターミナルケア加算
など

基本料金に、検査料や状況に応じた医療的ケアの料金が加算される。通院とさほど変わらない。

かかりつけ医が月2回ほど自宅に来てくれる

「最期は自宅で」と望みながらも、病院で亡くなる人が多いのが、日本の高齢者医療の特徴。その状況を改善すべく、国も在宅医療に力を入れています。病気や障害、移動手段の問題で通院が困難な親には、訪問診療を依頼してください。頻度は平均月2回。**日常的な診療は自宅で受け、専門的な検査などが必要なときだけ、大きな病院に行くとよいでしょう。**

ただ、医療を受ける主体は親です。訪問看護にもいえることですが、「治療や健康管理を望まない」という選択肢も当然あります。**無理強いはせず、広い視野をもち、親の生きかたを理解することも大切です。**

在宅医療

歯科医師や薬剤師も自宅に来てくれる

栄養改善のためにも、口腔ケアは欠かせない

食べる楽しみをもち続けることが、親の生きがいにもつながる。

訪問歯科

誰が来てくれる？

在宅医療実施歯科診療所や地域の診療所の歯科医師、歯科衛生士

受給できる人は？

医療保険でのサービスのため、要支援度・要介護度は問わない

目的は？

通院が困難な人の歯科検診と診療、口腔《こうくう》衛生を保つためのケア

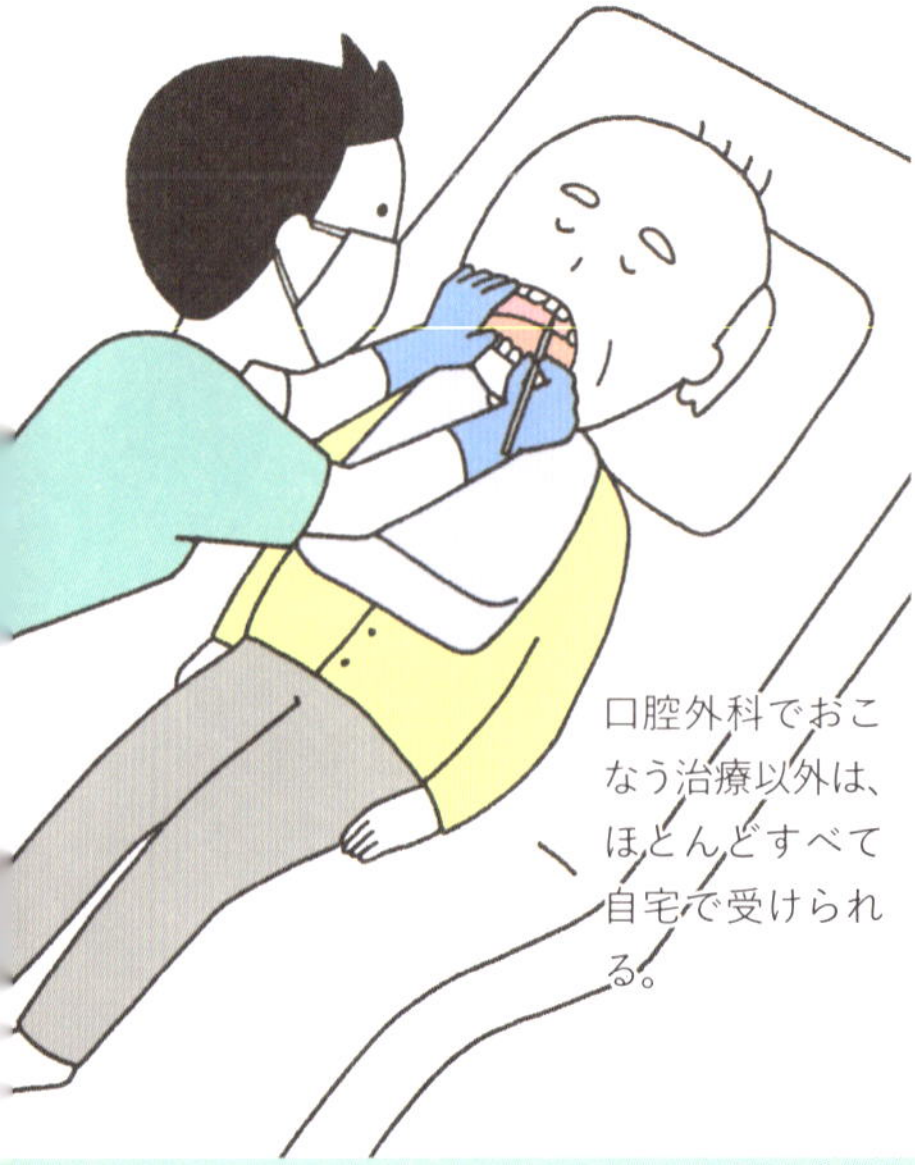

口腔外科でおこなう治療以外は、ほとんどすべて自宅で受けられる。

1回の自己負担額は？（1割負担の場合）

歯科訪問診療料（20分以上の場合） 1100円
＋初診料 267円
（または再診料　58円）

＋

- 歯科口腔リハビリテーション料
- 根面《こんめん》う蝕《しょく》管理料
- エナメル質初期う蝕管理料
- 栄養サポートチーム等連携指導料
- 抜歯などの処置料
- 義歯《ぎし》（入れ歯）の作成・調整料

など

基本料金のほかに、根もとまで浸食した虫歯の治療費、義歯の作成・調整料などが加わる。

薬剤師の指導で、薬の飲み忘れなども改善できる

服薬管理が自分でできない親にはとくに役立つサービス。

在宅薬剤管理指導

誰が来てくれる？
訪問業務に対応している、地域の薬局の薬剤師

受給できる人は？
医療保険でのサービスのため、要支援・要介護度は問われない

目的は？
薬局に通うのが困難な人への調剤、服薬指導、服薬状況の確認など

一包化や服薬カレンダーなど、正しく服薬するための工夫も。

訪問のためにかかる650円以外は、薬局を訪れる場合と大きく変わらない。

1回の自己負担額は？（1割負担の場合）

例

調剤基本料	45円
調剤管理料（28日分処方の場合）	50円
服薬管理指導料（同じ薬剤の再処方の場合）	45円
かかりつけ薬剤師指導料	76円
在宅患者訪問薬剤管理指導料	650円
計	866円

＋

在宅患者緊急訪問薬剤管理指導料
夜間・休日訪問加算
在宅移行初期管理料 など

口腔ケアや服薬管理もプロの力を借りよう

高齢者の死因の第3位は、肺炎。とりわけ多いのが誤嚥《ごえん》性肺炎で、口《こう》腔《くう》内の細菌が気道に入って感染を起こします。肺炎予防のためにも、毎日の口腔ケアは欠かせません。**義歯《ぎし》があわなくなり、食事に支障をきたしている高齢者も多く、歯科診療の必要性は若年者以上に高いのです。**

歯科への通院が困難なときは、訪問歯科を活用しましょう。歯科衛生士のセルフケア指導も受けられます。

また高齢になると、薬剤数が増える傾向に。**薬の飲み忘れや飲みにくさ、副作用が問題となります。**地域の薬局に訪問サービスがある人は、自宅に来てもらうといいでしょう。

高額介護合算療養費制度

1年の医療・介護費は、56万円までの負担ですむ！

介護も医療も使っているなら、合算療養費制度を活用

自己負担の上限額

1年間あたりの上限額。世帯単位の合算なので、夫が医療保険、妻が介護保険といった例でも適用される。

		75歳以上	70～74歳	70歳未満
		介護保険＋後期高齢者医療	介護保険＋被用者保険または国民健康保険	
現役並み	年収約1160万円～ 標準報酬月額83万円以上／課税所得690万円以上	212万円	212万円	212万円
現役並み	年収約770万～1160万円 標準報酬月額53万円以上／課税所得380万円以上	141万円	141万円	141万円
現役並み	年収約380万円～770万円 標準報酬月額28万円以上／課税所得145万円以上	67万円	67万円	67万円
一般	年収156万～約380万円 標準報酬月額26万円以下、課税所得145万円未満等	56万円	56万円	60万円
住民税非課税等	Ⅱ 住民税非課税世帯	31万円	31万円	34万円
住民税非課税等	Ⅰ 住民税非課税世帯 （年金収入80万円以下など）	19万円	19万円	

健康保険証、介護保険証があれば領収書なしで申請できる

領収書が残っていなくても大丈夫。保険証と通帳、自治体規定の自己負担額証明書交付申請書を用意すれば申請できる。家族による申請代行も可能。

⇒P136

医療か介護どちらかだけでも、負担上限額がある

医療保険では、最初から上限額のみを支払う方法もある（→P34）。

医療サービス負担上限額

適用区分		ひと月の上限額 外来（個人ごと）	ひと月の上限額（世帯ごと）
現役並み	年収約1160万円～ 標準報酬月額83万円以上／課税所得690万円以上	25万2600円＋（医療費－84万2000円）×1％	
現役並み	年収約770万～1160万円 標準報酬月額53万円以上／課税所得380万円以上	16万7400円＋（医療費－55万8000円）×1％	
現役並み	年収約380万円～770万円 標準報酬月額28万円以上／課税所得145万円以上	8万100円＋（医療費－26万7000円）×1％	
一般	年収156万～約380万円 標準報酬月額26万円以下、課税所得145万円未満等	1万8000円 （年14万4000円）	5万7600円
住民税非課税等	Ⅱ 住民税非課税世帯	8000円	2万4600円
住民税非課税等	Ⅰ 住民税非課税世帯 （年金収入80万円以下など）	8000円	1万5000円

ひと月の上限額。過去1年で3回以上上限額に達した人は、上限額がさらに下がる。

介護サービス負担上限額

適用区分		ひと月の上限額
現役並み	年収約1160万円～ 標準報酬月額83万円以上／課税所得690万円以上	14万100円（世帯）
現役並み	年収約770万～1160万円 標準報酬月額53万円以上／課税所得380万円以上	9万3000円（世帯）
現役並み	年収約380万円～770万円 標準報酬月額28万円以上／課税所得145万円以上	4万4400円（世帯）
一般	年収156万～約380万円 標準報酬月額26万円以下、課税所得145万円未満等	4万4400円（世帯）
住民税非課税等	Ⅱ 住民税非課税世帯	2万4600円（世帯） 1万5000円（個人）
住民税非課税等	Ⅰ 住民税非課税世帯 （年金収入80万円以下など）	1万5000円（個人）

ひと月の上限額。実際にかかっている介護サービス費はケアマネに聞くとわかる。

介護費と医療費を足して月に4・7万円程度ですむ

介護サービスも医療サービスも受けている人は、自己負担額合算時の上限額が定められています（右表参照）。**70歳以上の高齢者で、現役並み所得でなければ、1世帯あたり年間56万円までの負担ですみます。**月に4・7万円ですから、親の年金でまかなえる範囲です。

どちらかだけの利用時は、上記の上限額が適用されます。**医療サービスでは1世帯あたり月5万7600円、介護サービスでは月4万4400円が上限額です。**いずれも世帯換算なので、高齢の両親が2人暮らしで同一の健康保険に加入していれば、減額できる可能性が高まります。

高額介護合算療養費制度

高額介護費・療養費の申請は市区町村や健保へ

市区町村に申請すれば、3か月程度で返還される

国民健康保険加入者は自治体に、その他の健保加入者は健保に申請。

申請書

高額介護合算療養費等支給申請書兼自己負担額証明書交付申請書

申請対象年度	年度	申請区分	1. 新規	2. 変更	3. 取下げ	(保険者等記入欄)	支給申請書整理番号	

フリガナ		生年月日		個人番号	
氏名			年　月　日 生	計算期間の始期及び終期	年　月 ～ 年　月

国民健康保険資格情報

保険者番号	被保険者証記号	被保険者証番号	続柄	保険者名称	加入期間
			1. 世帯主 2. 擬制世帯主 3. 世帯員		年　月　日から　年　月　日まで

医療資格情報

保険者番号	被保険者番号	保険者名称	加入期間
			年　月　日から　年　月　日まで

介護保険資格情報

保険者番号	被保険者番号	保険者名称	加入期間
131052		文京区	年　月　日から　年　月　日まで

支給方法	口座管理番号	振込口座記入欄	銀行 信用金庫 信用組合 協同組合	金融機関コード	本店 支店 出張所 ( )	店舗コード	種目	口座番号	口座名義人(カタカナ)		振込口座管理番号
口座振込	1						普通 当座 ( )				

保険者加入歴		保険者名	加入期間	添付の自己負担額証明書整理番号	備考欄	
	1		年　月　日から 年　月　日まで			
	2		年　月　日から 年　月　日まで			
	3		年　月　日から 年　月　日まで			

文京区長 宛

1 上記対象者について、高額介護合算療養費（高額医療合算介護（予防）サービス費）の支給を申請します

2 上記対象者について、自己負担額証明書の交付を申請します

※自己負担額証明書の交付申請を行う場合、1・2のいずれも丸で囲んでください
高額介護合算療養費（高額医療合算介護（予防）サービス費）の支給申請を行う場合、1のみを丸で囲んでください

年　月　日
郵便番号
住所
申請代表者氏名（被保険者氏名）
連絡先電話番号

委任欄　※申請者以外の方が申請又は受領する場合は、以下に委任者の氏名、住所、電話番号、委任する相手方(代理人)の氏名、住所、委任者との関係を必ず記入してください。

私は、右の者（代理人氏名　代理人住所　委任者との関係　）を代理人と定め、

高額介護合算療養費等本申請に係る次の権限を委任します。［ ①申請に関すること　②受領に関すること　③申請及び受領に関すること ］

委任者氏名　印　委任者住所　委任者電話番号

枚中　枚目

＋

自己負担額証明書

上の書類により、介護保険の自己負担額証明書を自治体が発行。

通帳類

差額が後日入金される。通帳など、口座番号がわかるものを用意。

介護保険証

65歳になると自治体から届く。見あたらなければ再申請する。

健康保険証

国民健康保険証、後期高齢者医療証、社会保険証のいずれか。

対象とならないサービスも。利用前に確認を！

たとえば入院で高額の支払いをしていても、保険対象外の可能性がある。

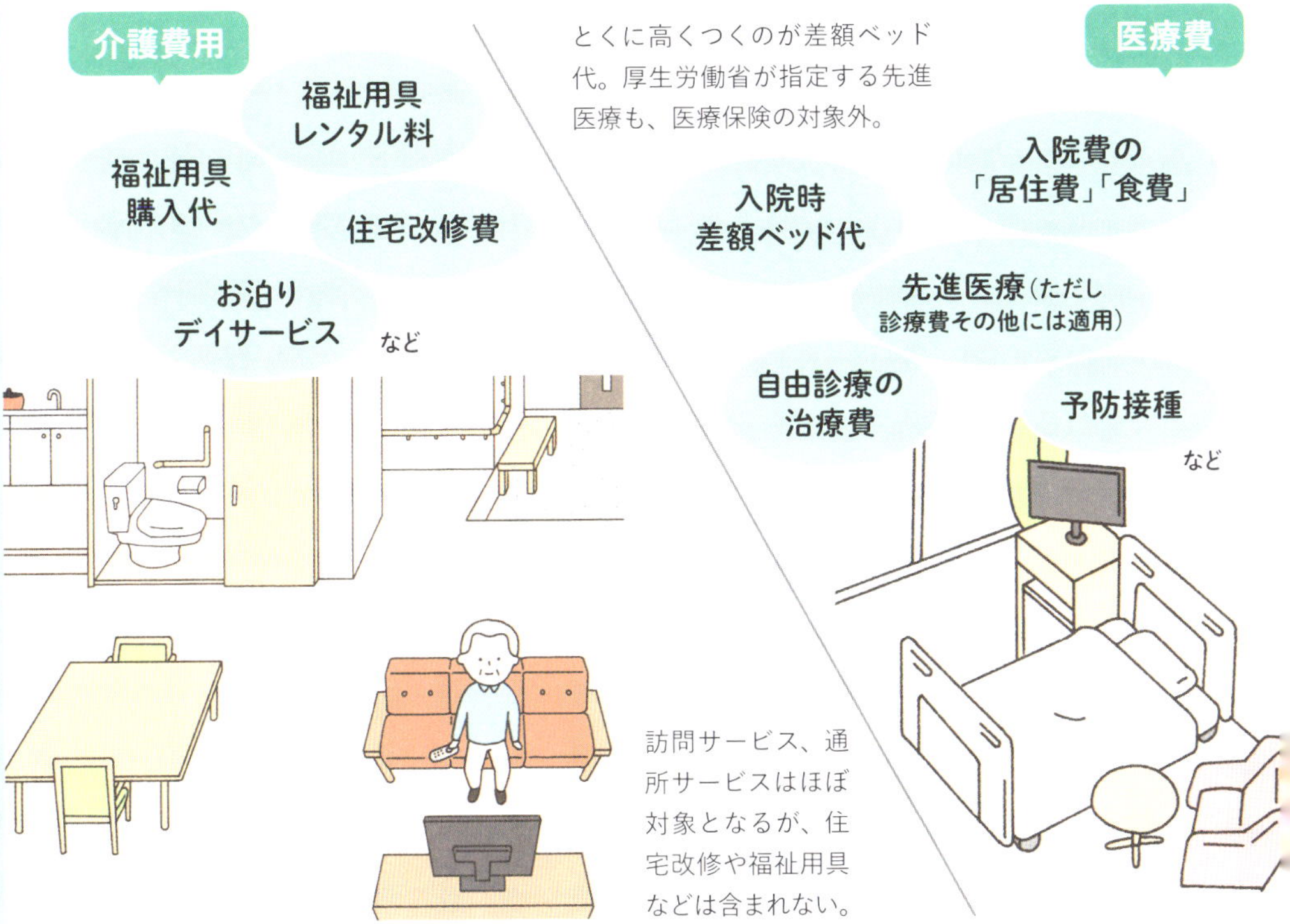
介護費用
福祉用具レンタル料
福祉用具購入代
住宅改修費
お泊りデイサービス
など
医療費
入院費の「居住費」「食費」
入院時差額ベッド代
先進医療（ただし診療費その他には適用）
自由診療の治療費
予防接種
など

とくに高くつくのが差額ベッド代。厚生労働省が指定する先進医療も、医療保険の対象外。

訪問サービス、通所サービスはほぼ対象となるが、住宅改修や福祉用具などは含まれない。

保険証類を持参して市区町村や健保で手続きを

要介護認定の申請はケアマネに代行してもらえますが、高額介護合算療養費制度はそうはいきません。医療保険のサービスも含まれており、業務の範囲外です。**ただし代理人を立てることはできます。**子どもが書類を作成しても、別の親族に頼んでもかまいません。委任状が必要かどうかは、自治体によって異なります。

市区町村や加入している健保の窓口に行くほか、郵送での手続きも可能です。右のような申請書をダウンロードして記入後、保険証などの写しを同封して郵送します。混み具合にもよりますが、通常は3か月程度で差額が口座に振り込まれます。

Type 3
介護・医療保険以外のサービス

自治体・非営利団体のサービス

社会福祉協議会に相談。病院付き添いなども頼める

包括とも連携し、高齢者福祉を支える機関

社会福祉協議会（社協）は、全市町村に設置されている非営利団体。住民参加型の社会福祉サービスを提供しています。高齢者福祉にも長年力を入れていて、介助が必要な高齢者のためのサービスが豊富です。

たとえば日常生活の支援では、掃除・洗濯などの家事代行、買いものや病院受診の付き添いを頼めます。介護保険対象外のサービスを手がけているのが、ありがたいところ。**定期的に自宅に来て見守りをしてくれたり、おしゃべり好きな親の話し相手も頼めます。**親の情報を登録しておき、徘徊《はいかい》時の早期発見、安全確保に動いてくれるサービスもあります。

数百〜1000円程度でボランティアなどが来てくれる

支援に来てくれるのは通常、ボランティアの地域住民です。そのため1回数百〜1000円程度で利用できるサービスが大半です。

専門知識を要する支援は、職員などが担当します。**たとえば成年後見制度を利用したいとき。支援員が相談に乗り、必要な手続きを教えてくれます。**社協に後見人を依頼することも可能です。**日常的な金銭管理も依頼でき、通帳を預かり、必要時に引き出すなどの支援を受けられます。**

サービスの詳細や金額は各地域の社協ごとに異なります。まずは親が住む自治体の社協のホームページを見てみましょう。

スポット的にも継続的にも、生活支援を頼める

月単位で見守りなどを依頼するほか、困ったときだけ相談してもいい。

日常生活のサポート

訪問介護では頼めない ちょっとした家事代行が可能

掃除、洗濯、買いもの、料理、ゴミ出しなどの家事代行を依頼できる。訪問介護サービスには含まれない植物の水やり、電球交換なども可能。

外出・通院のサポート

散歩や買いもののほか、病院受診も付き添ってくれる

1人での外出が困難な場合、不安な場合の付き添い。趣味の外出でもOK。専門的な身体介助はできないが、車いす利用の親でも可能。

金銭管理のサポート

公共料金や家賃の支払いなど、成年後見制度の手続きも支援

認知機能が低下してきた親に代わり、日常的なお金の引き出し、支払いなどを代行してくれる。成年後見制度の活用もサポート。

交流サロンの運営

地域の人たちと交流しながら日中の時間を過ごせる

地域住民が集まってお茶を飲みながら話す、体操教室に参加するなど、内容は多様。外に出て、人と交流するだけでもいい刺激になる。

見守り&通報サービス

定期で様子を見に来てくれる。緊急時の通報機器も使える

週に1回訪問して会話し、安否確認をしてくれるなど。自宅での急変に備え、緊急通報装置や発信機を貸し出してくれる社協もある。

Type 3
介護・医療保険以外のサービス

自治体・非営利団体のサービス

専門職やボランティア訪問など、自治体独自のサービスもある

地域の人たちとつながりながら生活を支えてもらう

地域に暮らす人は皆、いつかは歳をとり、人の助けを必要とします。自治体単位でも、高齢者福祉は重要な課題。地域住民どうしで支え合うためのとり組みを進めています。

生活支援では、買いものなど、高齢の親にとって負担となる家事を頼めます。担当するのは研修を受けたボランティア。内容は自治体ごとに異なるので、親が住む自治体のホームページを確認してください。

高齢者が日中に過ごせる場を設けたり、介護予防教室を開く自治体も増えています。歯科医や歯科衛生士が自宅に来て、検診や口腔《こうくう》ケアをしてくれるなどのサービスもあります。

住民であれば、無料で使えるサービスも多い

自治体主導でボランティアを育成し、生活支援・介護予防の事業立ち上げを支援している。

自治体
- ボランティアの養成
- 生活支援・介護予防支援事業

通いの場をつくる
- サロン
- コミュニティカフェ
- 住民主体の交流の場
- 認知症カフェ
- 体操教室
- ミニデイサービス
- 運動・栄養・口腔《こうくう》ケアなどの教室 など

生活を支援する
- 簡単な掃除
- ゴミ出し
- 洗濯もののとり込み
- 洗濯ものたたみ
- 布団干し
- 配食
- 調理の補助
- 食器洗い
- 買いもの代行 など

シルバー人材センターには、草刈りなどの軽作業も頼める

代表的なのは、下記のような作業の代行。内容と金額は各地域のセンターに確認を。

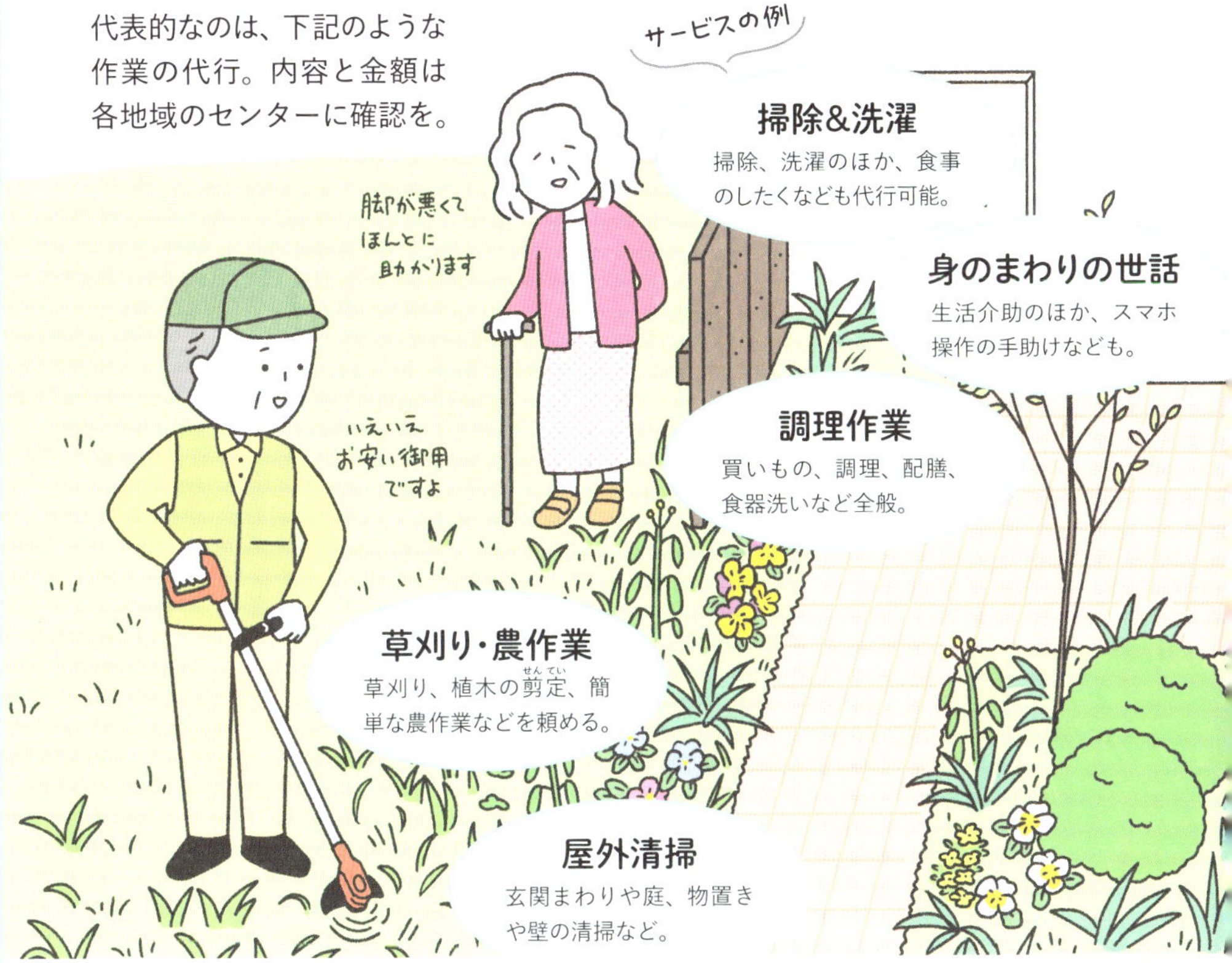
サービスの例
脚が悪くて ほんとに 助かります
いえいえ お安い御用 ですよ
掃除&洗濯
掃除、洗濯のほか、食事のしたくなども代行可能。
身のまわりの世話
生活介助のほか、スマホ操作の手助けなども。
調理作業
買いもの、調理、配膳、食器洗いなど全般。
草刈り・農作業
草刈り、植木の剪定《せんてい》、簡単な農作業などを頼める。
屋外清掃
玄関まわりや庭、物置きや壁の清掃など。

話し相手もほしい！ そんなときはボランティアを

退職後も多少は働きたい、人の役に立ちたいという人が登録するのが、各市町村にあるシルバー人材センター。高齢者支援も業務の1つで、ニーズは年々高まっています。

家事代行や見守りのほか、**庭の草刈りなどの軽作業もしてくれます。**体が思うように動かない親にとってはありがたいサービスでしょう。**「スマホがうまく使えない」などの日常的な困りごとにも対応可能。**子どもがそのつど実家に帰る必要がなく、子どもにとっても助かります。

内容や金額は地域ごとに違うため、くわしくは親が住む地域のシルバー人材センターに確認してください。

Type 3
介護・医療保険以外のサービス

自治体・非営利団体のサービス

認知症カフェで、地域のなかの居場所をつくる

3人に1人は認知症になる時代。同じ悩みをもつ人とつながろう

厚生労働省の推計では、2040年には高齢者の3人に1人が認知症になる見込み。**偏見・差別にさらされることなく、住み慣れた地域社会でともに暮らせる「共生社会」が望まれます。**そこで国としても推進しているのが、認知症カフェです。

認知症の高齢者とその家族はもちろん、認知症の人を支える専門職、知識と理解を深めたい地域住民もやってきます。**家族にとっては、同じ悩みをもつ人と話し合ったり、専門職の意見を聞ける貴重な場です。**数はまだまだ少ないものの、2021年段階で全国に7904軒あり、今後も増えていくと予想されます。

語らいの場にも、相談&学びの場にもなる

認知症カフェの目的は4つ。親にも子どもにも役立つ場所。

4つの目的

地域の人と交流する
対人交流は認知機能にも好影響。居場所があると感じられることも大事。

リラックスして語る
カフェスタイルなので、認知症の親も子どもも、思いを気楽に話せる。

当事者&家族とつながる
同じ思いをしている人とつながり、語り合うことで心理的にラクになる。

認知症を学ぶ
専門職によるミニレクチャー、自由なスタイルでの相談で理解を深める。

専門職もいるので、介護の悩みを相談できる

多くは予約不要で、月1回程度開催のカフェが多い。利用料は100〜200円ほど。

わかる〜
このあいだこんなことが…
孫が小学生で
うちもよ
認知症高齢者の家族
家族どうしで、悩みや体験を話し合える。
認知症の高齢者
認知症に関係なく、同世代の人と会話を楽しめる。
へえ〜
子どもの頃のおやつは?
市民ボランティア
認知症についての講座を受けた住民が参加。
専門職スタッフ
ケアマネや介護福祉士、看護師などが参加。

認知症カフェとは言わず一緒にお茶しに行ってもいい

認知症になっても、初期〜中期は全身機能が保たれていることが多いもの。**家に閉じこもっているより、出かける場所があるほうがいいリハビリになります。**人との会話も重要です。記憶障害や見当識障害があっても、発言を否定されなければ、会話を楽しめます。もともと話すことが好きな親にはぴったりの場所です。

ただし自分の病気を受け入れられない人、記憶できない人もいます。その場合は、認知症カフェと伝えなくても大丈夫。**「お茶しに行こう」と誘い、親が楽しく過ごしてくれたら、それで十分です。**いやがる親を無理に誘うことだけは避けましょう。

Type 3
介護・医療保険以外のサービス

民間企業のサービス

毎日の安否確認など、遠くの親の見守りができる

サービスもITも充実。問題は子どものリテラシー

「離れて暮らす親に何かあったら」という不安を、多くの子どもが抱えています。そこで最近は、民間企業の見守りサービスも増えました。センサーやボタンで急変を察知し、スタッフが駆けつけたり、看護師が応対するなどの方法があります。

IoT（モノのインターネット）技術も応用されています。親の動きを子どものスマホで把握したり、カメラで見守る方法もあります。

問題はその目的と結果です。多くは子どもの安心のためですが、ささいな変化でも不安になって画面を見続けることに。自身の生活を犠牲にし、親との同居を急ぐ人もいます。

IT機器のほか、警備会社の緊急時対応サービスもある

状況にもよるが、見守りカメラなどは、親の同意を得て使うのが望ましい。

緊急時対応&相談サービス
急変時にボタンを押すと職員につながり、相談や救急車手配ができるなど。

IoT機器
カメラでの見守りや遠隔通話のほか、服薬時の声かけなど、多彩な製品がある。

見守りカメラ
居室や寝室にカメラを設置し、介護者がスマホなどで見られるようにする。

人感センサー
ベッドサイドや生活動線に設置し、動きの有無などを捉え、介護者に知らせる。

操作なしでビデオ操作ができる、デバイスが便利

うまく使えば便利なIoT機器も。Amazon社のEcho Show®は、親側の操作なしでビデオ通話ができ、定期的に顔を見て話せる。

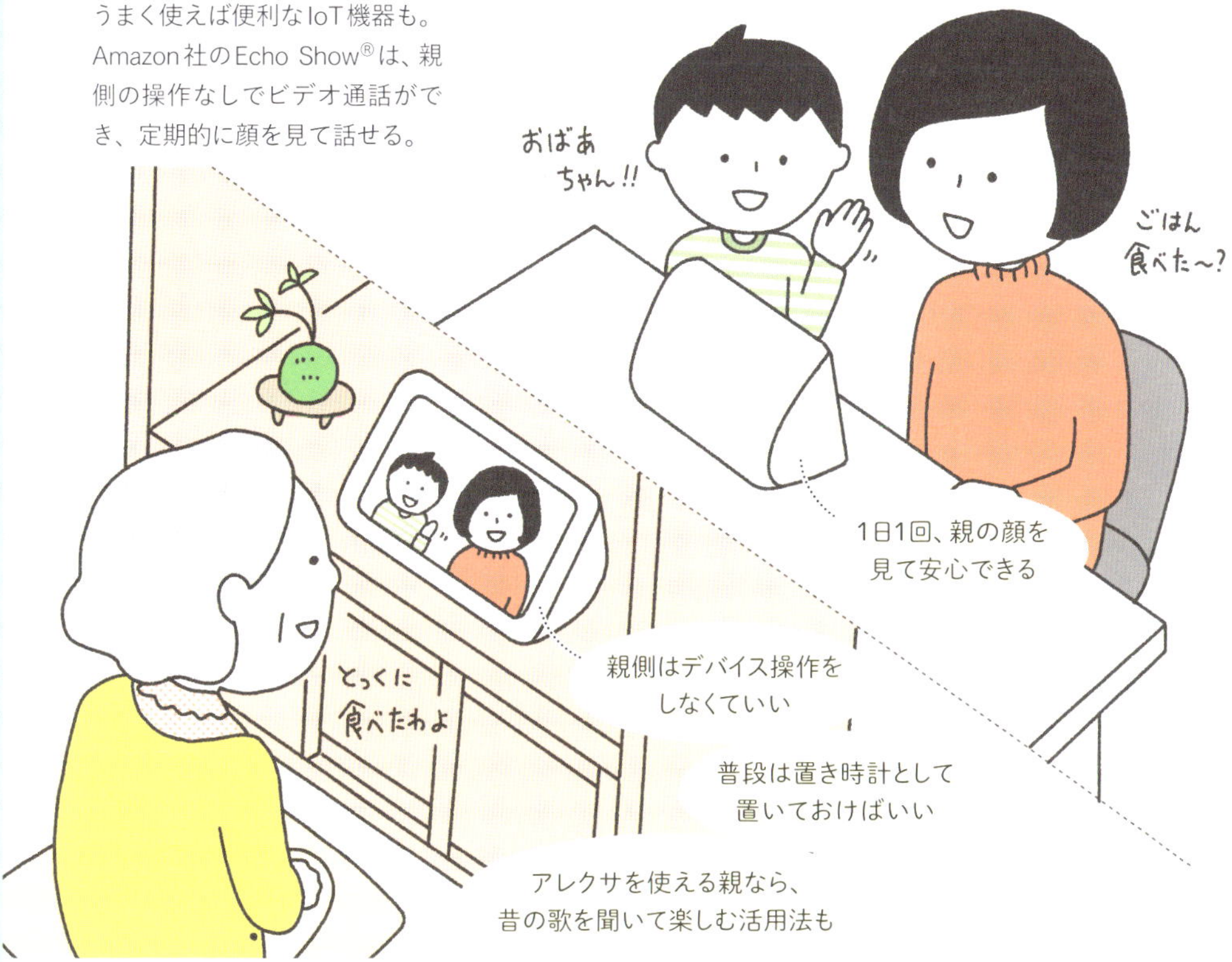
おばあちゃん!!
ごはん食べた〜?
1日1回、親の顔を見て安心できる
とっくに食べたわよ
親側はデバイス操作をしなくていい
普段は置き時計として置いておけばいい
アレクサを使える親なら、昔の歌を聞いて楽しむ活用法も

監視・管理目的ではなくコミュニケーション目的で使おう

大事なのはサービスや技術ではなく、私たちの心がまえです。いつ何があってもおかしくないのは、高齢の親も私たちも同じ。**完全な安心・安全はないと受け入れることが大前提です。**そのうえで、親が不安なときに急変時対応が要請できるサービスなどを、上手に利用しましょう。

24時間接続の見守りカメラは、プライバシーの問題もあります。**相手が家族だろうと、自分の行動をつねに見られているのはいやなものです。**親の尊厳を奪う行為ともいえます。監視・管理ではなく、上図のような活用法で双方が楽しんで使えるのなら、活用を検討してください。

民間企業のサービス

宅配弁当サービスやネットスーパーを活用しよう

配食サービスは、日々の安否確認としても役立つ

高齢者人口が増え続ける現在、民間企業による高齢者向けサービスはますます豊富に。その1つが配食サービスです。

1人分であっても、バランスのとれた食事を自宅に届けてくれます。1人暮らしで料理ができない親にはとくに役立ちます。訪問介護やデイサービスがない日に、週1回だけ使うなどの活用法もあります。

配食サービスのもう1つのメリットは、見守りもかねて使えること。手渡しでの配達が原則で、日に一度、数日に一度の安否確認ができます。見守り配食サービスとして自治体が提供している場合もあります。

ネットが苦手な親の代わりに弁当や食材を注文する

最近はネットスーパーも普及しています。**食材やレトルト食品に加え、弁当やおかず、おにぎり、パンを配達してくれるお店もあります。**最低利用額が設けられているので、弁当だけとはいきませんが、日用品などとあわせて頼んでおくと便利です。

調理はできるけれど、買いものの移動手段がないという親もいます。**その場合も、子どもが頻繁に帰って、買いものを代行する必要はありません。**週1回でも食材を配送してもらえば、日々の食事はまかなえます。ネットが使えない親には、希望の食材を聞き、代わりに手配してあげましょう。

料理できない親にも、選択肢はちゃんとある!

料理ができない父親でも、介護サービスと組み合わせればやっていける。

配食サービス

普通食
かむ力があり、食事制限がない親向け。

カロリー制限食
糖尿病などでカロリー制限が必要な親に。

たんぱく制限食
慢性腎臓病で、たんぱく制限がある親に。

やわらか食
かむ力、飲み込む力が低下した親向け。

事前に注文しておけば、昼食、夕食が当日届く。治療上の食事制限に対応できる事業所もある。

ネットスーパー

食材を注文

弁当を注文

食材を届けてもらう日に、弁当もあわせて頼んでおくと便利。弁当を数食分頼み、冷凍しておく方法もある。

冷凍介護食

そのまま食卓へ

自分で盛りつけ
舌でつぶせるやわらかさ!
豚肉の生姜焼き
レンジ 200W 5分

硬さや栄養バランスに配慮した介護食が、冷凍で届く。おかずだけまとめて頼み、その日に食べたいものを選んでもいい。

Column

テレワークなら介護できる？
それ、大きな誤解です

親の困りごとは、タイマーどおりにやってこない

働き方改革やコロナ禍の影響で、テレワークをはじめ、サテライトオフィス勤務制度、フレックスタイム制度などをとり入れる企業が増えました。会社員にこだわらず、独立を志す人も増えています。こんな柔軟な働きかたなら、自宅で介護も可能では——そう考える人もいます。

しかしテレワークで親の介護を上手にできている人は、非常に少ないのが現実です。相手は意思をもった生身の人間です。決まった業務を定時にすればいいわけではありません。子どもが家にいれば何かと声をかけてきますし、仕事には集中できないでしょう。Zoom会議中に認知症の親が何度も入ってくるなどの事態も避けられません。ストレスが募るうえ、介護から24時間離れられない生活になってしまいます。

親と同居している人は、出社中心にシフトして

すでにテレワークで介護中の人もいるかもしれません。その場合は早急にプロの手を借りましょう。家族介護の期間が長くなるほど、プロが介入しにくくなります。同時にテレワークを減らし、オフィス勤務に切り替えを。可能なら家を出るのがベストです。個人事業主やフリーランスの人も、シェアオフィスやコワーキングスペースを上手に利用し、在宅時間を減らしましょう。介護から離れる時間をもつことで、自身の心と生活を守ってください。

Part 4

施設は〝かわいそう〟じゃない！
安全な環境で暮らす

施設で プロの介護を受ける

親自身が在宅介護に不安を感じているとき、
すでに家族で介護していて、ケアが十分できなくなっているときは
施設入居を検討しましょう。一般住宅に近いタイプもあり、
親の状況や希望にあう施設なら、自宅以上に快適に過ごせます。

内田さんのストーリー

認知症+骨折。施設入居を考えたほうがいい？

やっぱり認知症で1人暮らしは無理だったか……
サー…
そばについていれば
……ですが……で……
安心してください。私がこのまま付き添います。診察後にまた連絡しますから
上司に状況を伝え介護休暇を使ってすぐ和歌山へ
母さん？
アラ
たいしたことないのに手術だって
ちょっとすべっただけなのよ

母としばらく話したあと病院のミーティングルームでケアマネさんの話を聞く
手術後は1か月弱入院して
リハビリということです
何から何まですみません。僕が近くにいればよかったものを
それは違います
お母様はいままでどおり自宅で過ごすことを望んでいたんですから
ただ、この先は――
認知症の高齢者にとって運動機能のリハビリは容易ではありません

目的を理解し、記憶し、それに沿って行動できないこともありただ苦しめられていると感じる人もいるんです
タスケテ～
お母様はただでさえ身のまわりのことも億劫がっていました
家に戻るためリハビリを頑張ることが、お母様の幸せになるかどうか、です
そうですよね……
でもじゃあどうすれば?
経過しだいですが施設入居も考えたほうが心おだやかに暮らせるかもしれません
施設……!
考えたくなかったけどそうかもしれない。それで母がおだやかに過ごせるのなら
まだ時間はあります。私もお手伝いしますから選択肢として考えてみてください

値段と質は比例しない。時間をかけて慎重に選ぼう

QOLが高まることが多い。選択肢として、つねに残しておく

施設入居にいいイメージをもてない人は多いのでは？　けれども、在宅生活で親自身の不安が強まってきたとき、自宅にこだわる気持ちが薄れてきたときは、いい選択肢。家族が直接介護している家庭ではなおさらです。**ケアが行き届かなくなってきたとき、家族関係が悪化してきたときなどは、施設で暮らしたほうがQOL（生活の質）が高まります。**

施設選びで大切なのは時間のゆとりです。**値段と質は比例しないため、時間をかけて吟味してください。**施設間の差もあり一概にはいえませんが、P156～の施設分類でおおよその特徴をつかんでおきましょう。

施設に入るのは親。自分の好みで考えないで

高齢者が入る施設は、現役世代の不動産購入や賃貸契約とは違う。親が望む生活を叶えられる場所を選ぶ。

海が見える
お風呂付きの部屋
温泉も入れる
立派なところじゃなくていい
さみしいのはイヤ

施設入居の話し合いは、なるべく家族全員で

あとでもめないためにも、家族で話し合う。親と関係が深いきょうだいも呼べると理想的。

後悔のない介護はない。親の生きかたから最善を考えて

施設入居にあたり、本人の意思は重要です。とはいえ、自ら入りたがる親はそういません。親にとってもはじめての経験ですし、高齢の親が変化をおそれるのは自然なことです。

大切なのは親の説得ではなく、親にとって望ましい環境を家族で考えることです。親の人間性、価値観、これまでの生きかたから、親にとっての最善を話し合いましょう。

特定の家族が主導で進めると、うまくいかなかったときにもめる可能性もあります。**全員で集まり、納得いくまで話し合ってください。**一人っ子の人は叔父・叔母、ケアマネなどに相談するといいでしょう。

Step 1
施設ごとのメリット&デメリット

介護老人福祉施設（特別養護老人ホーム）

要介護3以上なら、いちばんお得な選択肢

人気が高く、入居待ちも多い。早めに申し込んでおくといい

特別養護老人ホームは、要介護3以上の高齢者が過ごす施設。入浴、排泄、食事などの生活介護のほか、日常的な医療ケアも受けられます。約3分の2の施設が看取りまで手がけ、終《つい》の棲家《すみか》としては最適です。

公的施設であり、介護保険で入居できるのが最大のメリットです。 部屋や設備、人員配置の基準も厚生労働省によって明確に定められています。部屋のタイプにもよりますが、介護保険1割負担の親では、基本のサービス料は月3万円以下ですみます。

そのぶん人気が高く、すぐには入れません。早めに申し込んでおき、空きしだい、順に入居となります。

1か月あたりの料金（1割負担の場合）

表の金額は基本サービス料で、食事・部屋代、初期費用は別。要支援は特養以外での生活が困難な場合のみ入居可。

	ユニット型個室	多床室
要介護1	2万100円	1万7670円
要介護2	2万2200円	1万9770円
要介護3	2万4450円	2万1960円
要介護4	2万6580円	2万4060円
要介護5	2万8650円	2万6130円

食事・部屋代などを含めた月額は
要介護4で平均**6万7199円**（初期費用不要）

基本サービス料が安く、1日1000円以下ですむ

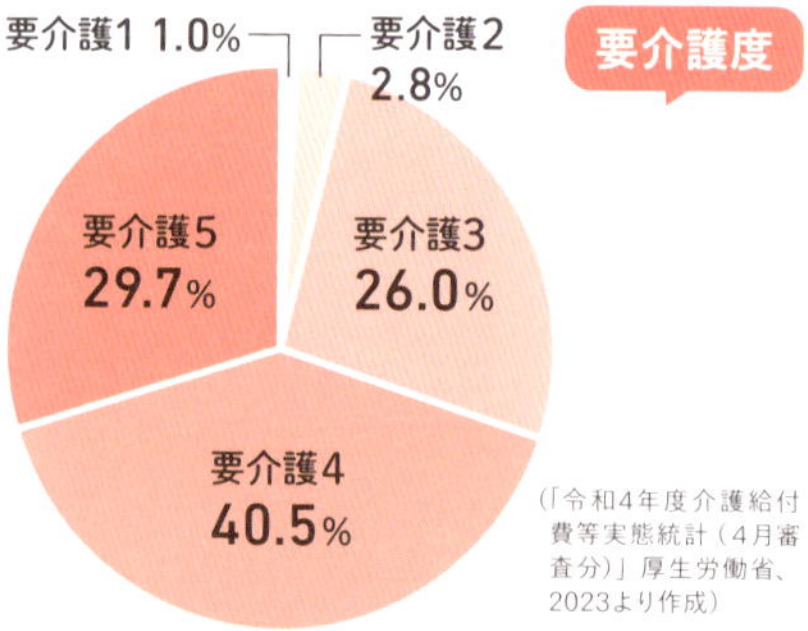
要介護度
要介護1 1.0%
要介護2 2.8%
要介護3 26.0%
要介護4 40.5%
要介護5 29.7%

（「令和4年度介護給付費等実態統計（4月審査分）」厚生労働省、2023より作成）

1ユニット10人程度の「ユニット型個室」が増えている

共用リビングスペースにそれぞれの居屋が面しているのが、「ユニット型個室」。

ケアしてくれるのは？
利用者3名に対し、介護士・看護職員1名以上でケア。医師も勤務。

経営しているのは？
都道府県知事の許可を受けた社会福祉法人などが運営する公的施設。

施設の数&入居者数は？
全国に1万823施設あり、増加傾向。入居者数は約63万人（2022年時点）。

平均利用料金は？
部屋代や食費などを足すと、要介護4で平均6万7199円（2019年時点）。

部屋のつくりは？
4人部屋の多床室と、ユニット型個室がある。居室面積は1人あたり10.65㎡以上。

平均利用日数は？
約3.5年でほかより長い（2016年時点）。死去による退居がもっとも多い。

介護老人保健施設(老健)

また自宅で暮らせるように、リハビリも含めて支援

退院後に入居して、やがては自宅に戻る人が最多

介護老人保健施設は、特別養護老人ホームと同様の公的施設ですが、目的が大きく違います。**リハビリや療養支援を通じて、在宅復帰をめざすことが、老健の目的。**とくに多いのが、退院後にすぐ自宅に帰れない人の入居です。療養しながら理学療法や作業療法にとり組み、日常生活動作を再獲得して、半年以内に退居するのが一般的です。

終《つい》の棲家《すみか》を必要とする親には不向きで、どちらかというと、肺炎などで具合が悪くなったときの選択肢です。**入院の必要はないものの、自宅での療養が困難というときに、一時的な入居を考えるといいでしょう。**

1か月の料金（1割負担の場合）

表の金額は基本サービス料で、食事・部屋代は別。在宅復帰率がより高い「在宅強化型」もある。

	個室［基本型］	多床室［基本型］
要介護1	2万1510円	2万3790円
要介護2	2万2890円	2万5290円
要介護3	2万4840円	2万7240円
要介護4	2万6490円	2万8830円
要介護5	2万7960円	3万360円

食事・部屋代などを含めた月額は
10〜15万円前後のことが多い（初期費用不要）

要介護度は幅広く、終の棲家とする人は少ない

要介護度

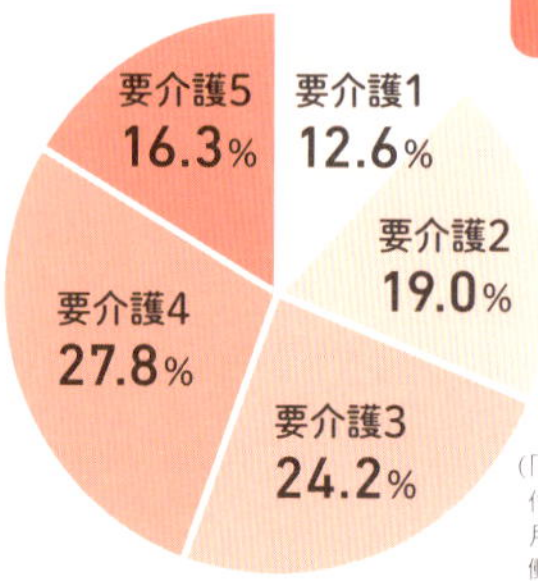
要介護5
16.3%
要介護1
12.6%
要介護2
19.0%
要介護3
24.2%
要介護4
27.8%

（「令和4年度介護給付費等実態統計（4月審査分）」厚生労働省、2023より作成）

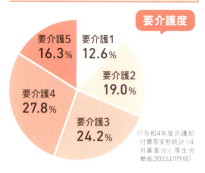

個室がもっとも多く、プライベートを確保できる

個室のほか、定員4人以下の多床室もある。設備の充実度は施設による。

ケアしてくれるのは？
利用者3名に対し、介護士・看護師1名以上。医師やリハビリ職員もいる。

経営しているのは？
医療法人や社会福祉法人。病院に併設され、退院時に移行することも。

施設の数&入居者数は？
施設数は全国で4273軒、入居者数は約36万人（2022年時点）。

部屋のつくりは？
1人あたり8㎡以上。必ず置いてあるのは、介護用ベッドと個別のたんす類。

平均利用料金は？
右記の基本料に部屋代や食費を加え、月10〜15万円程度になることが多い。

平均利用日数は？
310日（2019年時点）だが、定期的な審査で体に問題がなければ退居に。

介護医療院

病院レベルの治療を受けられる、生活の場

長期療養する人が多く、看取りまでずっと過ごせる

介護医療院も公的施設の1つです。**介護だけでなく、長期にわたる療養と看護、医学的管理が必要な人が利用できます。**

利用者の約半数が要介護5であり、ADL（日常生活動作）の評価も「3（重度）」が過半数。寝たきりに近い人も少なくありません。基礎疾患でもっとも多いのは認知症。ついで脳卒中、高血圧、心臓病と続きます。**認知症の親が自宅での生活が困難になったとき、健康状態も悪化したときはとくに検討したい選択肢です。**

ただし全国的にまだ数が少なく、まずは親が住む地域に介護医療院があるかどうかの確認が必要です。

1か月の料金（1割負担の場合）

表の金額は基本サービス料で、食事・部屋代は別。医療的ケアがより手厚いのはⅠ型の施設。

	Ⅰ型・多床室	Ⅱ型・多床室
要介護1	2万4750円	2万3370円
要介護2	2万8020円	2万6250円
要介護3	3万5130円	3万2460円
要介護4	3万8130円	3万5100円
要介護5	4万860円	3万7470円

食事・部屋代などを含めた月額は10万円以上となることが多い（初期費用不要）

病状の重い人、起居動作も困難な人が多い

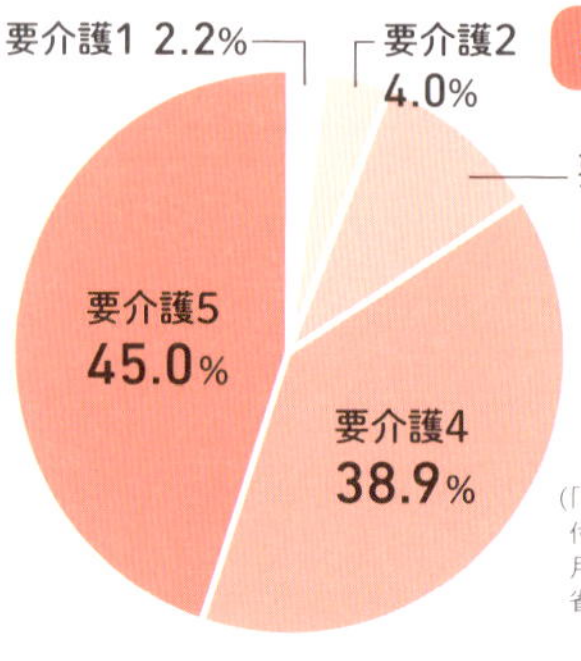
要介護度
要介護1 2.2%
要介護2 4.0%
要介護3 10.1%
要介護4 38.9%
要介護5 45.0%

（「令和4年度介護給付費等実態統計（4月審査分）」厚生労働省、2023より作成）

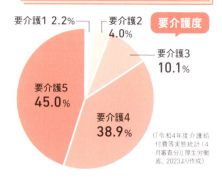

多床室でも、プライバシーには十分配慮されている

多くは多床室だが、家具やパーテーションでしっかり仕切られている。

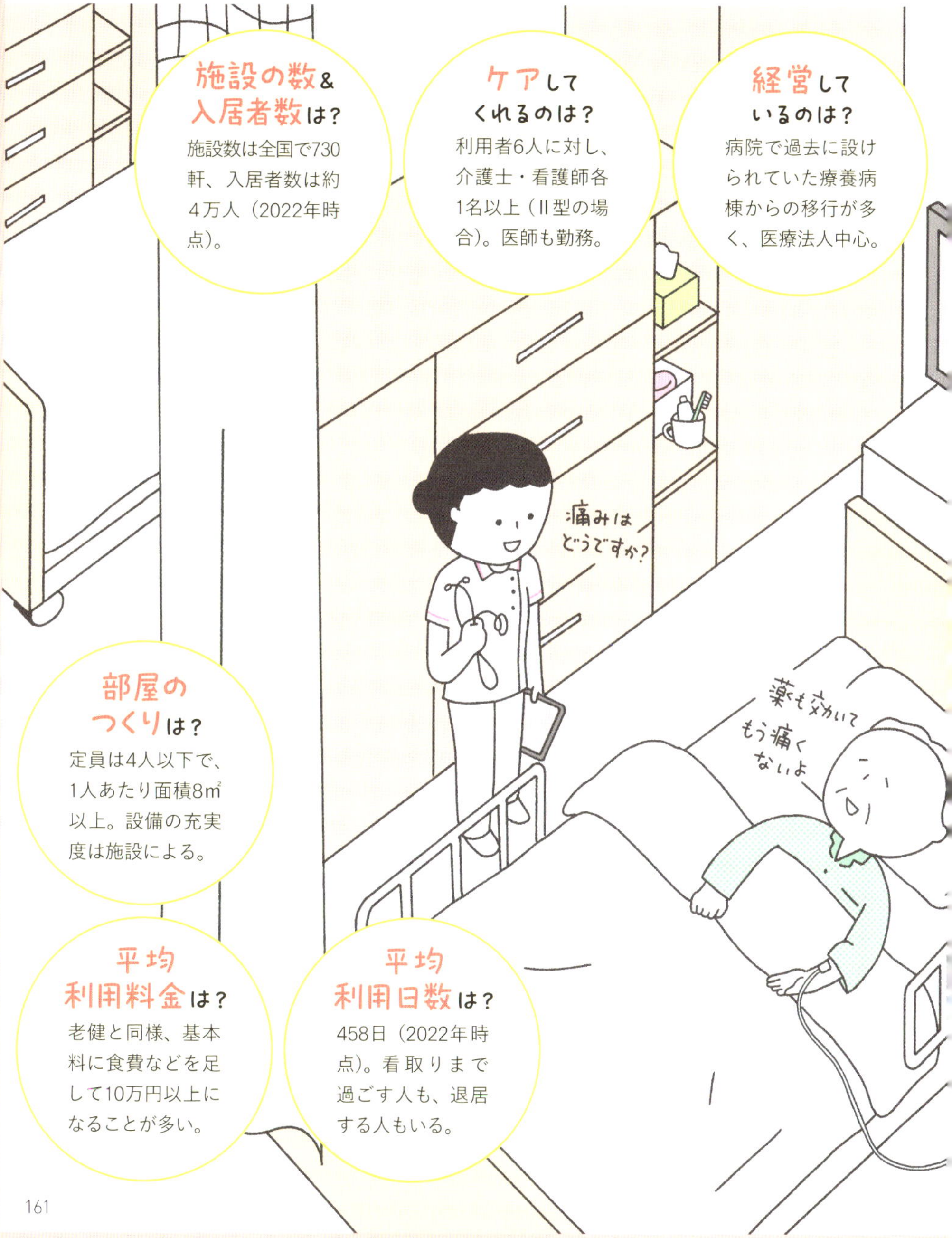

施設の数&入居者数は?
施設数は全国で730軒、入居者数は約4万人（2022年時点）。

ケアしてくれるのは?
利用者6人に対し、介護士・看護師各1名以上（II型の場合）。医師も勤務。

経営しているのは?
病院で過去に設けられていた療養病棟からの移行が多く、医療法人中心。

部屋のつくりは?
定員は4人以下で、1人あたり面積8㎡以上。設備の充実度は施設による。

平均利用料金は?
老健と同様、基本料に食費などを足して10万円以上になることが多い。

平均利用日数は?
458日（2022年時点）。看取りまで過ごす人も、退居する人もいる。

Step 1
施設ごとのメリット&デメリット

ケアハウス（軽費老人ホーム）

低コストで、生活支援サービスを受けられる

経済的理由で、有料老人ホームに入れない人のための施設

ケアハウスの正式名称は、軽費老人ホーム。自立した生活が送れず、家族の援助を受けることもむずかしい高齢者が利用します。一般型と介護型があり、介護型は要介護1以上の高齢者が対象です。**ケアプランに基づき介護サービスを提供する「特定施設入居者生活介護」の認定を受けた施設もあります。**要介護の親なら、このタイプがもっとも安心です。

経済的に困窮《こんきゅう》した親にはありがたい施設で、入居者の4人に3人は非課税世帯です。施設ごとの違いはありますが、多くは認知症の親でも入居できます。看取りまで引き受けている施設も少なくありません。

1か月の料金（東京都の場合）

表の金額は基本サービス料で、食事・部屋代は別。収入に応じて金額が上がり、310万円超では実費で全額払う。

収入による階層区分	本人負担額
150万円以下	1万円
150万超～160万円	1万3000円
160万超～170万円	1万6000円
170万超～180万円	1万9000円
180万超～190万円	2万2000円
190万超～200万円	2万5000円
200万超～210万円	3万円

食事・部屋代などを含めた月額は月に6～17万円程度（初期費用不要）

（「東京都軽費老人ホーム利用料等取扱要綱（令和4年11月18日改正）」東京都福祉局、2022より引用）

介護型なら、要介護度が上がっても住み続けられる

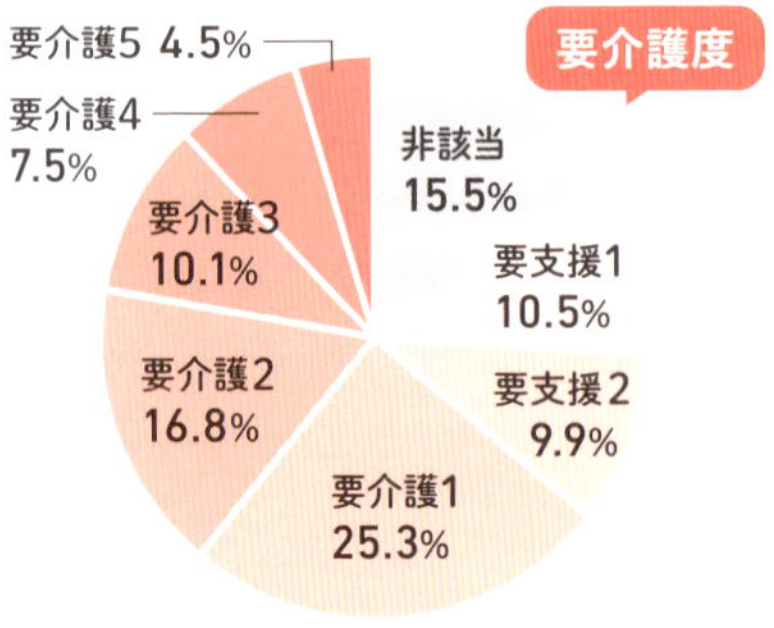
要介護度
非該当 15.5%
要支援1 10.5%
要支援2 9.9%
要介護1 25.3%
要介護2 16.8%
要介護3 10.1%
要介護4 7.5%
要介護5 4.5%

（「自立した、尊厳ある生活を支える軽費老人ホーム・ケアハウス」公益社団法人 全国老人福祉施設協議会、2016より作成）

個室が前提。夫婦で入れることもある

以下は、特定施設入居者生活介護に指定されている施設のデータ。

ケアしてくれるのは？
利用者1人に対し介護士と看護師3人以上。ソーシャルワーカーもいる。

経営しているのは？
社会福祉法人が多い。近年は都道府県知事の認可を受けた民間事業者も。

施設の数&入居者数は？
ケアハウス全体で2309軒、入居者数は約8万2000人(2018年時点)。

部屋のつくりは？
1人用居室は14.85㎡以上、2人用居室は31.9㎡以上。特養などより広い。

平均利用料金は？
要介護度と収入によるが、食事代などを含め、月に6〜17万円程度。

平均利用日数は？
4.2年と長く、看取りまでここで過ごす人も多い(2012年時点)。

介護付き有料老人ホーム

費用は高いが、24時間体制で介護

医療的ケアや看取りへの対応は事前に聞いておきたい

民間の老人ホームのうち、特定施設入居者生活介護（→P162）の指定を受けているのが、「介護付き有料老人ホーム」です。**施設に勤務するケアマネジャーがケアプランを作成し、1人1人にあった生活介助をしてくれます。**介護士が24時間常駐し、夜間の急変時なども対応可能です。

ただし民間施設であり、質に幅があるのも事実。どの程度の要介護度や病状なら住み続けられるかなどのルールを、事前に確認しましょう。

さらに幅があるのが価格帯です。**数百～数千万円の初期費用を要する高級施設もありますが、価格と質は比例しないことを忘れないでください。**

民間の運営のため、要介護度も価格帯もさまざま

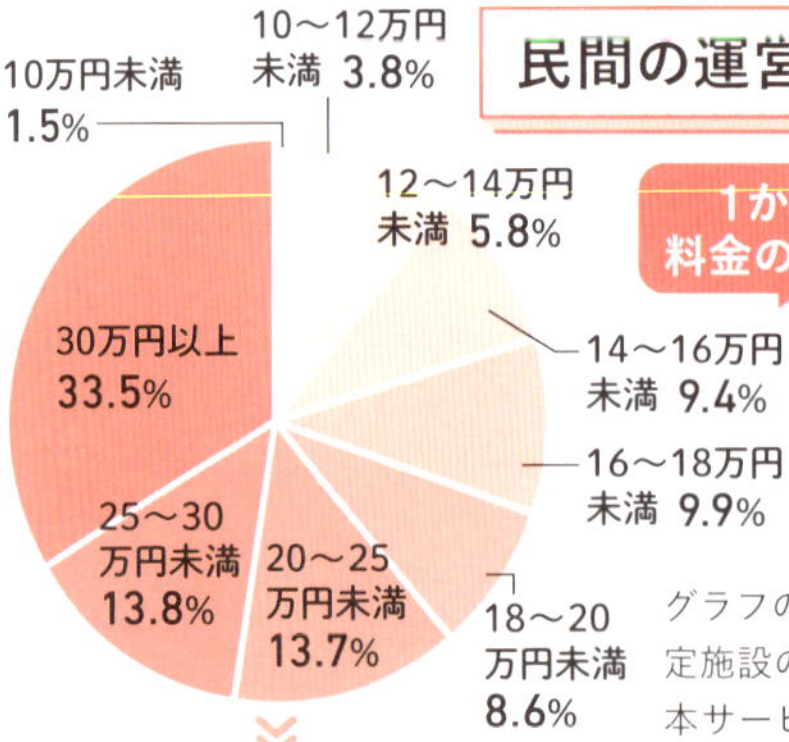
1か月の料金のめやす
10万円未満 1.5%
10～12万円未満 3.8%
12～14万円未満 5.8%
14～16万円未満 9.4%
16～18万円未満 9.9%
18～20万円未満 8.6%
20～25万円未満 13.7%
25～30万円未満 13.8%
30万円以上 33.5%

居住費を含めた月額は平均25.8万円
（初期費用も月換算として含めた金額）

グラフの料金は特定施設の場合の基本サービス料、食費などの合計。居住費は含まない。

（「令和5年度老人保健事業推進費等補助金（老人保健健康増進等事業分） 高齢者向け住まいにおける運営形態の多様化に関する実態調査研究報告書」PwC コンサルティング合同会社、2024より作成）

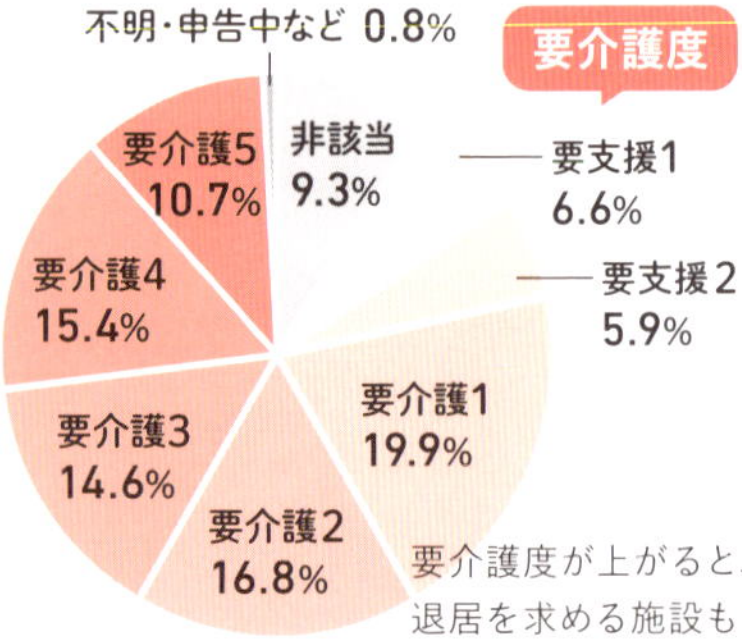
要介護度
不明・申告中など 0.8%
非該当 9.3%
要支援1 6.6%
要支援2 5.9%
要介護1 19.9%
要介護2 16.8%
要介護3 14.6%
要介護4 15.4%
要介護5 10.7%

要介護度が上がると、退居を求める施設もあるので注意して。

（「高齢者の住まいに関する現状と施策の動向」国土交通省、2022より作成）

ハードではなく、ソフトをよく見て選ぼう

民間事業者だが、施設内で介護保険サービスが利用できるのが強み。

経営しているのは？
約8割は株式会社。一部に社会福祉法人、医療法人経営の施設もある。

ケアしてくれるのは？
利用者3人に対し、介護士と看護師1人以上でケア。医師は必要時に来る。

施設の数&入居者数は？
全国で約1万4000軒。25万人近くが入居（2019年時点）。数は多い。

平均利用日数は？
約3年だが、1年未満での転居・退居（死去を含む）も3割近くに及ぶ。

平均利用料金は？
平均月額は25.8万円で、右ページのグラフのとおり幅がある。

部屋のつくりは？
原則個室で一定の広さがある。それ以外の設備は施設によってさまざま。

住宅型老人ホーム

医療的ケアがいらず、要介護度が低い人向き

3食付きでレクなどもあるが、自宅に近い生活を送れる

民間の老人ホームのうち、約3割を占めるのが「住宅型」。その数は年々増え続けています。運営企業の多くは、訪問介護、通所介護などを提供する介護サービス事業者。そのため立地としても、事業所に併設されている施設が最多です。

共有スペースがあり、レクリエーションなどもおこなわれていますが、住まいは一般のマンション・アパートに近いつくり。食事の提供、洗濯などの生活支援、健康管理が基本サービスに含まれています。介護・医療サービスが必要な親には、在宅介護と同様、必要に応じて外部から来てもらうのが基本です。

介護付き有料老人ホームより、利用料は安くすむ

1か月の料金のめやす

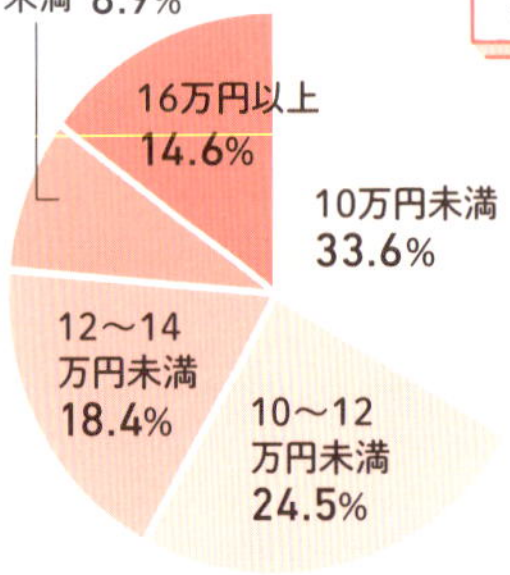
14〜16万円未満 8.9%
16万円以上 14.6%
10万円未満 33.6%
12〜14万円未満 18.4%
10〜12万円未満 24.5%

居住費を含めた月額は平均12.1万円
（初期費用も月換算として含めた金額）

基本サービス料、食費、光熱費などの合計で、居住費は別。

（「令和5年度老人保健事業推進費等補助金（老人保健健康増進等事業分） 高齢者向け住まいにおける運営形態の多様化に関する実態調査研究報告書」PwC コンサルティング合同会社、2024より作成）

要介護度

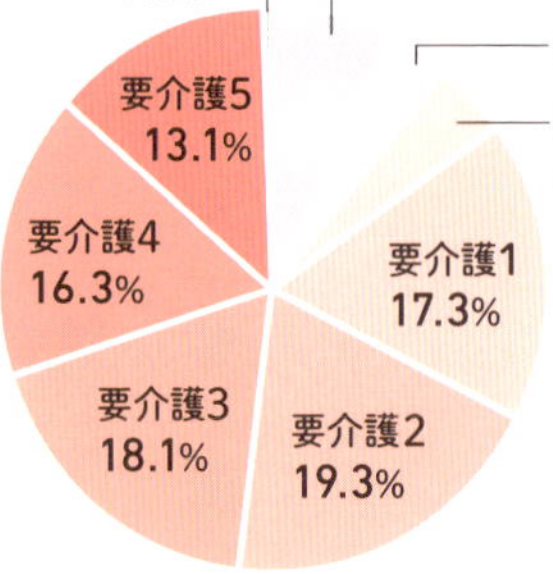
不明・申請中など 0.5%
非該当 7.3%
要支援1 3.7%
要支援2 4.4%
要介護1 17.3%
要介護2 19.3%
要介護3 18.1%
要介護4 16.3%
要介護5 13.1%

一般住宅に近い設計だが、要介護3以上の人も約半数いる。

（「平成25年度 老人保健事業推進費等補助金老人保健健康増進等事業 平成25年度 有料老人ホーム・サービス付き高齢者向け住宅に関する実態調査研究事業報告書」公益社団法人全国有料老人ホーム協会、2014より作成）

個室で快適に過ごせて、生活支援をしてもらえる

介護・医療サービスは、親が必要とするものを選び、外部の事業者と契約。

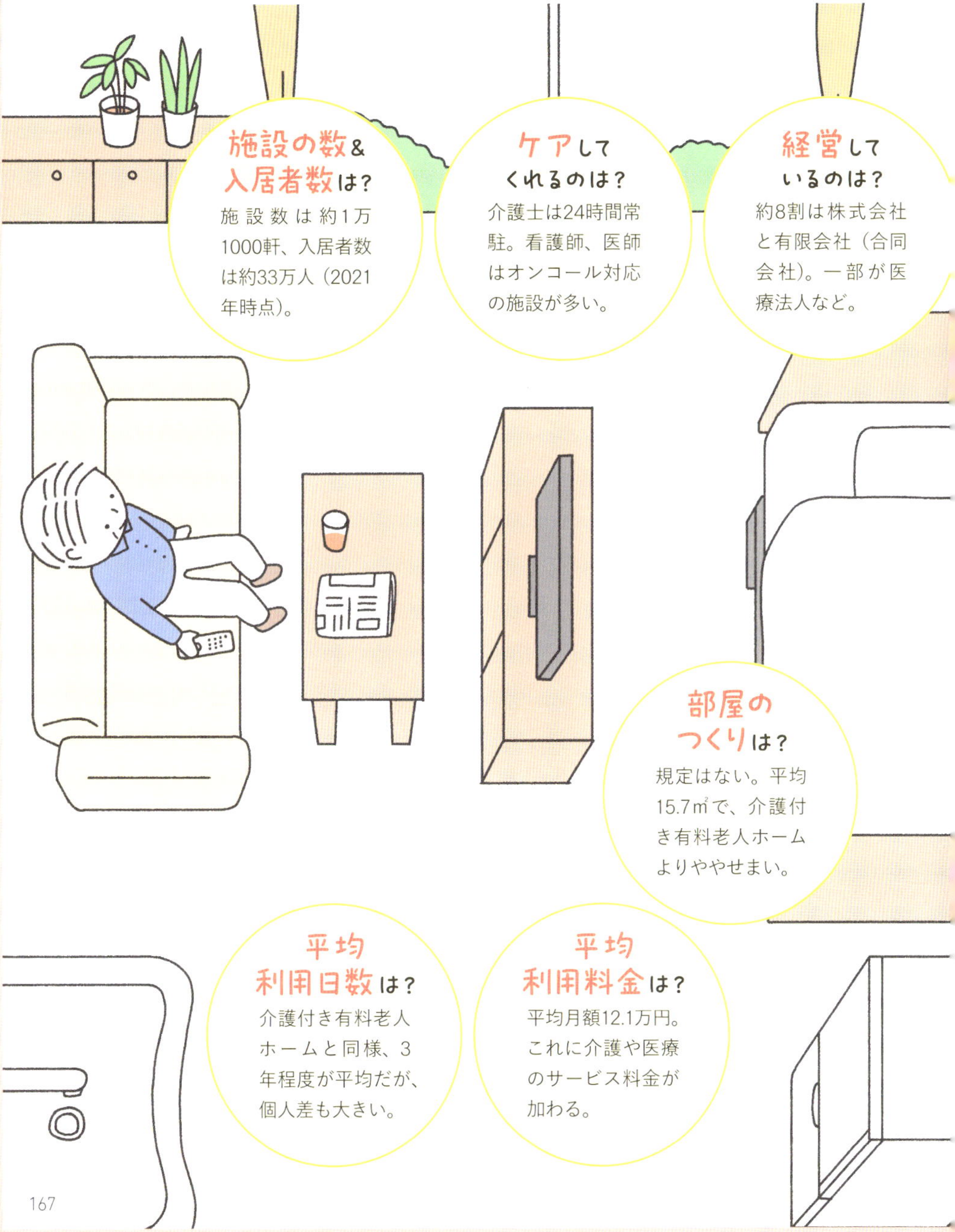

施設の数&入居者数は?
施設数は約1万1000軒、入居者数は約33万人（2021年時点）。

ケアしてくれるのは?
介護士は24時間常駐。看護師、医師はオンコール対応の施設が多い。

経営しているのは?
約8割は株式会社と有限会社（合同会社）。一部が医療法人など。

部屋のつくりは?
規定はない。平均15.7㎡で、介護付き有料老人ホームよりややせまい。

平均利用日数は?
介護付き有料老人ホームと同様、3年程度が平均だが、個人差も大きい。

平均利用料金は?
平均月額12.1万円。これに介護や医療のサービス料金が加わる。

サービス付き高齢者向け住宅（サ高住）

マンションタイプで、安否確認をしてくれる

一般型と介護型がある。医療サービスは外部と連携

サ高住はもっとも自由度の高い施設です。バリアフリーなどの条件を満たした集合住宅が国の認可を受け、介護施設として提供されています。

標準的に提供されるサービスは、安否確認、生活相談など限定的な内容です。**ただし食事提供、買いもの代行、ゴミ出し、洗濯などの生活支援サービスも、オプションで利用可能。**日々の身体介助が必要なら、外部の介護事業者と契約します。

割合は1割に満たないものの、特定施設入居者生活介護（→P162）の指定を受けた事業者も。その場合は介護付き有料老人ホームと同等の医療・介護サービスがついています。

平均は月10.8万円。都市部と地方で差がある

1か月の料金のめやす

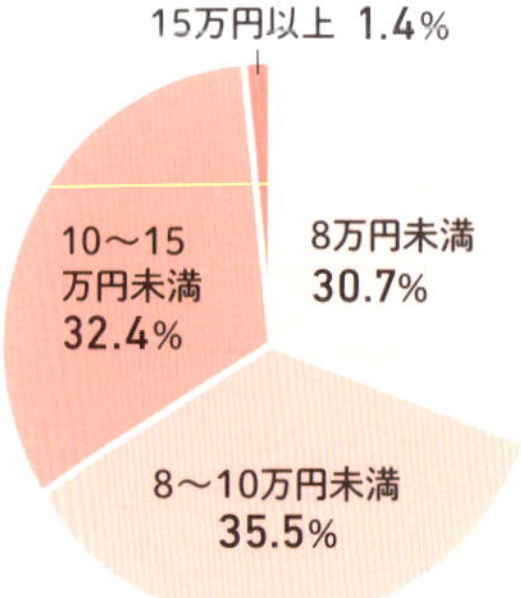
15万円以上 1.4%
8万円未満 30.7%
10～15万円未満 32.4%
8～10万円未満 35.5%

居住費などを含めた平均月額は22.1万円
（初期費用も月換算として含めた金額）

グラフの基本サービス料のほかに、敷金・補償金、居住費がかかる。

（「令和5年度老人保健事業推進費等補助金（老人保健健康増進等事業分）高齢者向け住まいにおける運営形態の多様化に関する実態調査研究報告書」PwCコンサルティング合同会社、2024より作成）

要介護度

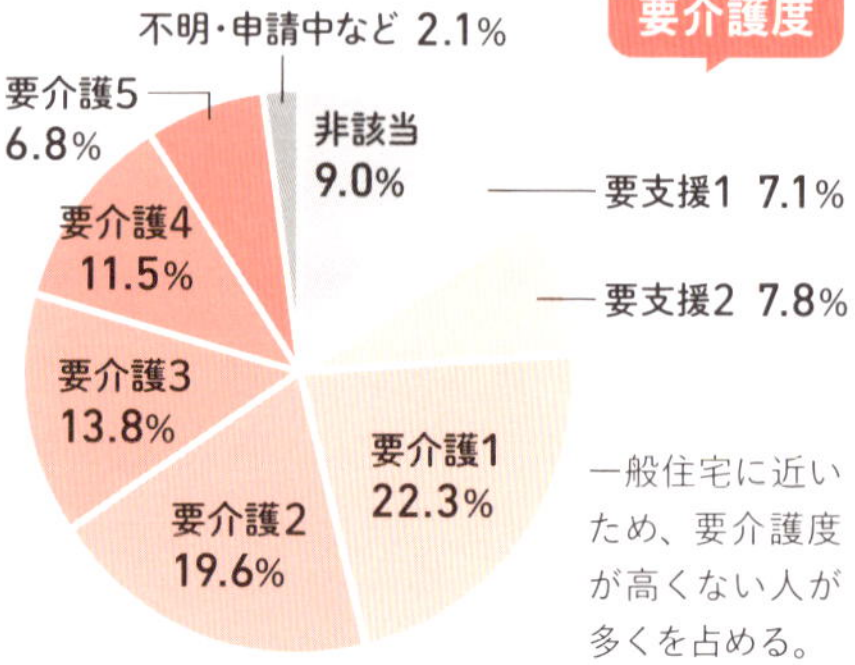
不明・申請中など 2.1%
非該当 9.0%
要支援1 7.1%
要支援2 7.8%
要介護1 22.3%
要介護2 19.6%
要介護3 13.8%
要介護4 11.5%
要介護5 6.8%

一般住宅に近いため、要介護度が高くない人が多くを占める。

（「高齢者の住まいに関する現状と施策の動向」国土交通省、2022より作成）

食事も自室で。交流を望まない親にも向く

要介護度は高くないが、在宅での独居は不安という高齢者の利用が多い。

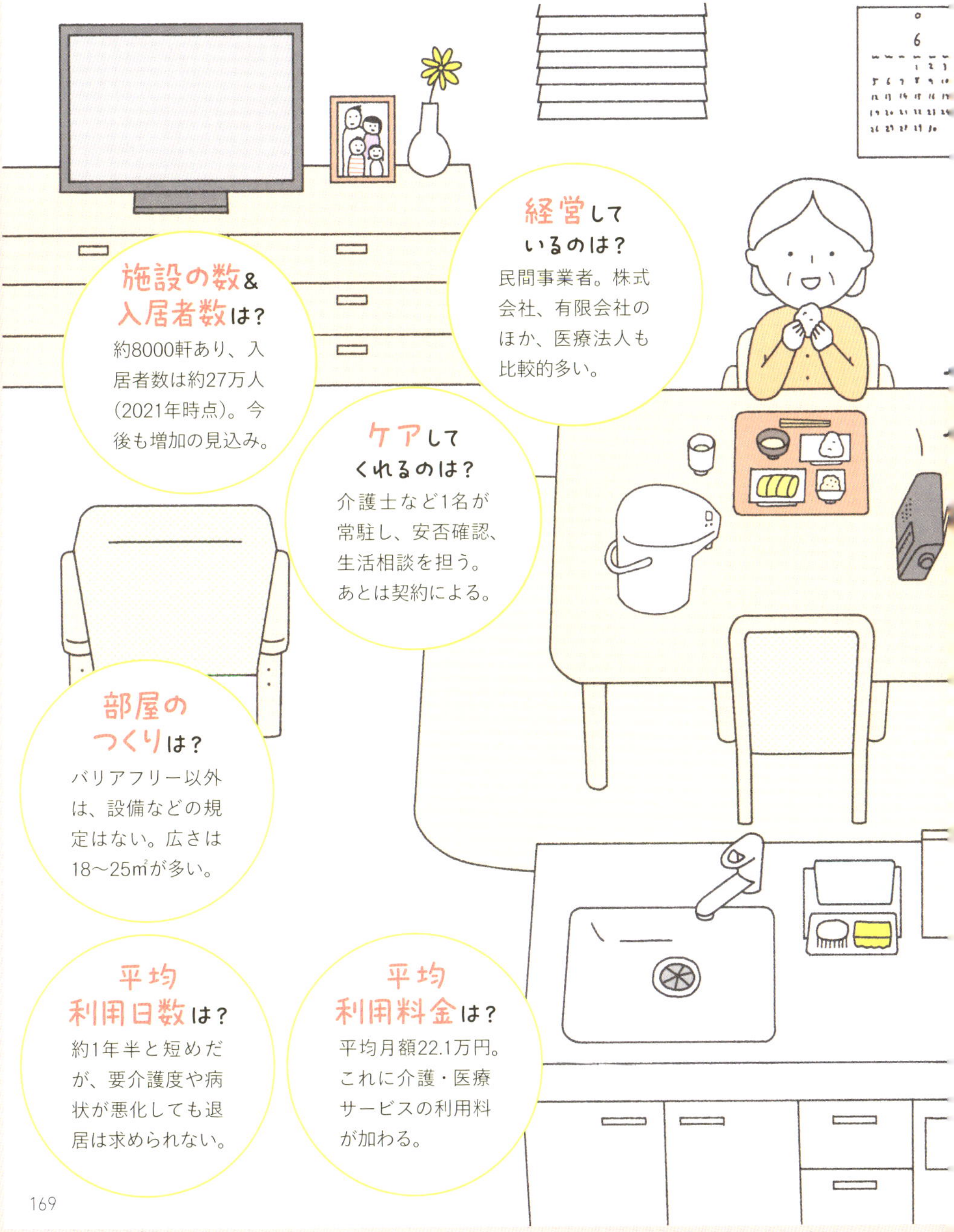

施設の数&入居者数は?
約8000軒あり、入居者数は約27万人(2021年時点)。今後も増加の見込み。

経営しているのは?
民間事業者。株式会社、有限会社のほか、医療法人も比較的多い。

ケアしてくれるのは?
介護士など1名が常駐し、安否確認、生活相談を担う。あとは契約による。

部屋のつくりは?
バリアフリー以外は、設備などの規定はない。広さは18〜25㎡が多い。

平均利用日数は?
約1年半と短めだが、要介護度や病状が悪化しても退居は求められない。

平均利用料金は?
平均月額22.1万円。これに介護・医療サービスの利用料が加わる。

Step 1
施設ごとのメリット&デメリット

認知症グループホーム（認知症対応型共同生活介護）

認知症がある人が、少人数で生活を営む

地域包括支援センター

5〜9人単位で家庭のように支え合って暮らす

認知症高齢者が増え続ける現在、多くの介護施設で、認知症の人を受け入れるようになってきました。そのなかでも、認知症対応に特化しているのが認知症グループホームです。

認知症を発症しても、生活機能の多くは残されています。**1人1人の認知機能に応じて日常生活を維持し、家事などにも参加してもらったほうが、残された機能を保てます。**そのため少人数のグループホームで、支え合って生活していくスタイルです。

認知症の人は、環境の変化にも敏感です。**いつもの環境、いつもの仲間で家庭的に暮らすことは、心理的なおだやかさにもつながります。**

1か月の料金（1割負担の場合）

表の金額は基本サービス料で、食事・部屋代などは別。"ユニット"は9人未満の生活グループをさす。

	1ユニットの施設	2ユニット以上の施設
要支援2	2万2830円	2万2470円
要介護1	2万2950円	2万2590円
要介護2	2万4030円	2万3640円
要介護3	2万4720円	2万4360円
要介護4	2万5230円	2万4840円
要介護5	2万5770円	2万5350円

食事・部屋代などを含めた月額は10〜20万円となることが多い（初期費用も月換算として含めた金額）

要介護度は幅広く、看取りまでできる施設もある

要介護度

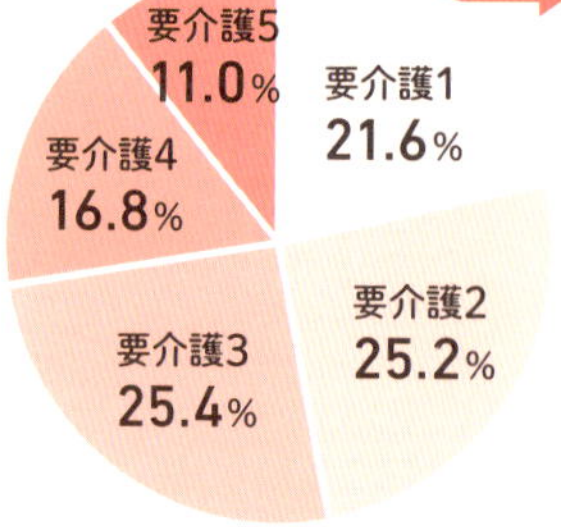
要介護5
11.0%
要介護1
21.6%
要介護4
16.8%
要介護2
25.2%
要介護3
25.4%

（「令和4年度介護給付費等実態統計（4月審査分）」厚生労働省、2023より作成）

人とかかわりながら暮らすことが、いい刺激に

人との会話が好きな親にはいい環境。各自の部屋も用意されている。

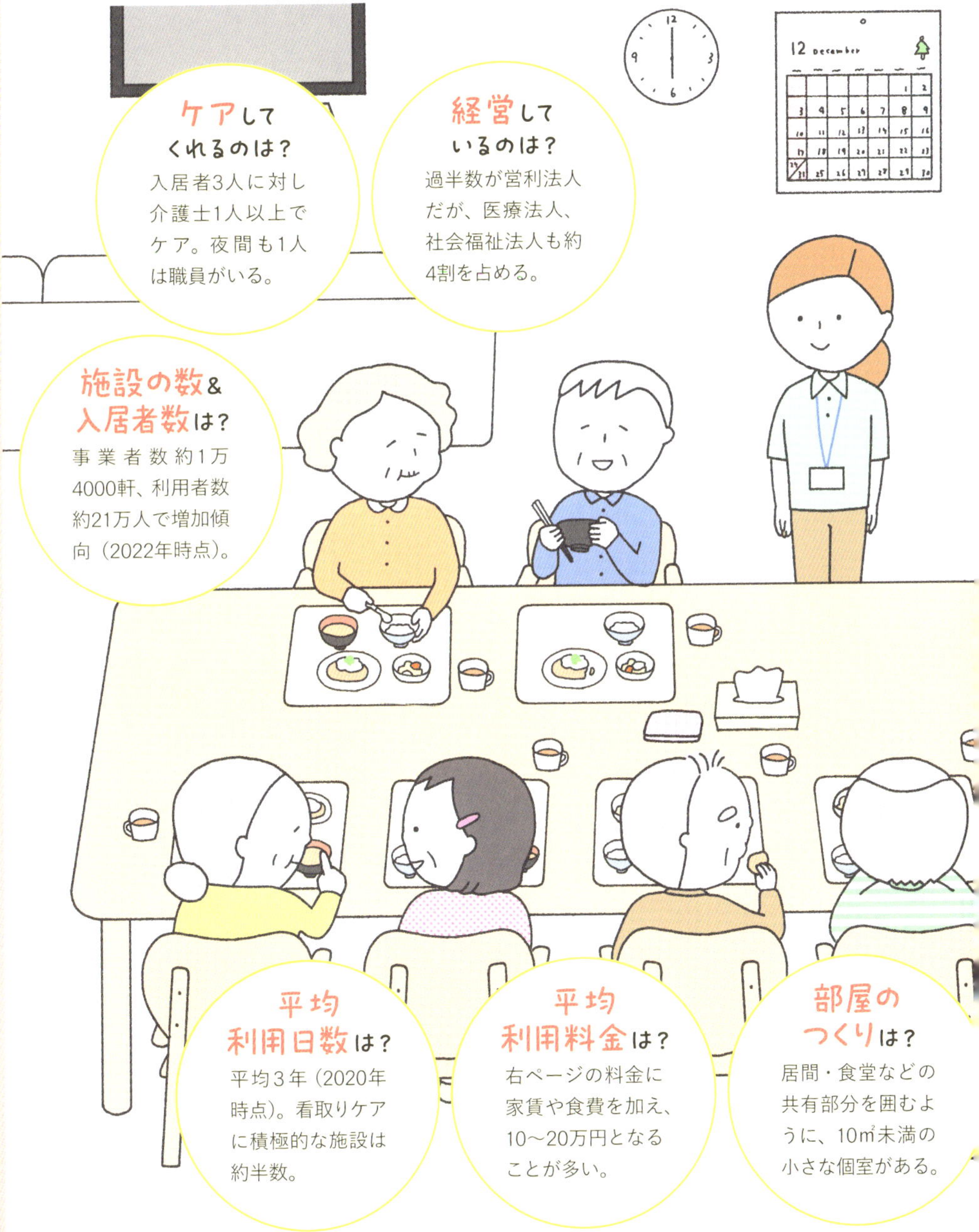
12 december
ケアしてくれるのは？
入居者3人に対し介護士1人以上でケア。夜間も1人は職員がいる。
経営しているのは？
過半数が営利法人だが、医療法人、社会福祉法人も約4割を占める。
施設の数&入居者数は？
事業者数約1万4000軒、利用者数約21万人で増加傾向（2022年時点）。
平均利用日数は？
平均3年（2020年時点）。看取りケアに積極的な施設は約半数。
平均利用料金は？
右ページの料金に家賃や食費を加え、10〜20万円となることが多い。
部屋のつくりは？
居間・食堂などの共有部分を囲むように、10㎡未満の小さな個室がある。

施設探しでは、時間のゆとりが何より大事

先送りにしていると、選択の余地がなくなっていく

多くの人は、親に施設に入ってもらうことに罪悪感を抱いています。**やがてその日が来るのだとしても、まだ考えたくないという人が大多数でしょう。**「できるところまで家で介護し、いよいよ無理となったら施設」と考える人も多くいます。

しかし親の状態がいつ悪化するかは、誰にもわかりません。施設探しを先延ばしにしていると、入居可能な施設を大急ぎで探す事態に。**親が最期の時間を過ごす大切な場所を、心理的余裕がない状態で決めることになります。**適切な判断ができず、大きな代償を支払うことになるかもしれません。

状況が切迫する前に気になる施設に足を運んで

品質が高く適切なコストの施設は、たいてい順番待ち。1年以上待つ施設も少なくありません。そんななかで親の状況が切迫し、「いまなら入れます」と言われたら？　高額な前払い金を支払い、質の低いサービスを受けることになるかもしれません。

親の状態にあっているかという視点も重要です。今後が不安で入る施設と、重い障害を抱えて入る施設では、求めるものも違います。選択肢のない状態で、「重度でも入れます」の誘い文句に乗るのは危険です。

入居を決めていない段階でかまいません。**早くからリサーチを始め、気になる施設に足を運びましょう。**

最期の時間を過ごす場所だからこそ、ゆとりをもって

普段は優秀なビジネスパーソンが、施設選びでは判断を誤ることも。

Bad

いざとなると選択肢がなく、十分な検討もせず誘い文句に乗ってしまう。

罪悪感や日々の忙しさで、施設のリサーチをつい先送りに。

Good

面談

見学時に施設長などとも話し、親にあった施設かどうかをよく確認。

見学

施設入居の可能性が出てきた段階で、気になる施設に見学に行っておく。

信頼できる環境でなければ、
また探して見学へ

施設を望まないときは、無理に説得しなくていい

どこで過ごしたいかは状況しだい。親だってわからない！

「施設はイヤ」という親が多いが、状況しだいで気持ちが変わることも多い。

質問1

病気で治る見込みがなく、およそ1年以内に、徐々にあるいは急に死に至ると考えたとき、どこで過ごしたいですか？

それまで医療・ケアを受けたい場所

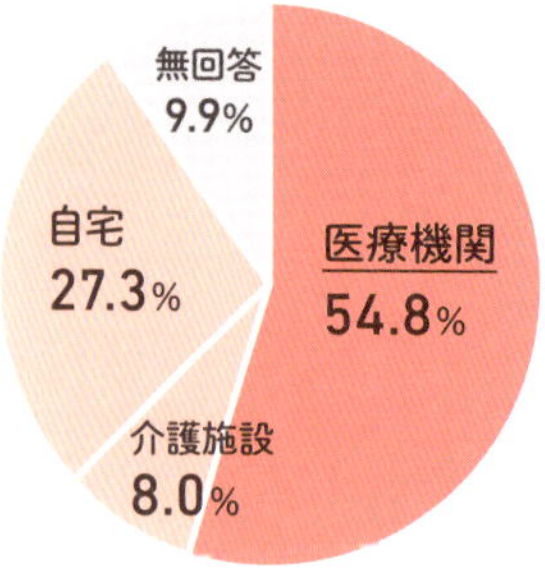
無回答
9.9%
自宅
27.3%
医療機関
54.8%
介護施設
8.0%

最期を迎えたい場所

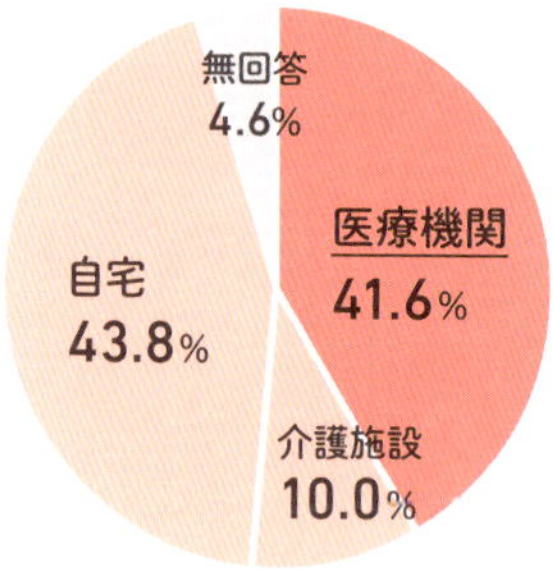
無回答
4.6%
自宅
43.8%
医療機関
41.6%
介護施設
10.0%

人生の最終段階に関する調査の結果。不治の病では、自宅での最期を望む人が最多だった。

質問2

認知症と診断され、状態は悪化し、自分の居場所や家族の顔がわからない状態に。食事などの生活介助も必要だとしたら、どこで過ごしたいですか？

それまで医療・ケアを受けたい場所

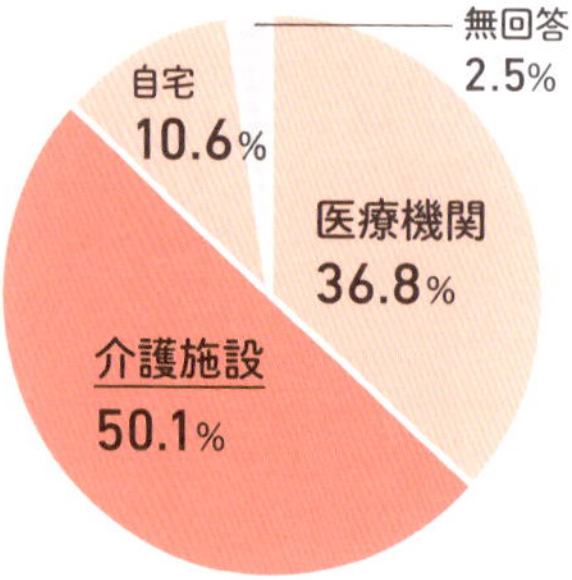
無回答
2.5%
自宅
10.6%
医療機関
36.8%
介護施設
50.1%

最期を迎えたい場所

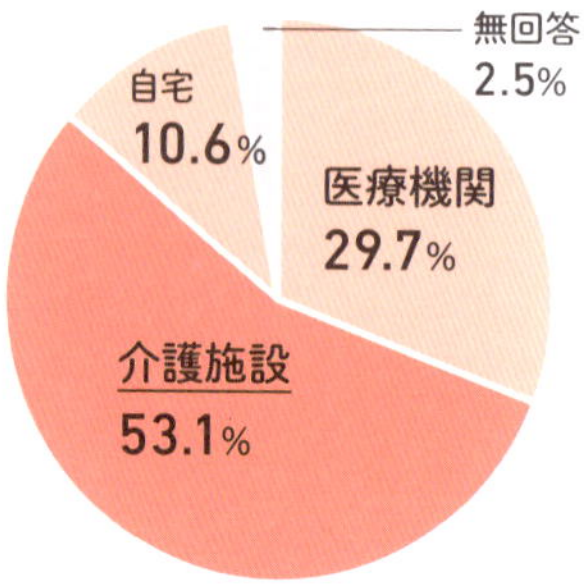
無回答
2.5%
自宅
10.6%
医療機関
29.7%
介護施設
53.1%

認知症が進行した状態を想定すると、自宅ではなく、介護施設を望む人が圧倒的に多かった。

（「人生の最終段階における医療・介護 参考資料」厚生労働省、2023より引用）

入居の話は、希望をもてる伝えかたで

「家ではもう無理だから、この先は施設で」とは言わないで。希望をもって過ごしてもらえる伝えかたを考えよう。

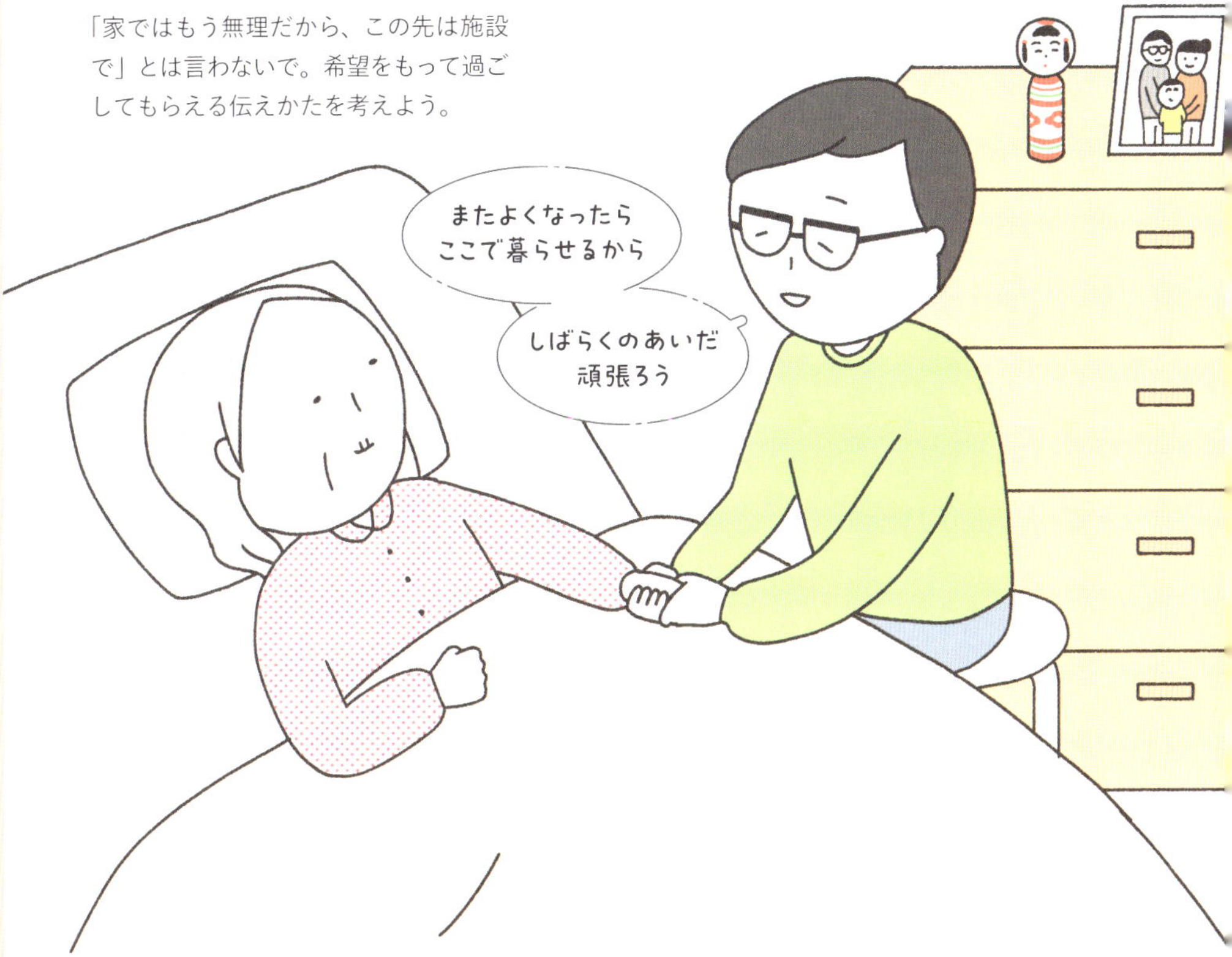
またよくなったら
ここで暮らせるから
しばらくのあいだ
頑張ろう

親を苦しめるような説得のしかたは逆効果

実際に施設を探し、見学する段階になれば、親との対話も必要です。**親が施設を望まない場合も、正面からの説得は避けて。**「いまの状況では施設しかない」と言われれば、親は泣く泣く受け入れるでしょう。しかし本人は、失意の底に落とされます。入居後も生きる希望を見出せず、心おだやかには暮らせません。

このような不幸を避けるには、本人の納得にこだわらないこと。**しばらく施設で暮らすことをさりげなく伝えたうえで、上図のように、希望をもてる話しかたをしましょう。**ショートステイに行くときのように、自然に送り出せるのが理想です。

親をよく知るケアマネに意見をもらう

自力で一から探すより親にあう施設に出合える

高齢者向け施設は膨大にあります。**P156~のような分類がなされていますが、実際には各施設の個性もあります。**老健に長く住む人もいれば、要介護度が上がってもケアハウスで生活を続ける人もいます。看取りケアまでしてくれるサ高住もあります。ネットをただ眺めていても、こうした事情は見えてきません。

そこで頼りになるのがケアマネです。在宅でのケアを通じ、親の生活歴、趣味や生きがいなどをよく理解してくれているはず。施設介護に移行すれば契約解消となるので、喜ばしい話ではありませんが、多くのケアマネは親のためになる意見をくれます。

施設入居までのプロセスもケアマネの意見が役立つ！

施設に入るまでのプロセスも、ケアマネの意見が参考になります。**施設入居について親と直接話し合うのがいいのか、ショートステイの利用をくり返しながら、自然と入ってもらうのがいいのか。**親の価値観や性格、認知機能などをもとに、専門家目線での意見をもらってください。

また、いまの病状や要介護度がずっと続くわけではありません。主治医との関係が良好なら、主治医に今後の見立てを聞き、施設入居や施設選びの相談をしてもいいでしょう。**親が主治医を信頼している場合は、主治医の勧めを受けて、入居を前向きに考えるようになることもあります。**

ケアマネからいい情報をもらえることもある

親のことも地域の施設事情もよく知るケアマネに意見を聞こう。親にどう伝えるといいかも含め、相談に乗ってくれる。

介護の経過をいかした視点
最初は介護なんかイヤとおっしゃってましたけど、
デイサービスでのレクも楽しんでおられて……
人との交流の多い施設がいいのかなと
今後を見据えた視点
この先は手厚い医療ケアが必要かもしれません
それでも住み続けられる施設がいいかと

厚労省のサイトなど、ネットで調べるのもアリ

「介護事業所・生活関連情報検索」サイトが役立つ

介護事業所として登録済みの施設は、すべてこのサイトで調べられる。

1 「介護事業所を検索」をクリック

介護事業所・生活関連情報検索サイトで都道府県を選び、「介護事業所を検索」へ。

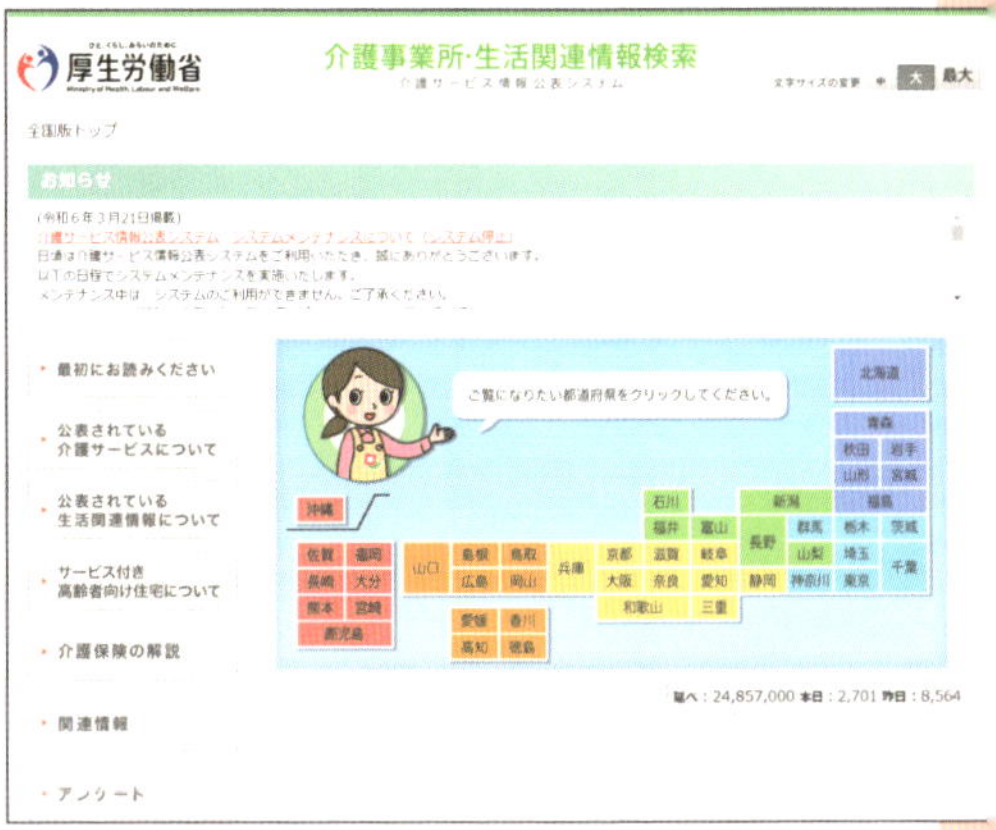

2 要介護度や希望のサービスを選ぶ

「本人家族にあったサービスを探す」から、要介護度などを入力していく。

3 希望のエリアを選択

親が住む市区町村名を選び、「検索する」を押すと、施設のリストが出る。

ケアの質を知るには、離職率がヒントになる

入居条件や退居条件も明記されているので、気になる施設の詳細を見ておこう。

1 気になる事業所の詳細情報をチェック

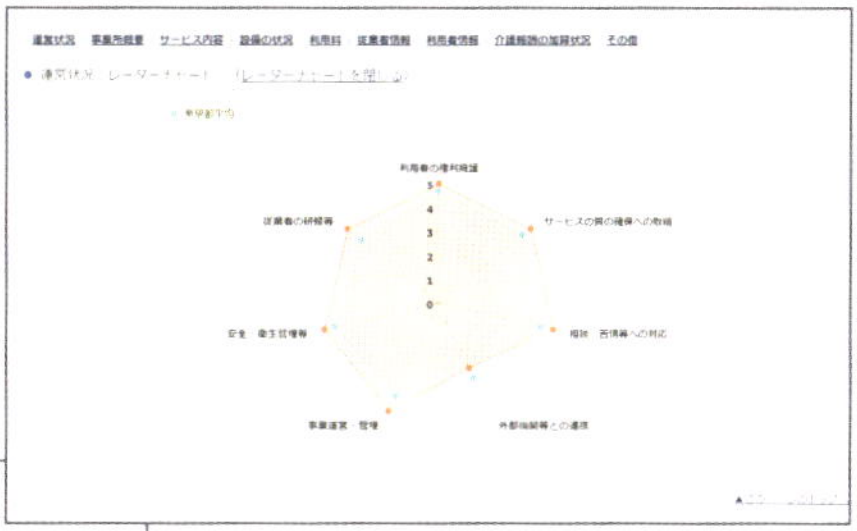

右ページのサイトを開き、事業所の詳細情報を見る。施設の状況を示すチャートも参考になる。

● 従業者情報

総従業者数		19人
計画作成担当者数	常勤	2人
	非常勤	0人
介護職員数	常勤	11人
	非常勤	5人
介護職員の退職者数	常勤	0人
	非常勤	0人
看護師数	常勤	0人
	非常勤	0人
経験年数5年以上の介護職員の割合		75%
夜勤を行う従業者数		8人

● 利用者情報

利用定員 ※<>内の数値は都道府県平均		2ユニット18人<15.3人>
入居率		92%
入居者の平均年齢		86.24歳
入居者の男女別人数		男性：0人 女性：18人
要介護度別入所者数	要支援2	0人
	要介護1	2人
	要介護2	4人
	要介護3	7人
	要介護4	5人
	要介護5	0人
昨年度の退所者数		6人

2 従業員情報をチェック

従業員情報を押すと、総従業員数と退職者数が出てきて、離職率を計算できる。

離職率

退職者数÷総従業員数×100

ネット検索はいちばん便利。ただしリテラシーが必要！

すぐに包括に行けないとき、先にある程度調べておきたいときは、ネットでリサーチしてもかまいません。ただしネットの情報は膨大すぎて、やみくもに見ても混乱するだけです。おすすめは厚労省の「介護事業所・生活関連情報検索」サイトです。

とくに見ておきたいのが離職率。介護の仕事は、誰がやっても同じ単純作業ではありません。1人1人のスキルと経験が蓄積され、施設全体でのケアの質が高まるもの。離職率が高い職場は避けたほうが賢明です。**「経験5年以上の職員の割合」もあわせてチェックし、ベテランがある程度多い事業所を選ぶようにします。**

昼食時に見学に行き、利用者の様子をチェック

昼食時はいちばん多忙。ケアのゆとりと質がわかる

ケアマネから情報を得たり、ネット検索をおこなえば、候補をある程度絞り込めるはず。より望ましいと思える施設から、順に見学に行きます。

電話でアポイントをとり、一度見学させてほしい旨を申し出ましょう。

重要なのは見学のタイミング。**施設の忙しさには曜日や時間帯でムラがあり、もっとも忙しい時間帯にケアの質が表れます。**おすすめは昼食時。なかには、「昼食時は忙しい」などと芳しくない反応をする施設もあります。**反対に、ケアの質に自信がある施設は、忙しい時間帯でも受け入れてくれることが多いもの。**ここが1つのチェックポイントです。

忙しいからと、入居者が放っておかれていない？

実際に昼食時に訪問するときは、入居者の様子を観察します。1人1人にあった食事量で提供され、快適に食事できているか見てみましょう。**スタッフが忙しそうに走り回り、介助を必要とする利用者が放置されているようでは、いい施設とはいえません。**

アポイントの際に、一緒に昼食をとりたいと申し出てみるのもいいでしょう。最近は感染症対策で、同席困難な施設も増えましたが、相談してみる価値はあります。**一緒に食事をとると、入居者の様子のほか、食事の質もわかります。**豪華でなくていいので、毎日の食事として楽しめるようになっているかを確かめます。

ネットではわからない、施設のリアルが見える!

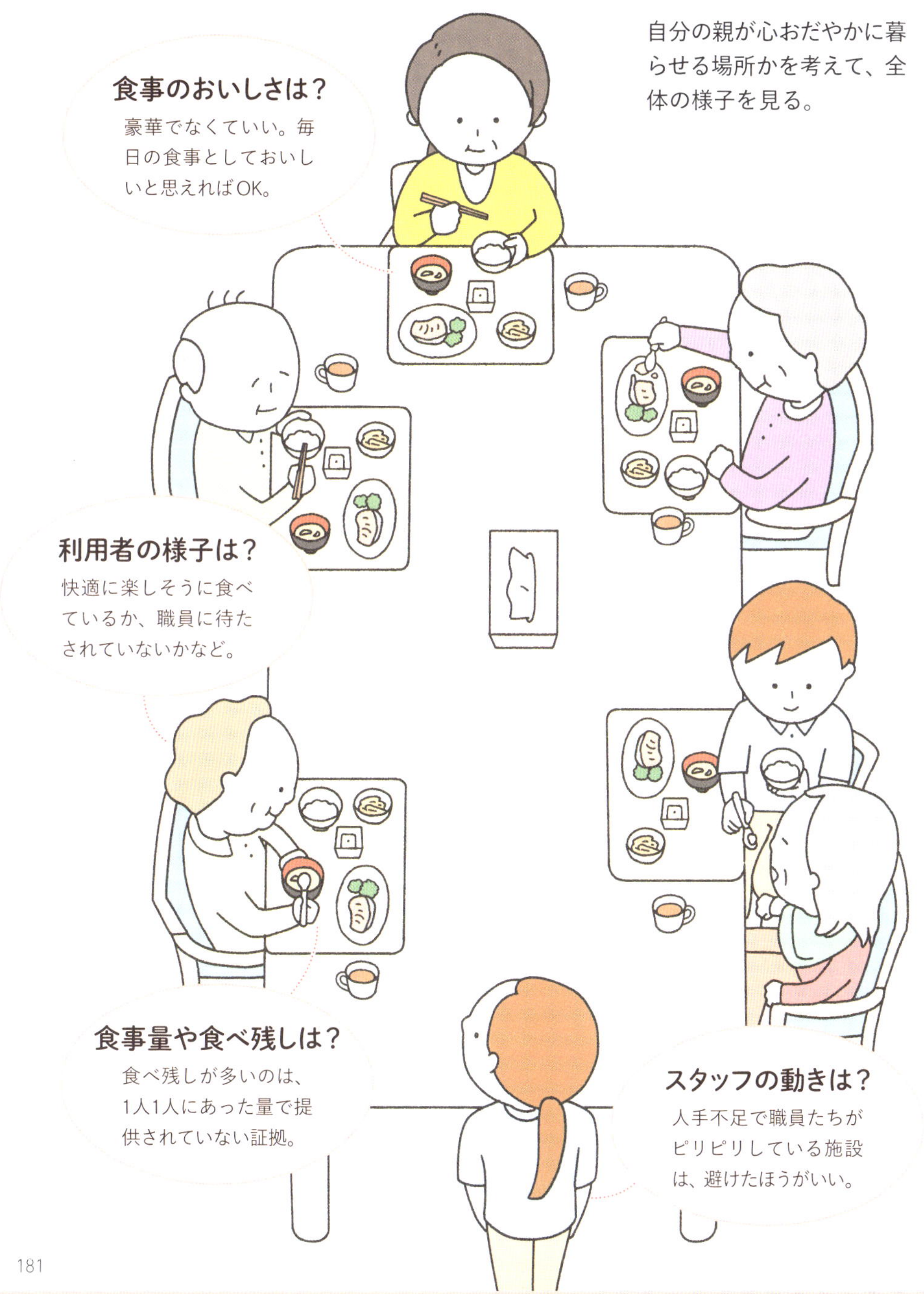
自分の親が心おだやかに暮らせる場所かを考えて、全体の様子を見る。
食事のおいしさは？
豪華でなくていい。毎日の食事としておいしいと思えればOK。
利用者の様子は？
快適に楽しそうに食べているか、職員に待たされていないかなど。
食事量や食べ残しは？
食べ残しが多いのは、1人1人にあった量で提供されていない証拠。
スタッフの動きは？
人手不足で職員たちがピリピリしている施設は、避けたほうがいい。

施設職員との面会ではトータルの月額を聞く

当初は聞いていなかった料金が上乗せされる⁉

一時期より状況はよくなりましたが、介護施設をめぐるトラブルや苦情は、いまなおあります。とくに多いのが契約や料金に関するもの。入居後になって、**パンフレットの表示価格の倍近い金額を請求され、驚くこともあります。**こまかなサービスが、別料金のオプションとなっているというしかけです。

そのため見学時には、利用料の月額総額を尋ねましょう。**「うちの親と同じ要介護度、同じような状態の人で、実際にいくらくらいの請求書を発行していますか？」**と聞いてください。答えに窮《きゅう》するようなら、その施設は避けたほうが賢明です。

接遇以上に、契約・解約のトラブルが多い

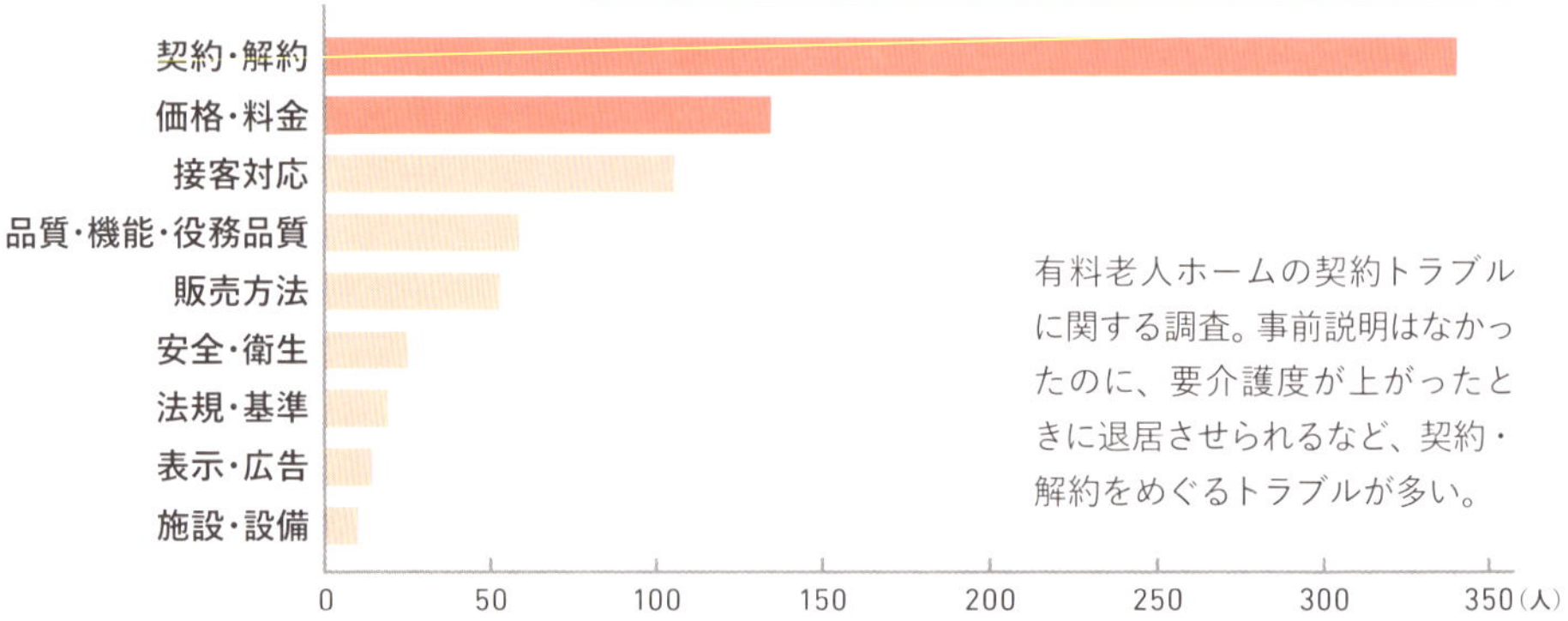

有料老人ホームの契約トラブルに関する調査。事前説明はなかったのに、要介護度が上がったときに退居させられるなど、契約・解約をめぐるトラブルが多い。

（「有料老人ホームの契約に関する実態調査結果概要」内閣府消費者委員会、2010より作成）

パンフレットだけでなく、重要事項説明書も確認

重要事項説明書は、直接請求するほか、自治体のホームページでも閲覧できる。料金体系もここでチェック。

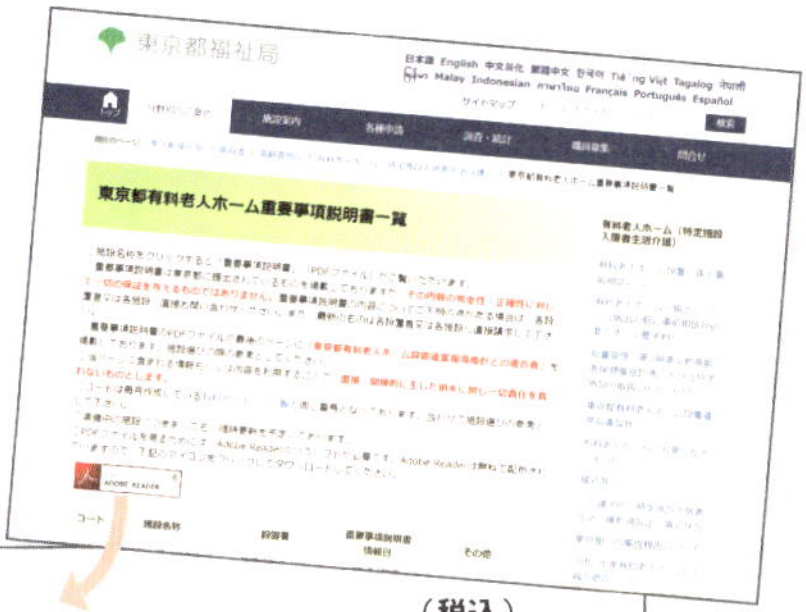

（利用料金のプラン【代表的なプランを２例】）　（税込）

			プラン１	プラン２
入居者の状況	要介護度		**自立**	**要介護**
	年齢		**75歳以上**	**75歳以上**
居室の状況	床面積		**22.0㎡**	**20.0㎡**
	便所		[1] 有　2 無	[1] 有　2 無
	浴室		[1] 有　2 無	1 有　[2] 無
	台所		[1] 有　2 無	1 有　[2] 無
入居時点で必要な費用	前払金		**3,500,000** 円	**1,920,000** 円
	敷金		**0** 円	**0** 円
月額費用の合計			**179,000** 円	**220,000** 円
家賃			**60,000** 円	**60,000** 円
サービス費用	特定施設入居者生活介護※1の費用		**0** 円	**（要介護3）26,000** 円
	介護保険外※2	食費	**59,000** 円	**59,000** 円
		管理費	**50,000** 円	**50,000** 円
		介護費用	**（介護費）10,000** 円	**（上乗せ介護費）25,000** 円
		光熱水費	**実費**	**実費**
		その他	**都度払いサービス有**	**都度払いサービス有**

※１　介護予防・地域密着型の場合を含む。

※２　有料老人ホーム事業として受領する費用（訪問介護などの介護保険サービスに関わる介護費用は、同一法人によって提供される介護サービスであっても、本欄には記入していない）

（利用料金の算定根拠）

費目	算定根拠
家賃	**建物の賃借料、設備備品費、借入利息、等を基礎として、1室あたりの家賃を算出した**
敷金	—
介護費用	**・（自立）介護費：自立者に対する一時的介護費用** **・（要支援・要介護）上乗せ介護費：長期推計に基づき、要介護者等2人に対し週38時間換算で介護・看護職員を1人以上配置するための費用として、介護保険給付及び利用者負担によって賄えない額に充当するものとして合理的な積算根拠に基づく**
管理費	**共用施設の維持管理・修繕費。事務管理部門・生活支援サービスの人件費・事務費**
食費	**厨房維持費、および1日3食を提供するための費用**
光熱水費	**実費**
利用者の個別的な選択によるサービス利用料	別添２
その他のサービス利用料	

看取りケアをしているか、職員に聞いてみる

救急車で運ばれ、心肺蘇生……それは親が望んだ最期？

看取りケアをおこなうかどうかは、施設の裁量に委ねられています。特養などは実施率が高いものの、全施設でおこなっているわけではありません。事業者の方針しだいです。

看取りケアには多大な労力がかかります。入居時点から親の価値観の理解に努め、看護師や医師と連携して進めなくてはなりません。「なぜ救急車を呼ばなかったのか」などと、家族に責められるリスクもあります。

そのリスクを負ってでも、最期まで入居者が望むように過ごせるよう尽力できるのは、いい施設。「最期はここでおだやかに」という親の希望を最優先に考えているのです。

入所時から価値観の理解に努め、最期まで寄り添う

施設での看取りケアには、以下の5つの段階がある。

適応期
入所時から本人の思いを聞き、緊急時の対応も話し合う。

≪

安定期
関係を深めながら、本人の価値観を理解し、意思決定を支援。

≪

不安定・低下期
死期が近い徴候が現れる。医療職と連携し、家族に説明。

≪

看取り期
本人の価値観に沿ってケアし、可能なら家族とともに看取る。

≪

看取り後
これまでのかかわりを振り返る。家族の心情に配慮し、労う。

（「看取り介護指針・説明支援ツール【平成27年度介護報酬改定対応版】」公益社団法人 全国老人福祉施設協議会、2015／「特別養護老人ホームでの看取り実践」池崎澄江，医療と社会 vol.33（1）：13-24，2023より作成）

スタッフ教育や連携なしには、看取りはできない

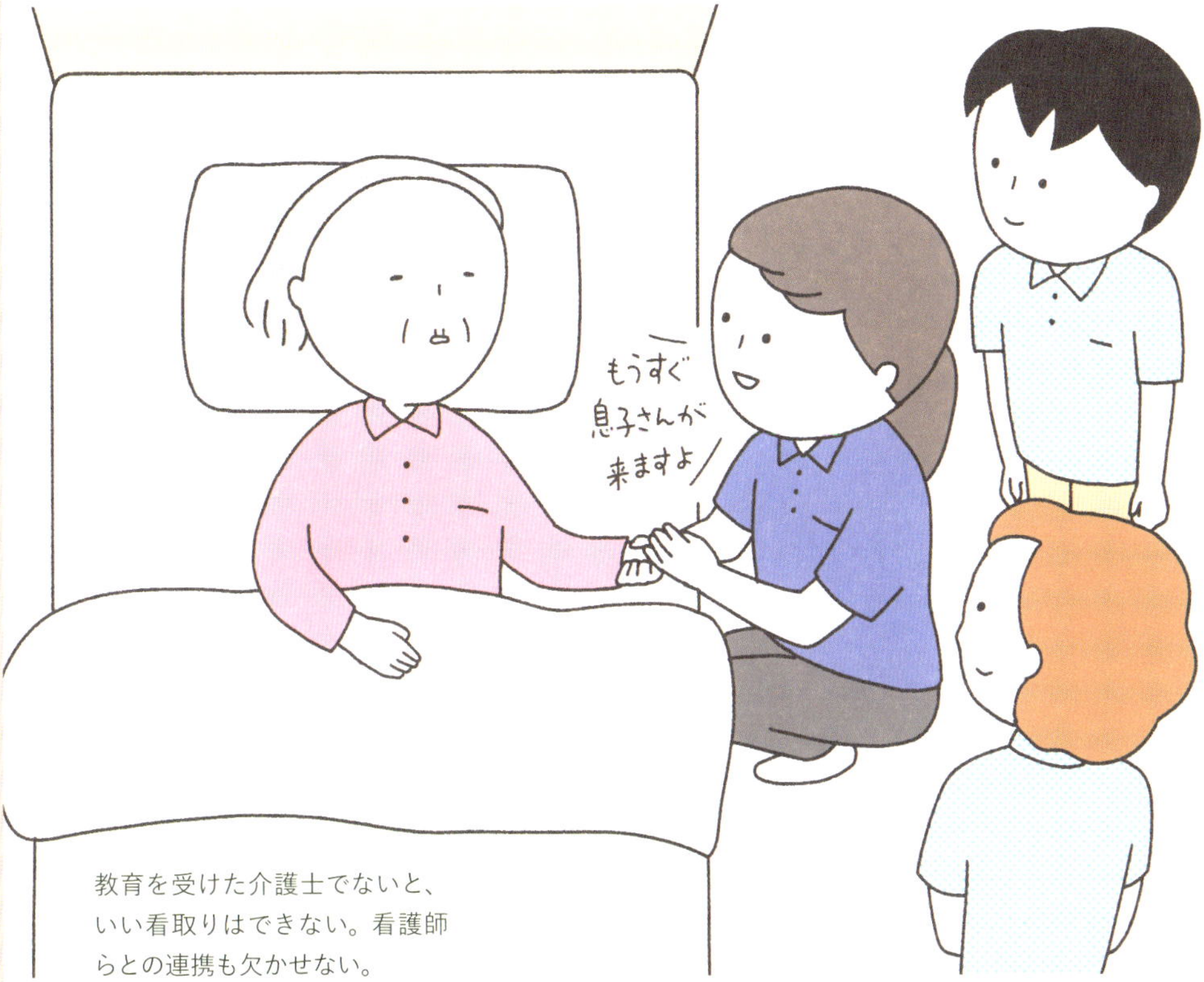
もうすぐ息子さんが来ますよ

教育を受けた介護士でないと、いい看取りはできない。看護師らとの連携も欠かせない。

特養では半数以上が個別の看取り計画を立てている

施設で看取りケアをおこなうには、看取り計画を立てます。ACPの記録を残し、いざというときに備えて、スタッフ全員で共有します。

このような個別計画を立て、積極的に看取りケアをしているのは、特養では56・4％、老健では51・6％。それ以外の施設は、「看取りはするが計画は立てていない」が最多で、あとは看取りをしていない施設です（厚生労働省、2012）。

ただ、介護医療院や介護付き有料老人ホーム、認知症グループホームでも積極的な看取りができるよう、国が推進しています。気になる施設に直接確認してみましょう。

「すぐ入居できます」の言葉は疑ったほうがいい

「限定品があと1着！」商法にあわててつられないように

介護施設の実際を知らない状態では、1軒だけ見ても判断がつきません。可能なら複数の施設を見て、比較検討しましょう。**見学の際に、「いまならすぐ入居できます」と言われることもありますが、その手には乗らないこと。**本人に会わず、受け入れを決める施設は危険です。

たとえば本人が感染力の強い感染症にかかっていたら、施設内で感染が広がるおそれも。せん妄《もう》＊で暴れる状態なら、適切なケアはできず、環境の変化でせん妄が悪化するだけです。**無条件で引き受けるような無責任な施設では、何かあったときに即退居を迫られる可能性もあります。**

面談を経て契約に至るのが、正しいプロセス

Step I　見学

見学はほとんどの施設で受け入れている。親自身が入居を望んでいて、同行できる健康状態なら、親と見学に行くといい。

Step II　本人面談&入居審査

責任者が本人と面談し、受け入れが可能か、どんなケアが提供できるかを判断する。子どもも介護休暇をとって同伴しよう。

Step III　仮申し込み&契約

人気の施設で順番待ちなら、仮申し込みをしておいたほうがいいことも。入居できる状態になったら本契約を交わす。

＊せん妄…高齢者にたびたび見られる意識障害の一種で、興奮して暴力をふるうことも。入院などの環境の変化、手術などの侵襲、昼夜逆転の生活など、さまざまな引き金がある。

施設長や施設のケアマネと、現状&今後を話し合う

可能なかぎり親に話してもらい、親が望むサービスの提供につなげる。
施設長
治療は訪問医に来てもらうようにしましょう
施設のケアマネ
生活上の困りごと
できなくて困っていること、とくに支援が必要な行動。
基本情報
個人情報、要介護度、要介護に至った原因と経過など。
利用したいサービス
介護、看護の希望。入浴頻度などの希望も言っていい。
病歴&服用薬など
医学的な情報全般。インスリン注射などは必ず伝える。
好きな活動、過ごしかた
趣味や毎日の習慣、人との交流が好きかどうかなど。
親
子ども

入院中であれば、病院に来てくれるのがいい施設

親の健康状態が悪く、施設での面談が困難な場合もあります。だからといって、面談不要とはいきません。**病院に来て面談してくれるのが望ましい対応です。**介護施設には必ずケアマネがいますから、子どもも同伴できる日程を調整し、来てもらいましょう。

面談では、介護にまつわる情報だけでなく、親の価値観、生活歴を伝えてください。それを受けて、親がよりよい生活ができるように考えるのが、プロの仕事です。

面談では経済状況についても聞かれます。子どもが身元保証人になるのが一般的ですが、最近は保証会社と提携している施設もあります。

ショートステイや体験入居も試しておきたい

慣れてもらうためにもショートステイをくり返し利用

子どもが見学に行って気に入っても、親が同じ感想をもつとはかぎりません。高齢者は環境の変化に敏感な場合もあります。**契約後にはじめて足を踏み入れるより、ショートステイや体験入居を試しておくのが確実です。**

ショートステイを受け入れている施設なら、在宅介護の段階で定期的に利用しておきましょう。スタッフとの関係が深まり、親の価値観にあったケアが受けられますし、親の心理的抵抗も小さくなります。**普段からショートステイで利用している施設があり、親も満足しているなら、そこに入居するのがベストです。**

体験入居は介護保険の適用外。ただし長めの滞在も可能

最近では入居後のトラブルを防ぐため、体験入居を受け入れる施設も多くあります。期間は1泊から1か月以上と幅がありますが、1週間程度は入居したいところ。1泊、2泊では緊張がとけず、居心地の悪さが印象に残ることもあるためです。

ただしショートステイと異なり、体験入居は介護保険の適用にはなりません。1泊数千～1万5000円程度の費用がかかります。

体験入居では介護サービスを受けるだけでなく、ほかの入居者と交流したり、レクリエーションに参加したりできます。それらも含めて、快適に過ごせそうかを判断します。

本人の感想は大事。ただし質問攻めにしないで

「楽しかった」と答える親は少ない。快適に心おだやかに過ごせれば十分。

ショートステイor体験入居

快適な環境で過ごすうち、施設へのネガティブな印象がやわらぐことも。

帰宅後に検討
Good
お風呂はやっぱりいいねえ、って
ニコニコしておられましたよ
Bad
施設の人の対応はよかった？
食事はどうだった？
ちゃんと眠れた？
うーん……

滞在中の様子を施設に尋ねるほか、在宅のヘルパーなどに、感想を言っていなかったか聞いてみる。

子どもの前で本音を言うとはかぎらない。しつこく聞くのは逆効果。

入居後のケア

入居後の訪問では、楽しい思い出話を中心に

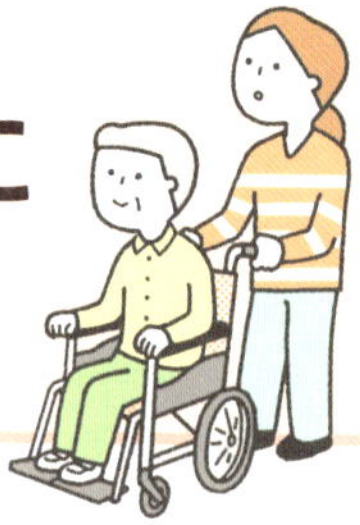

契約トラブルを防ぐため前払金のルールもチェック

入居を決めたら、本契約に必要な書類を準備します。**必ず求められるのは、診療情報提供書と戸籍謄本《とうほん》、住民票。**診断情報提供書は主治医に依頼し、病気や障害の詳細のほか、日常生活での注意点、医療上必要とされるケアなどを書いてもらいます。このほかに、健康診断書や印鑑証明を求められる場合もあります。

民間の事業者では通常、前払金も必要です。前払金は退居時の返還トラブルにもつながりやすく、保全措置が法的に定められています。短期解約特例制度（90日ルール）もあります。**施設の規定を必ず確認し、疑問点を解消してから契約しましょう。**

心配だからといって、足しげく通わなくていい

施設入居は親との別れではありません。後ろめたさから謝ったりすると、親も苦しくなります。**入居日はできるだけ自然に送り出しましょう。**

入居後しばらくは不安でしょうが、毎日のように通う必要はありません。在宅介護も施設介護も、これまでの距離感を保つことが成功の秘訣。**いままで月数回の交流だったなら、その頻度で面会に行くといいでしょう。**

面会時にかける言葉も重要です。生活に不都合がないかを詳細に聞くのは避けてください。**せっかくの面会ですから、「来てくれて楽しかった」「皆の元気な様子を聞けて嬉しい」と感じてもらうのが理想です。**

変化の少ない毎日でも、思い出はたくさんある

あの観覧車、昔、何回も乗ったよね！
なつかしー
そうよ、あなたが乗る前にいっつも泣いて……
そのたびにお父さんがあわててねえ

歳をとれば楽しいことは減るが、過去の楽しかった記憶は残されている。その思い出を中心に話そう。

「これだけやれば許される」を目標にしないこと

面会に来た子どもが、生活状況を根掘り葉掘り尋ねるのは、後ろめたさを解消したいから。**最低限の親孝行は果たせたと思いたいのです。**

では、「介護＝親孝行」の価値観はどこから来るのでしょうか。多くの人は自分の人生で精一杯で、親から受けた恩を返せていません。そのタイミングで介護が必要になり、親孝行の最後のチャンスと感じるのでしょう。**けれどどんなに尽力しても、介護には後悔がつきものです。**子どもにできるのは、親にとっての幸せは何か、介護を通じて考えること。それは今後の人生観につながる、親からの最後のギフトです。

職員は大切なチーム。信じて連携しよう

ほとんどの介護職員は利用者の笑顔を望んでいる

私たちがメディアでふれる介護施設の情報といえば、高齢者虐待などのニュース。目を覆いたくなる凄惨《せいさん》な事件も報じられています。介護施設に不信感を抱く人もいるでしょう。

しかし当然ながら、多くの施設では、介護士を中心とした職員が献身的なケアをしています。対人援助職につく人はそもそも、相手の笑顔と幸せを望んでいるのです。

十分に吟味して入居を決めた施設なら、まずは職員を信頼してください。こまかな口出しはせず、プロの判断に任せます。結果として職員のモチベーションが高まり、よりよいケアを引き出すことができます。

施設での様子が気になるときは、電話してもいい

職員から見た親の様子も大事な情報。ときには電話で様子を尋ねてもいい。

親が不満を言うときは、職員と話して改善をめざす

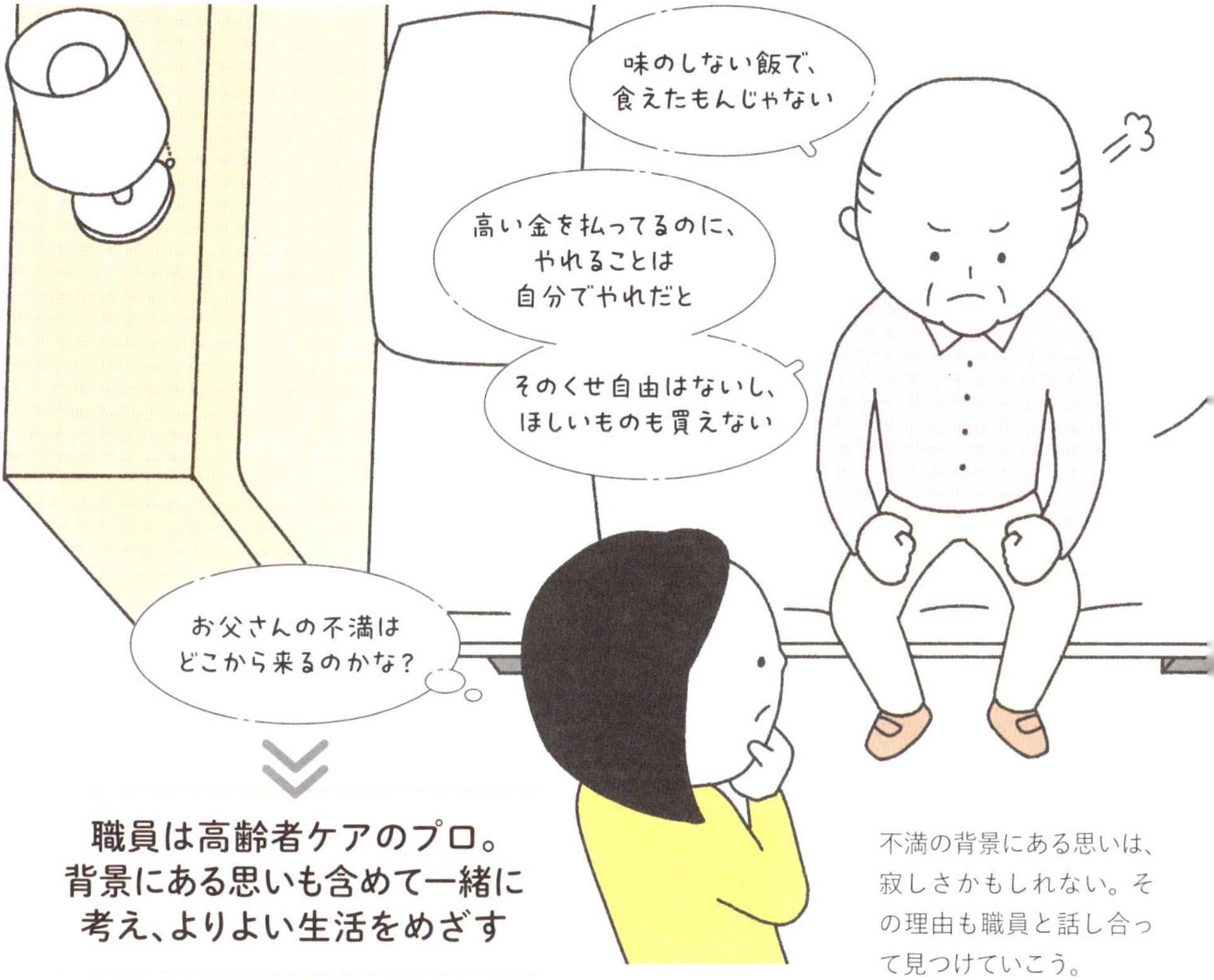

職員は高齢者ケアのプロ。背景にある思いも含めて一緒に考え、よりよい生活をめざす

不満の背景にある思いは、寂しさかもしれない。その理由も職員と話し合って見つけていこう。

よりよいケアのために親の人となりを伝える

よりよいケアをしてもらうには、家族だけが知る情報を伝えることも大切です。**これまでの人生、大切な思い出などを伝えることで、職員と親の関係がより深まります。**

とはいえ、職員の接遇などに不満を抱くこともあるでしょう。そんなときは施設の上長などと直接話して解決をめざします。

親が施設のグチをこぼすときも、あわてないこと。**サービスに本当に問題があるのか、寂しさから出た言葉なのかは、子どもにはわかりません。**親の言葉を施設の職員に伝え、親が心おだやかに過ごせるかかわりを、プロ目線で考えてもらいます。

Column

「お金さえあれば」は、なぜ間違いなのか

お金で安全を買うと、親が不幸になる!?

「もっとお金があれば、親孝行できたのに」——これは親の介護で多くの人が抱く思いです。現役世代の実質賃金は親世代より低く、自分の生活で精一杯。親を高級施設に入れられるのは一部の富裕層だけです。

問題は、高級施設の生活が幸せかどうかです。入居金5000万円の豪華施設に入った男性の例で考えましょう。男性の日々の楽しみは、証券会社に赴いて株価の話をすることでした。なのに施設では外出許可が出ず、子どもたちに日に何十回も電話し、施設から出すよう怒鳴ります。その結果、子どもたちは親の携帯電話をとり上げました。この男性は幸せといえるでしょうか？

人とつながり、人の役に立つほうが、ずっと幸せ

子どもたちに悪意はありません。けれど高額な費用を払うことで、「できるだけのことはした」と感じられるのが、お金の魔力です。お金で買えるのは、親孝行した気分と社会的な評価、そして自身の安心感だけ。親にとって本当の幸せが何かを考えることもむずかしくなるのです。

幸せは多くの場合、人とつながり、役に立っていると感じられることにあります。この感覚は、認知症の高齢者にももちろん残っています。手ごろな公的施設に入り、施設職員の洗濯物たたみなどを手伝いながら暮らす高齢者のほうが、はるかに幸せかもしれません。

Part
5

「うちの親、どうしてこうなの!?」……
家族ごとの悩みに応える

介護の
おなやみ相談室

親も私たちも、それぞれに違う価値観をもっています。
家族が介護すべきかどうか、きょうだいでの分担はどうするか。
世代や地域での価値観の違いもあるでしょう。
本章では、そんな背景も含めた悩みに応えていきます。

Case 1

訪問介護も施設もイヤの一点張りで、いうことを聞いてくれません

母が昨年亡くなり、84歳の父は1人暮らしに。認知症らしき言動が急に増え、介護が必要な状態です。なのに父は現状を認めず、介護を受け入れてくれません。

〝いうことを聞かせる〟から、〝親が心おだやかに過ごす〟に切り替えてはどうでしょう

歳をとった親に、「いうことを聞いて」と思うのはなぜ？

まず考えたいのは、介護を望んでいるのは誰か、その目的は何かということ。介護を望んでいるのはあきらかに子どもですね。親が1人のときに倒れたり、徘徊《はいかい》で迷子になったら、責任がとれないと考えているのではないでしょうか。だらしない暮らしぶりを見たくない思いもあるかもしれません。

親の行動に責任をとるべきという考えを、一度手放してみてはどうでしょう。私たちは人の行動に責任をとれません。親を部屋に閉じ込めて監視カメラをつけるなど、虐待同然の管理をしないかぎり、まず無理です。〝いうことをきかせて安全を守る〟を目標とせず、〝親が心おだやかに過ごす〟にシフトチェンジすれば、子ども側の不安や苛立ちも軽くなります。

いうことを聞かせるという発想は、人を上下関係で見るときに生じるものです。かつての日本では、パターナリズム（父権主義）のもと、父親が子どもを従わせるのが当たり前でした。〝お前のため〟という名目で、いうことを聞かせるのです。いま現在も、このような親子関係は少なくありません。そんな環境で育った子が、老親に同じ接しかたをすることもあります。

親子であろうと、私たちはいい意味で〝他人〟です。上下ではなく対等な関係としてかかわり、相手の意思を尊重することが大切です。

「医者なんてろくなもんじゃない」と病院にも行ってくれず、困っています

●医療との向き合いかたも、現役世代と同じじゃない

一方で、介護を受けることは、親にとってはじめての経験。抵抗感があるのは無理もありません。サービスによって生活が快適になるというイメージもわかないでしょう。「介護サービスはいらない」と言われても、文字どおりに受け止め、あきらめることはありません。ケアマネに相談し、自然な形でサービス提供の機会をつくるようにします。親は子どもに対してプライドがあり、説得されると抵抗したくなるものです。「お願いだから」とくり返し説得することは逆効果と考えてください。

介護だけでなく、医療への忌避感をもつ親もいます。医師と意思疎通がうまく図れない、医療を懐疑的に捉える本を読んだなど、背景にはさまざまな理由があります。1つだけ言えるのは、現役世代と親世代では、医療への向き合いかたが違うということ。私たちが毎年健康診断を受け、病気の予防と治療に努めるのは、今後の長い人生があるからです。歳をとれば全身機能が低下するのが自然ですし、治療してもほとんどは治りません。我慢して生活を改善したり、服薬を続ける意欲をもちにくいのです。

病院に行きたくないのなら、それも1つの生きかた。甘いものを好きに食べるのが喜びなら、健康のためにと禁じる必要はありません。

**そういう親も少なくありません。
生きかたとして
尊重したほうがいいことも**

●親もはじめての経験。途中で気持ちが変わることもある

介護サービスや医療への拒否感は、何らかのきっかけで生まれたもの。「子どもに面倒を見てもらうのが幸せ」という考えをもっていたとしても、古い世代から何となく受け継がれただけで、確たる根拠はありません。状況が変われば、考えが変化することもあります。

たとえば要介護度が進み、日常的なセルフケアがいままで以上にできなくなったとき。あるいは感染症などで体調を崩し、コンビニ弁当を買いに行くこともできなくなったとき。このような状態になれば、誰かの世話がなければ生活できないと親も実感するはずです。ホームヘルパーや訪問看護師に来てもらえば、そのありがたさが身にしみてわかります。それを機に、ホームヘルパーや訪問看護師に継続的に来てもらうようにしましょう。親が不便そうにしていても、あえて駆けつけず、そのタイミングを待つのです。かわいそうと思うかもしれませんが、子どもが直接世話をするより、長期的に見れば親のためになります。

いざというときにスムーズに介入してもらうためにも、親の許可にはこだわらず、早めに包括に相談を。ケアマネ選びまで進めておけると理想的です。

Case 2

誰が介護するかの役割分担で、きょうだいでもめています

仙台に住む両親は要支援の状態。僕は東京住まいでなかなか行けず、近くに住む妹に負担が偏っています。
役割分担を改善する方法はありますか？

「誰かが介護しなくちゃ」と考えず、プロに頼る前提で相談しましょう

たとえ親が望んでも、直接の介護はいい結果を生まない

妹さんの不満はもっともです。近くにいれば、親の様子を見に行かなくてはと感じますし、親から連絡を受けることも多いでしょう。女性に家庭内のケア労働を求める風潮はいまも強く、「娘には頼みやすい」という親もいます。なかには、思うようにいかないときに、娘に強くあたる親も。一方で、たまに来る息子に対しては、長男としてちやほやと甘やかしたりします。「何で私ばっかり！」という不満が募るのも無理はありません。

最大の問題は、プロの手を借りていないこと。要支援であっても受けられるサービスは数多くあります。日々の買いものはもちろん、庭の草むしりなども、社会福祉協議会やシルバー人材センターに頼めます。妹さんが直接ケアしている状況を変えることが先決です。要介護度が進むほど大変さが増し、介護離職に追い込まれる可能性もあります。

とはいえ、忙しい生活のなかで親元に通う妹さんに、「自分でやらなくていいんだよ」と言えばどうなるでしょう？ 人の気も知らないで、と怒りに火をつけるだけです。まずは否定せずに話をよく聞き、苦労をねぎらってください。どんな思いで親のケアに懸命になっているのか、その背景を理解することが大切です。

サービスを使っても1人に負担がかかるときは、どうすれば？

できるだけ早い段階で、役割分担を話し合う

妹さんの現状と思いを理解できたら、親が住む地域の包括に電話しましょう。自分は遠方に住んでいること、妹が代わりに世話していることを話し、状況を変える介入をしてもらうのです。包括の職員が健康状態を見に行き、必要な支援を親に提案するなど、できることはいくらでもあります。「娘がいるからいい」と断る親もいますが、一度であきらめず、くり返しアプローチしてください。親の調子がよくないタイミングなどで、ホームヘルパーに自宅に行ってもらい、ケアを始めてもらう方法もあります。親の許可を得ようとせず、当然のこととして導入してしまうのです。プロの介護チームがうまく機能するようになれば、妹さんの負担は大幅に減ります。

流れによっては、妹さんに「余計なことしないで」と言われるかもしれません。そこは言い争ったりせず、これまでのケアへの感謝の意を示して。そのうえで、「自分の生活を大切にしてほしいし、無理してほしくない」という思いを伝えられれば十分です。

直接の介護をすればするほど、そこから引き返しにくくなります。質の高いサービスを受けられなくなるのは、親にとっても不幸なこと。できるだけ早めにプロの手を借りて慣れてもらうのが、最善の方法です。

負担してくれている
きょうだいの思いを聞くなど、
できる範囲で貢献しましょう

〝親が望む暮らし〟にフォーカスすれば、協力しあえる

プロの手を借りるときにも、役割分担を決めておくことは大切です。「私は月2回会いに行く」「僕はケアマネとのやりとり、契約、お金の管理をする」など、サービス導入前に決めておけると理想的です。サービス利用中に倒れた場合に備え、緊急連絡先も決めなくてはなりません。通常は近くに住む子どもが緊急連絡先となり、介護のキーパーソンになります。結果として片方のきょうだいに負担が偏ることも。役割分担が大事な一方で、完全に公平な分担は困難なことも覚えておいてください。

負担が少ないほうのきょうだいは、負担が多いきょうだいに自分から連絡をとり、ねぎらうことを忘れずに。「自分にはわからないから」「かえって怒らせるから」と遠慮するのが、いちばんよくありません。困りごとやグチを言える相手がいるだけで、キーパーソンが孤独になり、心理的に追い詰められるのを防げます。

意見が対立するときは、〝そもそも親の望みは何か〟に立ち返ってください。自分の意見や価値観ではなく、親の価値観を軸に考えれば、協力しあえるはず。介護をめぐって子どもたちが言い争うことは、親も望んでいません。その意味でも、親の視点を軸に話し合って進めましょう。

Case 3

田舎の親戚たちに「親の面倒を見ないなんて」と責められました……

父が要介護１、母は要支援１で、鹿児島在住です。私は東京、弟は大阪にいて、介護のために帰るつもりはないのですが……、そのことを親戚に非難されました。

相手は価値観を押しつけたいだけ。自分を責めることはありません

昔の家族介護は、本当にいいものだった？

介護は子の務めと考える人は、親世代では少なくありません。自分たちも家庭で介護してきたし、それが親孝行だという理屈です。しかし親世代が家族を介護していたのは、30年前後も前の話。１９９５年の家族構成を見ると、三世代世帯の割合も専業主婦の割合も、半数近くに及んでいました。けっしてよいことではありませんが、共働きの核家族に比べ、家庭内の女性に介護をさせやすかったのです。舅《しゅうと》の介護まで嫁の務めとされました。

一方でこの時代には、高齢者福祉が不十分だったのも事実。多くの高齢者が寝かせきりにされ、病院に預けっぱなしの社会的入院も多かった時代です。昔の高齢者は家庭で大切にされていたというのは、神話のようなもの。介護保険制度ができたことで、一定以上の質の介護を、すべての高齢者が受けられるようになったのです。それを使わない手はありません。

親戚が昔の価値観をもち、家族介護を美徳とするのはしかたありません。歳をとれば、〝昔はよかった〟という感覚をもつものです。しかし子どもたちにそれを求めるのは、よけいなお世話でしょう。自分たちの価値観の押しつけにすぎません。「いつもありがとうございます。何かあれば遠慮なく連絡をください」と言って、聞き流すのがいいでしょう。

そうは言っても、
「親孝行」と言われると
罪悪感で気持ちが揺れます

直接の介護以外で、自分なりの親孝行をしよう

人間は社会的生きものです。個人差はありますが、誰もが他者とかかわりながら生きていますし、他者の目を気にしています。自身の価値観と違っても、「介護は当然の親孝行」の言葉が胸に刺さることもあるでしょう。

それでも、価値観の押しつけに乗ってはいけません。親戚だけでなく、実家の近所の人なども同じ。親の幸せを真剣に考えた結果として、その発言をしているわけではないからです。相談事例のように、「女性なら仕事を辞めて帰ってきてもいいのでは」という発言はいまもありますし、「地元の仕事を紹介するから」という人もいます。こうしたお節介も、自分たちと同じ人生を送らせたいだけのこと。親のおかげで受けられた教育、手にした職や生活を大切にしてください。多くの親は、子どもの仕事や生活を犠牲にしてまで介護してほしいとは思っていません。

親孝行の言葉が胸に刺さるなら、別のやりかたで親孝行を。月1回でも実家に帰り、元気な顔を見せるだけでも、立派な愛情表現です。親のおしりを拭き、汚れたオムツを変えるより、親はよほど喜ぶでしょう。思い出の場所に一緒に行き、思い出話をするのも素敵な時間です。親の幸せは何かを考えながら、自分にしかできない親孝行をめざしましょう。

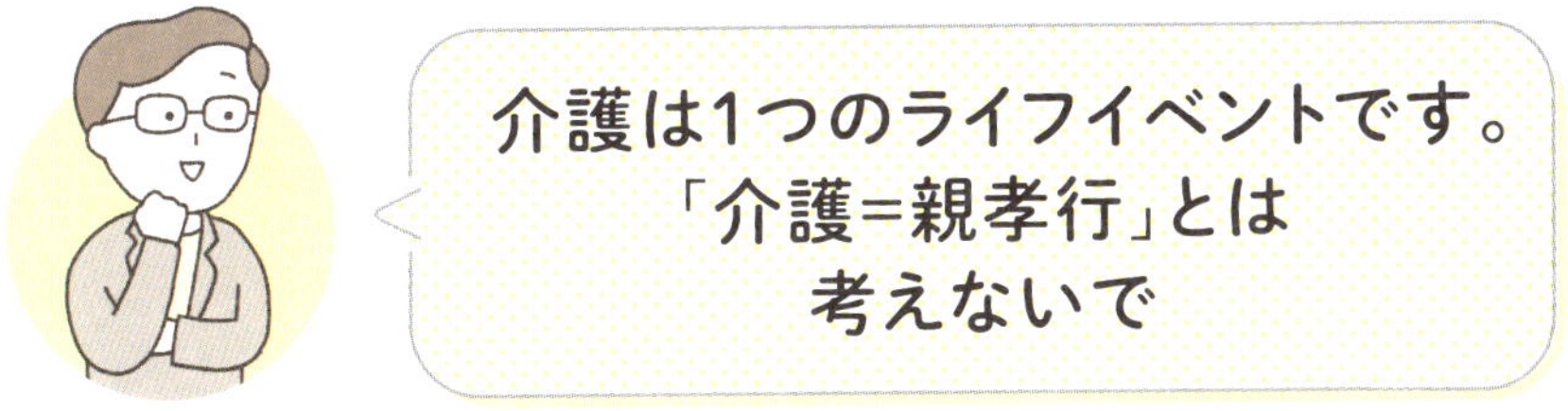
介護は1つのライフイベントです。
「介護=親孝行」とは
考えないで

親から受けた恩は、子どもや次世代に返していく

親が子を育て、守るのも、人が社会的生きものだからです。人間の子どもは、親のケアなしには命を守れません。さらに学校や社会で出会う多くの人の影響を受け、ようやく1人立ちを果たします。多くの人に恩がありますが、それを1人1人に返していくことはできません。

一方で大人になった私たちは、自分の子どもをケアしたり、次世代のためになる行動をとることができます。自分が受けた恩や善意を誰かに渡し、先へとつなぐ「ペイフォワード」です。このようにして人の社会を成り立たせるのが、社会福祉の本質でもあります。親への感謝の念を抱きながら、別の誰かをケアしたり、助けたりすることができたら、親孝行は果たせたと考えていいのではないでしょうか。

介護というのはあくまで1つのライフイベントです。「小学校入学」「大学卒業」「就職」「結婚」「子育て」などのできごとやプロセスと同様、人が生きて、死んでいくうえでの通過点です。自分の仕事や目の前の家族、パートナーらを大切にしながら、できる範囲でとり組みましょう。親の人生はどんなものだったか、何を幸せに歩んできたかを胸に刻み、自分の人生をよりよいものにしていってください。

Case 4

父の介護をしている母が、いまにも倒れそうです

要介護3の父を、母が1人で介護。母も憔悴《しょうすい》していますが、私がやるしかないと言っています。私も2歳児の子育て中で、介護の力になることができません。

これじゃあお母さんが倒れちゃうよ
プロの介護職の人に来てもらおうよ
自分の病院だって行けてないでしょう
そんなこと言ったって、夫婦2人でやってきたんだし
お父さんだって、私が世話するのが当然と思ってるわ

親世代の夫婦の結びつきは素晴らしいもの。それでも、プロの介入は必要です

母親も倒れては一大事！ 包括に介入してもらおう

子どもの介護を望む親は、昔と比べてはるかに減りました。一方で増えているのが老々介護です。２０２３年には、家族介護世帯の63・5％にまで上昇。75歳以上の後期高齢者の老々介護も、35・7％に及んでいます。女性のほうが平均寿命が長いこともあり、３組に２組は、妻が夫を介護しているパターンです（厚生労働省、２０２３）。

これがどれほどの負担なのかを考えてみましょう。要介護３の家族を介護する場合、３人に１人は、１日のほとんどを介護に費やしています（厚生労働省、２０２３）。３度の食事を用意し、食事介助したあとは、口腔《こうくう》ケアに排泄の介助。入浴が困難であっても、体を拭くなどのケアは必要です。数時間に１回は体位を変えないと、褥瘡《じょくそう》（床ずれ）もできます。若年者がやっても、１人で抱えきれる仕事量ではありません。高齢の親は持病を抱えていることも多く、倒れそうになるのも当然です。

「夫婦で助け合って生きる」という価値観は素晴らしいものです。けれども親を守るための危機介入は必要です。介護のために母親が倒れたら、父親の生活も立ち行かなくなります。親の気持ちが変わるのを待つ必要はないので、できるだけ早く包括に電話し、介入してもらってください。

母の体調が戻るまで、
一時的にでも私が帰ったほうが
いいでしょうか？

包括に相談し、サービス導入をどんどん進めよう

「お父さんだって、私が世話するのが当然と思ってるわ」の言葉からは、母親自身も限界を感じていることがうかがえます。それでも夫の頑《かたく》な価値観に、態度を変えられずにいるのかもしれません。ならばここで援護射撃をして、母親を守ることが、子どもができる親孝行ではないでしょうか。

包括には現状をありのままに伝え、状況を見に来てもらいます。母親には、プロの目から見た状況と、必要なサービスを伝えてもらいましょう。ケアマネとの契約も進め、要介護認定が下りるのを待たずに訪問介護に来てもらいます。有休や介護休暇を使うなら、この段階です。

母親はこの間に病院に連れていき、健康状態を診てもらいます。あきらかな病気がなくても、疲労が強ければ、レスパイトケアを利用。自分が介護しないといけないと言い張る場合は、「2人で支え合ってきたんだから、倒れたらお父さんが困る」と話し、休息をとってもらいましょう。

親が望むからといって、プロの手を借りずに、自分が実家に帰ることだけは避けてください。親子3人での介護生活から抜けられず、自分の生活を手放さざるをえなくなります。プロによる質の高いケアを受ける機会を逸することは、長期的に見れば、親にとっても不利益です。

介護生活から
抜けられなくなるおそれも。
マネジメントに徹しましょう

閉じた空間で、悲しい介護虐待が起こることもある

老々介護では、ときに悲惨なニュースも報じられます。介護者が限界を感じ、配偶者を虐待したり、殺してしまうなどの事件です。今回のケースとは逆に、父親が母親を介護する場合に虐待が多いこともわかっています。

男性は攻撃的という短絡的な話ではありません。いくつかの理由があり、1つ目は、家事スキルのトレーニングを受けていないこと。配偶者のケアにも自分のケアにも手こずり、ストレスが蓄積します。さらに仕事中心の生きかたをしてきた人が多く、地域コミュニティとのつながりが希薄です。助けを求めることにも抵抗があり、1人で抱え込みやすいのです。

このような傾向は老々介護だけでなく、男性が親の介護をする際にも見られます。とくに現役世代では、ビジネスと同じ感覚で目標設定をして、成果を追い求めがち。しかし介護は撤退戦です。どんなに努力しても、親の体がもとに戻るわけではありません。歳をとり、体が思うように動かなることも含めて、自然なライフサイクルなのです。若いころの親のイメージにとらわれ、つらいリハビリを強制すれば、親が苦しむだけです。

介護家族の虐待は、報道で見るよりはるかに多いのが現実。このような悲惨な結末を迎えないためにも、プロの手に委ねるのが最善です。

Case 5

実家が遠すぎて頻繁に帰れず、後ろめたさを感じています

数年前に父が亡くなってから、高齢の母は福岡で１人暮らし。私は東京で妻と2人暮らしです。頻繁には帰れず、同居も困難で、後ろめたさを感じています。

**この距離感だから
親を大事に思い、やさしくできると
考えてみてください**

●同居したり近くに住んだりしても、後ろめたさは続く

電話で定期的に話していることからも、母親との関係は良好なのだと思います。母親の様子を聞き、思いやりのある言葉をかけ、自身の近況を話す。それだけでも親にとっては嬉しい時間です。この距離感だから、こうしていい関係を保てているとは考えられないでしょうか。

地方からの上京はたいてい、大学入学か就職のタイミングです。そこから20〜30年、もしかしたら40年間離れて過ごしてきたわけです。仮に同居できたとして、たがいに気分よく楽しく暮らせるでしょうか？　おそらくむずかしいと思います。帰省でさえ、数日や1週間が限界という人が多いもの。1か月も経てば、楽しい会話は続かなくなります。ささいな言動の癖も気になるでしょう。そもそも若かったときの親の姿が、本来の姿とはかぎりません。子どものいない生活が長くなれば、本来のだらしなさも出てきます。要介護度が進み、食事介助に排泄介助、清拭《せいしき》などに追われれば、こちらもきつい言葉も発してしまいます。これを毎日くり返すほうが、後ろめたさは強くなるでしょう。

プロの介護士でも、自分の親の介護はできません。他人だからこそていねいに、やさしく接することができることも知っておいてください。

僕が住む家のエリアで、
施設に入ってもらうのは
どうでしょうか？

●知らない土地での施設暮らしは、親孝行なのか

近くのマンションなどに住んでもらうのも、同様の理由でおすすめできません。近くにいれば仕事帰りに寄れるし、週1回は顔を見られると考えるかもしれませんが、それは事実でしょうか。ずっと離れていた親のもとを頻繁に尋ねても、話すことはそうありません。気まずさから足が遠のき、そんな自分を責めることに。遠距離のときと違い、「遠いからしかたない」といった言い訳もきかず、後ろめたさはより強まります。子ども時代から密着した親子の場合は、より息詰まる関係になることもあります。

いずれの場合も、親への愛情が足りないせいではありません。親と子の関係は、ライフステージにあわせて変わっていくべきものなのです。

このケースで妻が提案しているように、近くの施設に入ってもらう選択肢もあります。同居での介護よりは、関係悪化を防げるはず。あとは親にとって望ましい選択かどうかです。見知らぬ土地であれ、子どもたちが会いに来てくれるほうが嬉しいという親も、もちろんいます。しかしたいていの親は、自分が住み慣れた土地に愛着をもっています。そこで過ごした時間が親の人生であり、幸せな記憶もすべてそこにあります。親と話してみて、遠方の施設を望まないなら、無理に勧めることは避けましょう。

親御さんが望むなら かまいませんが、たいていは 知らない土地での生活を望みません

●親の幸せを考えることで、自分の幸せも見えてくる

これらの選択肢を親目線で考えてみましょう。まずは同居の場合。一緒に住もうと言われた親は、その思いが嬉しく、誇らしい気持ちにもなるもの。迷惑と考えて断る親が多いものの、喜んで応じる親も当然います。

問題は同居を始めたあとです。最初は息子も妻もやさしく気遣ってくれます。しかしライフスタイルが違い、自宅のようには暮らせません。介護がありがたい反面、排泄物の始末をされるのはつらいし、申し訳なさが募ります。仕事と介護に疲れた息子が、イヤな顔をすることも増えてきます。「お正月に帰ってきて、笑顔で話していたころに戻りたい」――そんな思いがよぎりますが、もうあとには引き返せません。これが親から見た同居介護の実態です。子どもにつらくあたり、罪悪感に苦しむ親もいます。

近くに住む場合は、見知らぬ土地で、多くの時間を1人で過ごすことに。息子宅に頻繁に行くのも、邪魔ではないかと感じて気が引けます。話し相手もなく、テレビの前にただ座って時間が過ぎていく。そんな毎日です。

親側から見ても、やはり遠距離のまま過ごすのが望ましい選択肢でしょう。親目線でリアルに考えることはとても重要で、親の幸せだけでなく、人生の幸せとは何かを考えるきっかけにもなります。

Case 6

親とはもともと疎遠。介護にどこまでかかわるべき？

幼少期

こんなことも
できない
のか！

親の高齢化&介護

お父さん、脳出血で
倒れたそうなの
もうほかには
身寄りがいないから
連絡したんだけど……
どうする？
そうですか……
わかりました
どこの
病院ですか？

小6のときに両親が離婚。父とはその後数回しか会っていません。しかし父が倒れたと遠戚から知らせがあり……、兄と私が介護にかかわるべきか悩んでいます。

いままでどおりの関係でかまいません。いまの人生を大切にしてください！

教育虐待も含め、関係がよくない親子だっている

子ども時代の体験もよみがえり、つらい思いをされていると思います。直接の暴言・暴力がなくても、子どもの前で妻に暴言を吐くのはＤＶです。当時はＤＶの社会的理解も法整備も進んでおらず、子どもたちの被害も見過ごされがちでした。その状況から脱し、成長して大人になった自分、新たな生活を築いた自分をほめてください。あなたがすべきことはそれだけです。

ＤＶにかぎらず、近年は毒親や教育虐待などの言葉もクローズアップされています。高い要求レベルを突きつけられ、それを満たせなければ愛してもらえない。何をやってもほめてもらえず、否定される。望まない塾通いを小学校から強いられ、点数が悪いと叱責される。このような環境で育った子どもも少なくありません。大人になっても干渉されて苦しむ人もいるなか、離れて疎遠になれたのは、むしろ喜ぶべきことです。

自分を苦しめる親は、かつては強い存在に見えたはず。そんな親が年老いて要介護になると、こちらの気持ちも揺れます。「いまならやり直せるのでは」「最期はいい関係で」と考えたくなりますが、なかなかそうはいきません。疎遠だった親とは疎遠のままでいるのが、多くの場合は最善です。

最期くらいいい関係になれるかもと思うのは、甘いでしょうか？

●自分がされたことを、親にやり返すケースもある

親のことが心から心配で、様子が気になるなら、もちろん会いに行ってもかまいません。今回のケースでは病院にお見舞いに行くなどです。

ただ、入院や介護にまつわる手続きまでかかわるのは、考えものです。病院で身元保証人のサインを求められても、応じる義務はありません。とくに経済的問題を昔から抱えていた親であれば、やめたほうがいいでしょう。事情を話して成年後見制度を申し立てれば、社会福祉協議会などの第三者が後見人になってくれます。

今後の介護についても、キーパーソンとしてケアマネらとかかわることは、慎重に考えてください。「関係があまりよくなくて疎遠だったので、すべてお任せします」と言うこともできます。包括の職員もケアマネも、きれいごとでは片づけられないたくさんの家族を見ています。家族がかかわらなくても、適切なケアプランを立てられます。

絶対にやってはいけないのが、直接の介護です。最初の1週間程度はたがいに努力し、いい関係でいられるかもしれませんが、長くは続きません。自分が受けた苦痛を親に味わせようとする子どももいます。被害者にも加害者にもならないよう、自分を守ることを最優先に考えてください。

そう思うのも自然な気持ちです。
それならなおさら、
直接の介護は避けけて

●会いに行っても行かなくてもいい。無理はしないこと！

連絡が来ても会いに行かないというのも、1つの選択肢。かかわって苦しむことが予想されるなら、いまの自分の生活を大切にしてください。

〝人は変われる〟は真実ですが、〝変われない人もいる〟もまた真実です。歳をとっておだやかになったように見えても、子どもとの距離感を適切にとれるとはかぎりません。再会時に過去のかかわりを謝ってくれたとしても、何度も会ううちに、同じつらさを味わうことになるかもしれないのです。

「親の最期に寄り添うこともしないなんて」という自責の念もあるでしょう。けれど子どもは本来、親からも社会からも守られるべき存在です。大人と同じ人権もあります。それを大切にできなかった親側の問題なのです。「自分の親とはいい関係になれなかったけれど、そのぶん自分の家族を大切にしよう」「家庭をもつつもりはないけど、次世代のためにできることをしよう」と、親孝行の考えかたを切り替えてみてはどうでしょうか。

葬儀についても、行っても行かなくてもかまいません。直接の言動で傷つけられることはないものの、これまでを思い起こして苦しくなるようなら、行かない選択肢もあります。あるいは、行くことで心の区切りをつけるというのも1つの選択肢です。

「定期巡回・随時対応型訪問介護看護」厚生労働省社会保障審議会，2020
「定期巡回・随時対応型訪問介護看護の概要」厚生労働省，2020
「東京都軽費老人ホーム利用料等取扱要綱（令和4年11月18日改正）」東京都福祉局，2022
「東社協のごあんない」社会福祉法人東京都社会福祉協議会，2021
「特定施設入居者生活介護」厚生労働省社会保障審議会，2020
「特別養護老人ホームでの看取り実践」池崎澄江，医療と社会 vol.33（1）：13-24，2023
『突然の介護で困らない！　親の介護がすべてわかる本 ～高齢の親を取り巻く問題で悩まない～』浅井郁子、2022（ソーテック社）
「2021（令和3）年度　生命保険に関する全国実態調査」生命保険文化センター，2021
「2022年度 介護医療院の経営状況について」Welfare And Medical Service Agency，2023
『入院・介護・認知症…　親が倒れたら、まず読む本』渋澤和世、2019（プレジデント社）
「入院患者の家族等による付添いに関する実態調査概要について」厚生労働省中央社会保険医療協議会，2022
「入院（その3）　回復期入院医療について」厚生労働省中央社会保険医療協議会，2021
「入院申込時の連帯保証人以外の選択肢の設定」総務省，2017
「認知症患者の場合のインフォームド・コンセント」丸山英二，医の倫理の基礎知識 2018年版（日本医師会）
「認知症対応型共同生活介護（認知症グループホーム）」厚生労働省老健局，2023
「病床機能報告の定量的な基準も含めた基準の検討について」厚生労働省第8回地域医療構想に関するWG，2017
「福祉用具について」厚生労働省社会保障審議会，2011
「平成25年度 厚生労働省老人保健事業推進費等補助金 老人保健健康増進等事業：訪問看護の質の確保と安全なサービス提供に関する調査研究事業 ～訪問看護ステーションのサービス提供体制に着目して～ 報告書」一般社団法人 全国訪問看護事業協会，2014
「平成26年度 厚生労働省老人保健事業推進費等補助金（老人保健健康増進等事業） 地域で生活する認知症の人を支える 通所型サービスの手引き」地域で生活する認知症の人の生活を支える在宅サービスのあり方に関する調査研究検討委員会・手引書作成委員会，2015（社会福祉法人浴風会　認知症介護研究・研修東京センター）
「平成27年度 厚生労働省老人保健事業推進費等補助金 老人保健健康増進等事業：通所介護事業所等の設備を利用した介護保険制度外の宿泊サービスの提供実態等に関する調査研究事業 報告書」三菱UFJリサーチ&コンサルティング，2016
「平成27年度 厚生労働省老人保健事業推進費等補助金 老人保健健康増進等事業：通所介護事業所等の設備を利用した介護保険制度外の宿泊サービスの提供実態等に関する調査研究事業報告書」三菱UFJリサーチ&コンサルティング，2016
「平成27年度 老人保健事業推進費等補助金 老人保健健康増進等事業：有床診療所における短期入所療養介護の活性化に向けた研究事業報告書」三菱UFJリサーチ&コンサルティング，2016
「平成30年度 老人保健事業推進費等補助金（老人保健健康増進等事業）：認知症カフェを活用した高齢者の社会参加促進に関する調査研究事業：よくわかる！　地域が広がる認知症カフェ ～地域性や人口規模の事例から～」社会福祉法人東北福祉会 認知症介護研究・研修仙台センター，2019
「訪問介護・訪問入浴介護」厚生労働省社会保障審議会，2020
「訪問介護・訪問入浴介護（改定の方向性）」厚生労働省老健局，2023
「訪問看護」厚生労働省社会保障審議会，2020
「訪問入浴介護サービスの利用者実態と看護師の入浴可否判断に影響を及ぼす入浴中止要因の検討」平 和也・板谷智也・神出 計・伊藤美樹子，日本老年医学会雑誌 vol.56（1）：51-58，2019
「訪問リハビリテーション」厚生労働省社会保障審議会，2023
「訪問リハビリテーション（改定の方向性）」厚生労働省老健局，2023
『もし明日、親が倒れても仕事を辞めずにすむ方法』川内 潤、2018（ポプラ社）
「有料老人ホームの契約に関する実態調査結果概要」内閣府消費者委員会，2010
「要介護認定の仕組みと手順」厚生労働省老人保健課，2016
「令和2（2020）年度 国民医療費の概況」厚生労働省保険局調査課，2022
「令和2年（2020）患者調査（確定数）の概況」厚生労働省保健局調査課，2022
「令和2年度 老人保健事業推進費等補助金 老人保健健康増進等事業：認知症高齢者グループホームにおける介護サービス提供の実態に関する調査研究事業報告書」公益社団法人日本認知症グループホーム協会，2021
「令和3（2021）年度 国民医療費の概況」厚生労働省保険局調査課，2023
「令和3年版高齢社会白書（概要版）」内閣府，2021
「令和4年度　介護給付費等実態調査の概況（令和4年5月審査分～令和5年4月審査分）」厚生労働省，2023
「令和4年度 厚生労働省委託事業 在宅医療関連講師人材養成事業 研修会：在宅ケアにおける訪問看護の役割 ～医師との連携～」高砂裕子，2021
「令和4年度 老人保健健康増進等事業『訪問による効果的な認知リハビリテーションの実践プロトコルの開発研究』報告書」一般社団法人日本作業療法士協会，2023
「令和4年度老人保健事業推進費等補助金（老人保健健康増進等事業）報告書：認知症カフェの類型と効果に関する調査研究報告書」社会福祉法人東北福祉会 認知症介護研究・研修仙台センター，2023
「令和5年度老人保健事業推進費等補助金（老人保健健健康増進等事業分）：高齢者向け住まいにおける運営形態の多様化に関する実態調査研究事業報告書」PwCコンサルティング合同会社，2024
「令和6年度介護報酬改定における改定事項について」厚生労働省老健局，2024
「令和6年度歯科診療報酬改定の主なポイント」厚生労働省，2024
「令和6年度診療報酬改定の概要【在宅（在宅医療、訪問看護）】」厚生労働省保険局医療課，2024
「令和6年度診療報酬改定の概要【歯科】」厚生労働省保険局医療課，2024
「令和6年度診療報酬改定の概要【調剤】」厚生労働省保険局医療課，2024
「令和6年度診療報酬改定の概要【入院V（DPC/PDPS・短期滞在手術等）】」厚生労働省保険局医療課，2024
「令和6年度 港区高齢者配食サービスのご案内」港区役所高齢者支援課在宅支援係，2024
『わたしたちの親不孝介護「親孝行の呪い」から自由になろう』川内 潤・日経ビジネス編集部、2023（日経BP）
「私たちの認知症カフェ」認知症介護研究・研修仙台センター，2019

参考文献

「医師意見書作成研修について」厚生労働省，2017
「医療給付実態調査（令和3年度）」厚生労働省保険局調査課，2023
『遠距離介護の幸せなカタチ　要介護の母を持つ私が専門家とたどり着いたみんなが笑顔になる方法』柴田理恵、2023（祥伝社）
『親が倒れた！ 親の入院・介護ですぐやること・考えること・お金のこと 第3版』太田差惠子、2022（翔泳社）
『親不孝介護　距離を取るからうまくいく』川内 潤・山中浩之、2022（日経BP）
「介護医療院」厚生労働省社会保障審議会，2020
「介護医療院」厚生労働省老健局，2023
「介護保険制度における住宅改修の現状と課題 —中野区の住宅改修の実態とケアマネジャーの関わり—」神田秀幸・池田理佳・浪越 淳・山崎健一・児玉三千恵・小林冬子・佐藤絹代・高橋千晶・岩谷晶子・杉浦裕子，保健医療科学 vol.50（1）：49-52，2001
「介護保険制度を利用した住宅改修による生活機能への影響」横塚美恵子・二戸映子・鈴木鏡子・安積春美，理学療法科学 vol.25（6）：855-859，2010
「介護予防給付（訪問介護・通所介護）の見直しと地域支援事業の充実等」厚生労働省，2014
「介護予防サービスの利用者の特徴」厚生労働省，2013
「介護予防・日常生活支援総合事業の基本的な考え方」厚生労働省老健局振興課，2015
「介護老人福祉施設・地域密着型介護老人福祉施設入所者生活介護」厚生労働省老健局，2023
「介護老人福祉施設（特別養護老人ホーム）」厚生労働省社会保障審議会，2020
「介護老人保健施設」厚生労働省老健局，2023
「介護を受けながら暮らす高齢者向け住まいについて —住まいとサービスの関係性—」厚生労働省老健局高齢者支援課・振興課，2014
「家族介護者の介護負担の経時変化」小山泰代，社会保障研究 vol.6（1）：18-32，2021
「急性期医療における後期高齢患者のインフォームド・コンセントへの看護支援」深山つかさ，日本看護倫理学会誌 vol.8（1）：32-38，2016
「共同意思決定（SDM）の具体的な実践方法」小松康宏，Animus No.112：10-15，2022
「居宅サービス計画書標準様式及び記載要領」厚生労働省，2021
「高額介護合算療養費制度 概要」内閣府，2022
「高額療養費制度を利用される皆さまへ（平成30年8月診療分から）」厚生労働省保険局，2018
「高齢社会におけるインフォームド・コンセント」高山義浩，循環plus vol.16（11）：10-12，2016
「高齢者ケアの意思決定プロセスに関するガイドライン：人工的水分・栄養補給の導入を中心として」社団法人 日本老年医学会，2012
「高齢者の生活を守る養護老人ホーム ～地域福祉のフロントランナー～」公益社団法人 全国老人福祉施設協議会，2014
「高齢者向け住まいにおける介護報酬の課題」高齢者住まい事業者団体連合会，2023
「国民健康保険及び後期高齢者医療制度における高額介護合算療養費の支給申請手続きの見直し」厚生労働省，2022
「国民生活基礎調査（令和元年）」厚生労働省，2020
「個室ユニット型施設の整備・運営状況に関する調査研究事業（速報値）」厚生労働省社会保障審議会，2023
『子育てと介護のダブルケア　事例からひもとく連携・支援の実際』渡邉浩文・森安みか・室津 瞳・植木美子・野嶋成美編著、2023（中央法規出版）
「サービスA（訪問・通所）　令和4年度　地域づくり加速化事業（全国研修）」厚生労働省老健局認知症施策・地域介護推進課，2023
「サービス付き高齢者向け住宅の現状」厚生労働省，2013
「サービス付き高齢者向け住宅の整備等のあり方に関する検討会 とりまとめ 参考資料」国土交通省，2016
「サービス付き高齢者向け住宅の登録状況（R6.4末時点）」国土交通省，2024
「在宅医療（その1）」厚生労働省中央社会保険医療協議会，2017
「在宅医療における薬剤師業務について」厚生労働省中央社会保険医療協議会，2011
「在宅医療における薬剤師の役割と課題」厚生労働省，2010
「産労総合研究所ニュースリリース：2013年 医療機関が設定する自費料金に関する実態調査」医療経営情報研究所，2014
「施設、在宅での看取りの状況に関するデータ」厚生労働省社会保障審議会，2015
「施設での看取りに関する手引き」公益社団法人 全国国民健康保険診療施設協議会，2014
「市町村による新しい地域づくりの推進（生活支援・介護予防の充実）」厚生労働省，2013
「住宅改修の効果とニーズの経年変化に関する事例調査研究 —効果における制度・助成事業の役割—」西野亜希子・西出和彦，住宅総合研究財団研究論文集 No.35：309-320，2009
「障害者総合支援法における障害支援区分　医師意見書記載の手引き」厚生労働省社会・援護局障害保健福祉部，2021
「自立支援のための住環境整備 ～福祉用具専門職のための建築基礎知識～」公益財団法人テクノエイド協会，2016
「自立した、尊厳ある生活を支える軽費老人ホーム・ケアハウス」公益社団法人 全国老人福祉施設協議会，2016
「人生の最期の迎え方に関する全国調査」日本財団，2021
「人生の最終段階における医療・介護 参考資料」厚生労働省，2023
「人生の最終段階における医療・ケアに関する意識調査 報告書」株式会社エヌ・ティ・ティ・データ経営研究所，2023
「人生の最終段階における医療・ケアの決定プロセスに関するガイドライン」厚生労働省，2018
「住まい支援の連携強化のための連絡協議会　第1回資料」国土交通省，2020
「成年後見制度における診断書作成の手引　本人情報シート作成の手引」最高裁判所事務総局家庭局，2023
「せたがや健康長寿ガイドブック ～介護予防・日常生活支援総合事業（総合事業）のご案内～」世田谷区高齢福祉部介護予防・地域支援課，2022
「総務省報道資料：入院費用等の担保についての連帯保証人以外の選択肢の設定 ～行政苦情救済推進会議の意見を踏まえたあっせんに対する回答～」総務省中国四国管区行政評価局，2017
「第6回サービス付き高齢者向け住宅に関する懇談会資料：高齢者の住まいに関する現状と施策の動向」国土交通省，2022
「短期入所療養介護」厚生労働省老健局，2023
「地域医療構想について」厚生労働省医政局地域医療計画課，2019
「地域支援事業の充実に併せた予防給付の見直し」厚生労働省，2014
「地域包括ケアシステムの構築と地域ケア会議の推進について」厚生労働省老健局，2014
「通所リハビリテーション」厚生労働省社会保障審議会，2020

監修

川内 潤（かわうち・じゅん）

NPO法人となりのかいご代表理事。社会福祉士、介護支援専門員、介護福祉士

1980年生まれ。上智大学文学部社会福祉学科卒業後、老人ホーム紹介事業、外資系コンサルティング企業勤務を経て、在宅・施設介護職員に。2008年に市民団体「となりのかいご」設立。2014年にNPO法人化し、代表理事に就任。厚生労働省「令和4～6年度中小企業育児・介護休業等推進支援事業」委員なども兼務する。家族介護による介護離職、介護虐待をなくし、誰もが自然に家族の介護にかかわれる社会を実現すべく、日々奮闘中。
著書に『もし明日、親が倒れても仕事を辞めずにすむ方法』（ポプラ社）、『親不孝介護　距離を取るからうまくいく』（日経BP）などがある。NHKのTV番組「あさイチ」など、メディア出演歴多数。ホームページにて、介護の悩みに応えるラジオも定期配信中。

STAFF
本文デザイン　八月朔日英子
本文イラスト　さかたともみ
校正　田村理恵子
編集協力　オフィス201（川西雅子）
編集担当　ナツメ出版企画（田丸智子）

本書に関するお問い合わせは、書名・発行日・該当ページを明記の上、下記のいずれかの方法にてお送りください。お電話でのお問い合わせはお受けしておりません。
・ナツメ社webサイトの問い合わせフォーム
https://www.natsume.co.jp/contact
・FAX（03-3291-1305）
・郵送（下記、ナツメ出版企画株式会社宛て）
なお、回答までに日にちをいただく場合があります。正誤のお問い合わせ以外の書籍内容に関する解説・個別の相談は行っておりません。あらかじめご了承ください。

親《おや》子《こ》共《とも》倒《だお》れにならない！
親《おや》の入《にゅう》院《いん》・介《かい》護《ご》「どうする？」がわかる本《ほん》

2024年9月6日　初版発行

監修者　川《かわ》内《うち》 潤《じゅん》　Kawauchi Jun，2024
発行者　田村正隆
発行所　株式会社ナツメ社
東京都千代田区神田神保町1-52　ナツメ社ビル1F（〒101-0051）
電話 03-3291-1257（代表）　FAX 03-3291-5761
振替 00130-1-58661
制　作　ナツメ出版企画株式会社
東京都千代田区神田神保町1-52　ナツメ社ビル3F（〒101-0051）
電話 03-3295-3921（代表）
印刷所　ラン印刷社

ISBN978-4-8163-7611-5　Printed in Japan
＊定価はカバーに表示してあります
＊落丁・乱丁本はお取り替えします